"双一流"建设专业学位研究生教学案例

公共管理教学案例精选

主编：赵景华

副主编：姜玲　于鹏　宋魏巍

中国财经出版传媒集团

中国财政经济出版社

图书在版编目（CIP）数据

公共管理教学案例精选 / 赵景华主编. ――北京：中国财政经济出版社，2021.10

（"双一流"建设专业学位研究生教学案例）

ISBN 978 – 7 – 5223 – 0930 – 9

Ⅰ.①公… Ⅱ.①赵… Ⅲ.①公共管理 – 研究生 – 教案（教育） – 汇编 Ⅳ.①D035 – 0

中国版本图书馆 CIP 数据核字（2021）第 231204 号

责任编辑：马　真　　　　责任校对：张　凡
封面设计：陈宇琰　　　　责任印制：党　辉

中国财政经济出版社 出版

URL：http：//www.cfeph.cn

E – mail：cfeph@ cfeph.cn

（版权所有　翻印必究）

社址：北京市海淀区阜成路甲28号　邮政编码：100142

营销中心电话：010 – 88191522

天猫网店：中国财政经济出版社旗舰店

网址：https：//zgczjjcbs.tmall.com

北京时捷印刷有限公司印刷　各地新华书店经销

成品尺寸：185mm×260mm　16 开　20.75 印张　383 000 字

2022 年 2 月第 1 版　2022 年 2 月北京第 1 次印刷

定价：88.00 元

ISBN 978 – 7 – 5223 – 0930 – 9

（图书出现印装问题，本社负责调换，电话：010 – 88190548）

本社质量投诉电话：010 – 88190744

打击盗版举报热线：010 – 88191661　QQ：2242791300

"双一流"建设专业学位研究生教学案例

公共管理教学案例精选

主编：赵景华

副主编：姜玲　于鹏　宋魏巍

中国财经出版传媒集团

中国财政经济出版社

图书在版编目（CIP）数据

公共管理教学案例精选／赵景华主编．——北京：中国财政经济出版社，2021.10

（"双一流"建设专业学位研究生教学案例）

ISBN 978-7-5223-0930-9

Ⅰ.①公… Ⅱ.①赵… Ⅲ.①公共管理－研究生－教案（教育）－汇编 Ⅳ.①D035-0

中国版本图书馆 CIP 数据核字（2021）第 231204 号

责任编辑：马　真　　　　　责任校对：张　凡
封面设计：陈宇琰　　　　　责任印制：党　辉

中国财政经济出版社 出版

URL：http：//www.cfeph.cn
E-mail：cfeph@cfeph.cn

（版权所有　翻印必究）

社址：北京市海淀区阜成路甲 28 号　邮政编码：100142
营销中心电话：010-88191522
天猫网店：中国财政经济出版社旗舰店
网址：https：//zgczjjcbs.tmall.com
北京时捷印刷有限公司印刷　各地新华书店经销
成品尺寸：185mm×260mm　16 开　20.75 印张　383 000 字
2022 年 2 月第 1 版　2022 年 2 月北京第 1 次印刷
定价：88.00 元
ISBN 978-7-5223-0930-9
（图书出现印装问题，本社负责调换，电话：010-88190548）
本社质量投诉电话：010-88190744
打击盗版举报热线：010-88191661　QQ：2242791300

中央财经大学专业学位研究生教学案例项目
编 委 会

主　　　任：马海涛

委　　　员：（按姓氏笔画排序）

尹　飞　　白彦锋　　刘双舟　　陈斌开

李　涛　　李建军　　李国武　　李春玲

李晓林　　吴　溪　　张晓涛　　林　嵩

姜　玲　　贾尚晖　　黄振华

丛书主编：马海涛

丛书副主编：张学勇　肖　鹏

总 序

专业学位研究生教育是培养高层次应用型专门人才的主渠道。中央财经大学自2003年开始实行专业学位教育以来，逐步构建了具有财经特色的高层次应用型专门人才培养体系，为经济社会发展做出重要贡献。截至2021年9月30日，学校在校硕士研究生5652人，其中，学术型硕士1751人，专业学位硕士3901人，分别占在校硕士研究生比例为31%和69%，专业学位研究生已经成为学校研究生教育的主体。

中央财经大学专业学位研究生教育始终坚持"质量优先、特色发展"的原则，目前已经形成了较为完备的、有一定特色的专业学位研究生培养体系。学校基本形成了以优质课程引领的课程体系和以案例教学为突破口的实践教学体系，促进科教融合和产教融合，加强国际合作，着力增强研究生实践能力、创新能力，取得了一定的成效。

但是面对新时代的新要求，当前专业学位研究生教育还存在着"培养方案不够优、案例教学不够深、专业实践不够实、教学师资不够专、论文标准不够明"等问题。专业学位硕士与学术硕士培养方案在课程设置方面差异不明显，同质化现象仍普遍存在。专业学位硕士案例开发与教学虽取得一定成果，但仍有较大提升空间。专业实践教学流于形式，组织不力。实践基地挂牌的多，发挥实效的少，管理和规范力度不够，远未形成产教融合发展的格局。专业学位硕士"双师型"导师队伍建设不够完善，校内外导师未能建立有效的沟通协调与合作指导机制。专业学位硕士学位论文写作和评判标准不够明确，大多参考学术硕士论文的评审标准，难以发挥学位论文评审对培养过程和学位论文写作的导向性作用。

针对上述问题，尤其是专业学位研究生案例教学方面的短板，近年来，学校坚持"科学规划、突出特色、鼓励创新、择优资助"的原则，高度重视研究生教材和案例集建设工作。学校围绕立德树人根本任务，以一流学科建设为目标，设立专项资金资助研究生教材和专业学位研究生案例集建设。推动习近平新时代中国特色社会主义思想和社会主义核心价值观念融入教材建设、融入课堂教学，培育学生经世济民、诚信服务、德法兼修的职业素养，初步建立了具有中央财经大学"财经黄埔"品牌特色的研究生精品教材体系。鼓励校内外教师、行业专家合作建设高质量教学案例库，推动编写案例教材、开展案例教学方法研究、加大案例教学比重，着力组织建设一批国际化、高水平的专业学位研究生教学案例集。

呈现在读者面前的专业学位研究生教学案例集由经济学、管理学、法学等学科的教学案例集构成，均由教学经验丰富、学术研究能力突出的一线教师组织编写。编者中既有国家级教学名师等称号的获得者，也不乏在专业领域造诣颇深的中青年学者。本系列教学案例集的出版得到了"中央高校建设世界一流大学（学科）和特色发展引导专项资金"的支持。我们希望本系列教学案例集的出版能够为专业学位研究生培养提供一线的案例素材，打造以专业能力训练为导向的案例教学体系，提高专业学位研究生的培养质量。

在编写专业学位研究生教学案例集的过程中，我们虽力求完善，但也难免存在不足，恳请广大同行和读者批评指正。

专业学位研究生教学案例集编委会
2021 年 10 月于北京

前　言

中央财经大学 MPA 教育中心历来重视案例教学和公共管理本土化案例的开发，高标准组建案例编写团队，定期组织案例教学和案例编写研讨会，力争体现中央财经大学公共管理学科特色。近年来，中央财经大学 MPA 教育中心在全国公共管理专业学位研究生教育指导委员会组织的中国研究生公共管理案例大赛中多次获一等奖、二等奖、三等奖、最佳案例奖、最佳指导教师奖，8 篇案例入选教育部学位与研究生教育发展中心组织的中国公共管理专业学位教学案例中心案例库。

在中央财经大学研究生院的组织下，根据公共管理专业学位研究生案例教学的特点，主编确定了编写团队的组建标准：(1) 案例作者须是具有丰富 MPA 教学经验或从事过相关案例教学与开发的任课教师；(2) 吸纳部分 MPA 在读或毕业的优秀学员加入案例编写团队，优秀学员须在公共管理相关岗位具有丰富的实践经验，并全程参与所编写案例的一手调研与素材整理。(3) 引入部分公共管理一线实务人员，结合本单位具体实践参与本单位具体案例的开发。根据以上标准，最终确定编写团队，深入案例来源单位进行实地访谈和调研，取得一手素材，保证编写案例的真实性、准确性、典型性和代表性。

本案例集共收录公共管理案例 17 个，涉及政府绩效管理、城市与区域治理、基层治理、公共政策、数字治理、公共部门人力资源管理、乡村振兴、社区治理八个领域，基本涵盖了公共管理专业硕士教学的核心课程和主要专业方向课程。收录案例结构完整，包括案例正文和案例使用说明，便于 MPA 师生使用。

本案例集一方面立足于中国国情，所有案例均来自中国本土化公共管理实践，并在一手调研的基础上进行编写，潜心探索和总结符合中国国情的公共管理规律和方法；另一方面，注重案例编写的易读性和启发性，收录案例均强调案例的通俗性和趣味性，并注重从多维度和多层面提出问题，引人思考，便于读者结合案例更清晰地理解公共管理的理论和方法。

作者

2022 年 1 月

目 录

1. 政府绩效管理 ……………………………………………………………（ 1 ）
   案例1：南通市政府以目标为导向的多元绩效评估机制 …………………（ 3 ）
   案例2：以关键绩效指标为突破口建构单位整体绩效管理体系
        ——基于Z集团S学院的案例研究 ………………………………（ 19 ）

2. 城市与区域治理 …………………………………………………………（ 41 ）
   案例3："流程再造，整体治理"命题的求解
        ——北京市东城区网格化管理创新案例 ………………………（ 43 ）
   案例4：琶洲新砥柱
        ——广州琶洲村改造突围之路 …………………………………（ 59 ）
   案例5：谁来保护？怎么利用？
        ——黄山市传统村落地方保护政策剖析 ………………………（ 89 ）

3. 基层治理 …………………………………………………………………（111）
   案例6：网络经济模式下连云港市海头镇基层治理问题与对策 …………（113）
   案例7：临沂市党建引领的基层新活力 ……………………………………（127）

4. 公共政策 …………………………………………………………………（143）
   案例8：全球化时代的公共科技政策学习与政策制定
        ——来自国家自然科学基金资助与管理绩效国际评估的经验 ……（145）
   案例9："南京幼童饿死"事件再反思：事实无人抚养儿童分类保障
        制度的构建 ………………………………………………………（171）

5. 数字治理 ……………………………………………………………………（181）
　　案例 10：区块链技术在电子政务中的应用展望
　　　　　——以"湖州掌上通"为例 ……………………………………（183）
　　案例 11："智能+自助"开启基层"非接触式"办税服务新时代
　　　　　——以克东县税务局基层办税服务模式为例 ………………（195）

6. 公共部门人力资源管理 ……………………………………………（209）
　　案例 12：北京市 CBD 国际商务人才的素质标准及其评价实践探索 ………（211）
　　案例 13：北京市三级综合医院员工满意度调查研究 …………………（223）

7. 乡村振兴 ……………………………………………………………（243）
　　案例 14：中国精准扶贫政策执行的基层实践及其困境 ………………（245）
　　案例 15：安徽省金寨县大湾村乡村振兴的长效机制 …………………（273）
　　案例 16：我国基层政府精准扶贫政策创新动因分析
　　　　　——以甘肃省宕昌县为例 ……………………………………（287）

8. 社区治理 ……………………………………………………………（305）
　　案例 17：商品房配建限价房的烦恼：小区"隔离墙"该不该拆除？ ……（307）

1. 政府绩效管理

案例 1

南通市政府以目标为导向的多元绩效评估机制[①]

[①] 本案例由中央财经大学政府管理学院副教授耿云编写。

案例正文[①]

机关作风不振、行政效能低下等弊病，是困扰经济社会发展的"拦路虎"。南通近年来围绕争创最佳办事环境、增强行政绩效等内容，掀起了一场以转变机关作风为主要目标的"执政效能革命"，有效提升了政府效能，优化了发展环境，促进了南通经济、社会、生态等领域的跨越式发展。

一、引言

以前，一个普通市民在江苏南通办理房产证，需要30个工作日的等待。现在，这一过程最短为2小时，几乎是"立等可取"。这是一件让南通人津津乐道的事。津津乐道的背后，还有一个让人无限感慨的故事。故事的主人公叫陈西，时任南通市房管局局长。

2002年，南通市委、市政府在《南通日报》用14个版面，登载了全市93个部门制定的1087项"最佳办事"指标，接受全体市民的监督。当地称之为"机关效率革命"。

一天，陈西了解到江苏省内房产证批复的最快速度是3天，南通市房管局随即把这一时间压缩为2天。此后的某天，陈西从网上看到哈尔滨市房管局的办理时速只需1天，他们再次挖掘潜力，把审批时速定为2小时。

走进南通，你会发现，类似的故事在南通市各个党政部门俯拾即是。故事的背后，一套较为科学、完整的政府绩效管理体系正在迸发出澎湃的动力：短短几年，机关公务员队伍焕发出了不竭的活力，这个城市的经济社会全面实现了跨越式发展。

二、改革背景

注视中国版图，你会发现，坐落在长江经济带与沿海经济带T型交汇点上的城市只有两个：上海和南通。"如果把长江比作一条巨龙，上海和南通就是这条巨龙的右眼和左眼。"一位欧洲投资者曾如此评价南通的区位优势。然而，20世纪末，这条巨龙的左眼却一直闭着。

1994年，时任国务院副总理的朱镕基来到南通考察。考察时，朱镕基痛心地对陪

---

① 案例正文素材主要来源于：周峰，黄欢：政府绩效管理的"南通模式"，中国人事报，2008-7-11.

同考察的江苏省委书记、南通人陈焕友说:"你要把你的家乡从垃圾堆里解放出来!"这句严厉的批评,让南通人刻骨铭心。其时,曾与"苏锡常"并称江苏"四小虎"的南通,因经济发展停滞已被淘汰出苏南板块。作为中国首批对外开放的14个沿海港口城市之一的南通,已经远远跌出了人们对它的期望。这时的南通人外出时,当被问到"是什么地方人"时,他们多不愿意提及自己的家乡,只回答说"是上海边上的",神情中闪过一丝自卑。南通成了一座日渐落后的边缘之城,特别是20世纪末,一些主要经济指标甚至曾跌落到全省末位,干部群众精气神也不振。

"当时的南通处于经济低速、发展低位、机关干部效能低下、精神低迷的时期。连各单位负责人到省里开会都只坐在靠后的位置。"南通市委市级机关工委副书记王久捷说,大家明显感觉到全市上下缺少活力,当评论员的多,做实干家的少,当老好人的多,敢于担责任的少。可以说是政不通人不和,内部还互相拆台,部门中梗阻现象更是普遍。经济社会发展水平与干部的精神面貌、机关作风是休戚相关。通过调研,南通发现"慢、推、僵、苛、卡、虚"六种"病态"的机关作风是阻碍发展的"病根"。南通市委市级机关工委副书记俞雷说:"造成这些问题的原因是多方面的,主要是目标不明、责任不清、功过不分、赏罚不严。"如何从体制机制上探索一种办法,转变机关作风,提升行政绩效,改善发展环境,成为摆在南通面前一道急需解答的难题。

三、改革内容

(一) 一个颇负争议的政府管理新政

2001年2月,47岁的南通市委副书记罗一民当选为南通市市长。不久,在南通市委的支持下,罗一民点起了上任后的第一把"火":建立一套以目标责任制管理为主的考评机制,推动机关作风建设。

对于这把"火",许多人表示出了不理解:"新市长是不是不务正业?按理说,新市长上任后,应该首先抓经济工作的啊。"在市长办公会议上,争议声更是一片。

"这又不是工厂计件,机关工作是没办法量化考核的。"

"机关的事不能评。不评还好,大家相安无事。一评等于把本来平静的一池水搅浑了,将来不好收拾,是要捅马蜂窝的。"有副市长婉转地提醒。

然而,此时的罗一民已经摸清南通经济萎靡的症结:机关效能低下,政务环境不良。他认为根本的解决之道就在于建立一套奖惩分明、最大限度调动机关内每个公务员积极性和创造性的考核机制,以此提高机关效能,改善政务环境。

"我们不能就经济抓经济,也不能就作风抓作风,而要通过抓作风来优化环境,促进经济发展。"罗一民表示。此时的改革者显露出了他人未及的战略眼光和魄力:"目标责任制考核是一件很难的事。但搞总比不搞好!"

改革的征途注定充满荆棘。

参与这项考评工作的部门负责人之一,南通市市级机关工委书记姬焕玲,至今仍对新政实施伊始时的那段日子记忆犹新。管理新政推行后的第一年,评估结果刚一公布,她办公桌上的电话铃声便没停止过。打来电话的人中,很多是部门一把手。有的是资格较老的领导,有的还是市委常委。

"我们这一年工作做得挺好的,怎么比别的部门差0.3分,拿第三名?他们凭什么拿第一名?""同样是辛辛苦苦地工作,为什么我们的年终奖金比别的部门少?""你们的分是怎么打的?是不是偏心了?"……

一声声的质问,让辛苦工作了一年的姬焕玲感到十分苦恼和委屈。有一次,她甚至在罗一民面前潸然落泪。这一声声质问,反映出一些同志对"不均"结果一时的难以接受,也让考评一线的人开始思索:怎么让考评结果更有公信力?

(二) 一套旨在体现公信力的考评体系

"考评工作一旦失去'准',就失去了公信力和生命力。"政府绩效管理主要负责部门之一,南通市人事局局长李水林说,"所谓'准',就是要准确、客观、公正。"但要做到这一点并不容易。

政府各部门的工作职责不同,规模不同,在社会发展等全局工作中的位置也不同,与社会公众的联系程度也不一样,怎么能做到一把尺子衡量绩效?在考评中倾听民意,有利于引导政府部门树立对群众负责的工作导向。但民意是评价的唯一标准吗?对那些职能相对虚化的部门来说,如何在绩效考核中客观地体现他们的工作业绩?所有这些难题,都需要改革者一一破解。

考评小组陷入深深的思考中。几经摸索,他们终于建立起了一套党政各部门比较认可的绩效评估指标体系和考评方法。

根据职能相近的原则,南通市将93个部门大致分为党政综合服务、政府经济管理、行政执法、垂直管理四大类,分别组织专门的考评,对应的考评结果也分别从各类别中按比例产生。

93个部门有三个相同的衡量尺度:部门工作指标完成的难易程度、工作争先创优的层次高低、工作实绩对全市经济和全局工作的贡献大小。

考评则从日常考核、年终考核和综合评议三个维度入手,采取职能指标、共性指标和综合评议"三位一体"的模式。

职能指标主要涵盖各部门的业务工作，由重点指标、常规指标和动态指标构成，权重占 70%。共性指标主要考核机关作风建设，由执行指标、回应指标、公信指标、影响指标构成，权重占 30%。

日常考核、年终考核和综合评议三者分别占整个百分考核的 15%、55% 和 30%。其中，综合评议由市领导评鉴和社会评议构成，分别占 10% 和 20%。

另外，专门设立"争先进位奖"和"优质服务奖"，鼓励职能相对虚化的部门也积极创新工作。

"我们这么做的目的是使考核结果实现三个一致：与实际贡献一致、与领导评议一致、与社会公平一致。"市委副秘书长、办公室主任黄巍东如是介绍。

（三）一个争先创优的动力机制

仔细考察南通市 93 个党政部门三个衡量尺度，你会发现，其中，"争先创优"是关键词。"争先创优，就是在评判部门工作时，不仅看目标是否完成，更看其业绩在国内、省内所处的位次。"市委办公室副主任刘锋如是说。

2003 年，南通市提出创全省最佳办事环境。市委、市政府强调，在制定政府绩效评估各项指标时，一定要体现高点定位和争先创优的要求。目标实施的难易程度也被纳入了考核。这就意味着，各部门工作目标的高低不是由部门随心所欲确定的。

"就好比跳水运动员的动作难度系数会影响最后得分一样，目标的争先创优程度也将直接影响最后评估结果的得分档次。"南通市政府副秘书长、办公室主任顾诺之介绍说，"举个例子，部门的职能工作目标若定位不高，重点不突出，虽完成年度目标，但完成实绩没有体现争先创优、开拓创新、跨越式发展要求的，该指标下该部门只能被评为 B 档。"

鲜明的争先创优导向，不仅解决了部门制定目标时的避重就轻，更让机关公务员不得不冲破"思想上的长江天堑"，不断地以创新的理念破解难题，以创优的追求领跑各项事业。

"兄弟城市承诺时间的下限就是我的上限。"市行政审批服务中心主任李振冲说。统计显示，在此理念下，目前，该中心承办的各审批事项的审批时限均有了大幅压缩，压缩时间总计达到 412 个工作日。90% 以上的事项达到了现场即办。如今，南通成了江苏省行政审批时限最短、办结速度最快的城市。

领先的何止这一项。自 2003 年以来，南通市级机关部门每年都有近百个单项工作在国内领先，数百个单项工作在省内领先。

机关效能的提升，优化了经济发展环境，也提高了普通百姓对政府工作的满意程度。

（四）一个层层传递的责任链条

今天的南通像一池活水，富有动感。从上到下，都能使人感受到这个城市跳动的生命力。那么，是什么成就了这一切？

"南通市一共有93个部、委、办、局和条管单位，下辖的3个区和6个县市，都建立了一把手负责制。"黄巍东说，"正是这样一个自上而下的组织领导体系，南通市的政府绩效管理实现了整体联动。"

据介绍，南通的政府绩效管理是一级考核一级，一级对一级负责。内设机构、直属机构、分支机构、派出机构和基层站（所）由部门实施二级考核。是否实施层级责任制，是否开展考核工作也是被考核项目之一。

"我们将考核目标细化分解，定责到岗，定岗到人，岗责结合，实现工作任务和工作压力的层层传递，形成一级对一级负责的层级责任链条。"南通市地税局局长陈茂锋形象地向记者解释。随着层级责任链条，压力也层层传递到南通市每位机关公务员。

在严格的考评下，这种压力很快就变成了主动工作的强大动力。

（五）一系列动真碰硬的奖惩手段

现实中，政府绩效管理经常遇到的一个困扰是，评估结果没有被真正使用。这不仅使准确的评估结果变得毫无意义，也使政府绩效评估最终流于形式。因此，动真碰硬地使用评估结果是政府绩效管理取得实效的关键。

"我们的考评结果要与经济奖惩、评先评优、干部使用等直接挂钩。"黄巍东介绍。

在奖金挂钩方面，根据规定，被评为最佳办事单位的，机关全体人员增发奖金基数的60%；被评为先进单位的，增发奖金基数的45%；被评为良好单位的，增发放奖金基数的30%；被评为达标单位的，按奖金基数发放；受到诫勉的单位，扣发奖金基数的20%。单位内部还设立日常绩效考核奖，由各单位在严格考评的基础上按季发放。

"以基数为一万算，奖金能出现四五千到一万的差距。在南通，这是一个不少的数额。"黄巍东说。

"事实上，钱只是一方面，关键是面子。"南通市公安局办公室副主任张健告诉记者。每年，南通都会将这些考评结果向上级主管部门报告，向组织人事部门通报，最后，还要向全社会公布。

此外，考评结果还要和每个部门年终的先进名额，以及部门一把手能否评优直接挂钩。被定为诫勉单位的，其领导班子要接受诫勉谈话。连续两年被诫勉谈话的，领导班子成员将受到相应处分。

多位公务员表示："如果所在部门在年终考核中被评为倒数,自己走出去时,总感觉脸上无光,压力很大;若是评上先进了,又想着明年怎样能保住先进,否则,还是丢面子,压力也很大。"

"既然压力这么大,对你们来说,取消绩效管理这套做法是不是一种期盼?"

"不,决不!"南通市公安局副局长吴勉信在面对这类问题时睁大了眼睛,断然否定。"如果真的取消了这套做法,我们自己也要搞的。因为事实证明,从调动工作积极性的角度看,再也没有比这一套更有效的管理办法了!"

(六) 一套严格的监督检查体系

年终评一评,走走过场,做做样子就行了。这是一些地方政府绩效评估的真实反映。然而,在南通,现实却是另一幕。

南通市注重把对机关部门的年度考评与日常工作的跟踪评价有机结合,不断加大日常监督力度。他们实行月度报告、季度抽查、半年小结与年终考核相结合的监督检查制度,将明察暗访、跟踪问效、专项督查和过错追究、限时整改相结合,建立了一套严密的监督检查机制。其中,日常监督主要由市监察局进行。主要通过经常性明察暗访、接受投诉电话等措施,以查促戒。

"我们的监督机制就像一把刀,这把刀时刻悬在各部门头上。"市监察局副局长施学雷如是说。监察局掌握着日常考核中 15 分的倒扣权,货真价实的倒扣让各部门平时丝毫不敢懈怠。

在这套严密的监督体系中,享受公共服务的社会公众也发挥了作用。南通市聘请了企业负责人和基层群众为义务监察员,请他们对政府部门的工作进行明察暗访。义务监察员名单并不公开。当他们到政府某部门办事的时候,会将办事全过程记录下来。哪里存在关、卡、压,甚至有徇私舞弊行为,都将被马上反馈。

一项关于南通市政府绩效评估的调查显示,85.42% 的人认为这套监督检查机制有效。

严密的监督检查机制下,各部门不得不将注意力由偏重"评时"转向注重平时。他们往往会自己建立一套相应的日常考核体系强化监督。

例如,南通市国土资源局自主研发了一套信息化管理系统来有效实现日常考核。运用这套系统,国土资源局的所有来文、各承办部室工作的进展情况都在系统上得到真实反映。一旦某一承办事项出现超时或差错,系统会自动亮起警示"红灯"。从项目责任人到分管领导乃至全市、县、乡国土资源系统的工作人员都能看到。

"不想干都不行的,红灯会跳出来告诉你,告诉所有人。"南通市国土资源局局长董菊卉说。

四、改革效果：崛起苏中

政府绩效管理的"南通模式"催生了经济社会发展的"南通现象"。

过去，曾被批评为"垃圾堆"的城市，如今濠河绕城，绿荫遍布，满眼亭台楼树。人在城中走，犹在画中游。过去，出门不言家乡哪，如今却欲比苏宁沪，神采多飞扬。

南通市公安局是南通市拥有公务员人数最多的部门，在1995年之前的社会评议中排位倒数第二。2001年，政府绩效考评引入南通市公安部门。很快，这套管理模式产生了强有力的推进作用，以致最后形成了特有的"南通公安现象"——全国大多数公安机关在政府考评排名位居后列，而南通市公安局却连续7年处于全市最佳行列；南通的刑事发案率为江苏省最低；公众安全感测评满意度连续5年保持江苏省最高。"平安南通"享誉全国，南通的治安也成为该市招商引资的金字招牌。

2003年，南通市实现了GDP超千亿，财政收入超百亿的历史性突破。2005年，南通工业经济、民营经济、外向型经济、GDP增长速度等主要经济指标一跃而上，坐上江苏省第一把交椅。2007年，南通跻身全国GDP超两千亿元城市行列，利用外资跃居江苏第二，进入全国十强。南通相继荣膺全国创建文明城市先进市、国家环保模范城市、国家卫生城市以及国家园林城市、国家历史文化名城等称号。在中国城市竞争力研究会2006年举办的"中国十佳和谐发展城市"评比中，南通荣登前三。2009年，南通在长三角16个城市中，GDP增长速度排名第一。2018年，南通经济总量位列全国大中城市第19位、地级市第7位。

在旁人眼里，这一切，犹如变戏法。

于是，媒体、学界人士、取经的地方代表团纷至沓来。

但南通的党政干部都知道它的秘诀何在。

政府绩效管理营造了团结一心、争先创优、跨越赶超的氛围，使南通的公务员牢固树立了执政为民的理念，也使南通人民增强了爱我南通的自信心和自豪感。这种机制比任何工作方法都重要，已经成为推动南通又好又快发展的内在动力。靠这个"指挥棒"的引领，南通必将快步走向全面小康，实现全面腾飞！

附录1

南通市党政机关绩效管理考核评估体系

目标级别	目标构成及考评办法	
	市级机关	县（市）区
一级目标	1. 市委办、市政府办根据市委全会、市人代会、经济工作会议、农村工作会议等全局性会议要求，责任分解的市委、市政府年度重点工作主体目标，如2006年度根据市政府《政府工作报告》责任分解了106项重点工作目标。 2. 按照市委、市政府战略工作部署，对影响全局、涉及面广的部分重点工作（2006年度包括重大项目建设、洋口港开发、民营经济发展等14个方面），再明确相应的管理主体，并按照各条线工作要求，再细化分解落实责任单位和协同单位主体目标项目。 例：2006年度市政府责任分解了市人事局一项重点工作，即"全面实施公务员法"，此项工作为人事局绩效管理和考核评估一级目标。 具体由"两办"（综合办）协调牵头管理部门对该项目标实施考核和管理。目标任务未能有效分解落实，目标实施计划性不强、不能按时反馈实施进展情况，未按序时进度要求推进相关工作等，出现上述问题，则在日常考核时进行扣分处理；目标未完成，在年终考核时汇入二级目标进行扣分处理。	1. 县（市）区一级目标1和2同市级机关一级目标1和2。 2. 除上述重点工作责任分解外，根据科学发展观的要求，具体明确经济发展、社会发展和可持续发展，和谐社会等19方面的主体指标。具体考核评估办法由各条线自行确定，排出名次折算分值后纳入县（市）区总分。
二级目标	1. 一级目标的细化分解与部门保障重点工作目标落实的具体举措。 2. 以处室工作职责为主要依据，确定业务工作争先创优的具体要求。 3. 遵循执政为民的理念，确定为民办实事的具体项目。 例：在明确人事局公务员管理处为一级目标"全面实施公务员法"责任主体的基础上，进一步细化二级目标：一是年内完成公务员登记，做好公务员身份确认工作；二是拟定并及时上报公务员工资改革方案（争先项目）；三是分级分类举办公务员法讲座，强化公务员法教育；四是探索建立以能力和业绩为导向的考核机制（争先项目）；五是实施"5+X"公务员能力培训工程（创优项目）；六是方便群众，改进公务员考录报名方式（实事项目）。 二级目标由各部门自行申报，由考核办审核汇总，并牵头组织实施考核评估。 二级目标的考核评估由年终考核组以部门处室为单元，按照考核评价的"五项要素"综合考评打分。	由各（县）区自行确定。
三级目标	由市级机关各部门按照岗位责任制的要求细化分解部门二级目标，明确相关责任人及具体目标要求。 例：明确人事局二级目标"探索建立以能力和业绩为导向的考核机制"的责任领导为丁健，责任人为倪薛荣，细化的三级目标为：1. 认真做好年度考核审核备案工作并按时上报考核工作总结；2. 在省内率先制定出台《公务员绩效考核实施意见》；3. 研究制定公务员行为规范实施细则。 三级目标的考核评估由各部门自行负责。	由各县（市）区自行确定。

附录 2

市党政机关绩效管理组织领导架构

南通市党政机关绩效管理委员会(或指导委员会)
负责全市党政机关绩效管理考核评估工作的组织领导

市绩效管理综合办公室
1. 负责委员会的日常事务
2. 负责综合组织协调全市党政机关绩效管理考核评估工作
3. 负责综合协调重点工作牵头管理部门，拟定一级考核目标
4. 负责领导评鉴工作
5. 负责汇总统计县（市）区及市级机关部门绩效管理和考核评估结果

市级机关绩效管理考核办公室
1. 负责拟定二级考核目标
2. 组织实施年终集中考核并向综合办反馈集中考核结果
3. 向效能办提供二级目标日常考核结果
4. 负责奖惩办法的拟定并核批奖金

市机关作风建设办公室
负责社会评议工作，并向综合办提供社会评议结果

市效能监察办公室
1. 牵头负责日常考核工作
2. 负责效能投诉查处工作
3. 负责向综合办反馈日常考核结果

重点工作牵头管理部门
负责实施重点工作的绩效管理和考核评估

县(市)区考评办公室
负责整合实施县（市）区内部考核评比工作

机关部门考评办公室
1. 负责拟定部门三级考核目标
2. 负责部门内设处室及直属单位考核
3. 负责领导班子及公务员年度考核

市级机关部门作风建设办公室

县(市)区作风建设办公室

市级机关部门效能办

县(市)区效能办

案例使用说明

一、教学目的与用途

1. 适用课程。本案例主要适用于 MPA 及行政管理专业研究生公共行政学课程中关于政府绩效，或公共组织学、公共政策学等课程关于公共组织绩效、公共政策评估等相关内容的教学与讨论。

2. 教学目标。本案例的教学目的是使学生掌握目标导向的绩效评估方法在公共管理中的运用。

二、启发思考题

1. 南通市政府的绩效评估旨在解决什么问题？
2. 南通市政府设计绩效评估指标体系的依据和原则是什么？
3. 南通市政府在考核过程中如何保证绩效考核目标的实现？

三、分析思路

严格地说，南通市实施的是以目标为导向的"综合绩效考评"。南通市绩效考评的对象不仅仅是"政府"，而是所有机关，包括市级党委部门、政府部门、人民团体、条管部门等。对机关也不完全是"评估"，而是采取了既有全面的"考"，又有立体的"评"的方式，是一种行政手段的创新。

地方主要领导重视是"南通模式"成功的前提。这项工作开展伊始，南通市市委、市政府就把它作为一项关乎全局的工作来抓。精心研究部署，周密组织实施，从而形成了党政主要领导亲自抓，分管领导具体抓，一级抓一级，层层抓落实，各方面齐抓共管的工作格局。

解放思想、争先创优是"南通模式"的精神动力。南通市绩效考评中的争先创优导向，充分体现了标杆管理的管理理念。职能目标的确定，根据社会经济发展目标，横向上要在苏中、全省领先，纵向上要增幅明显，符合跨越发展的要求。

"三位一体"是"南通模式"的精髓。从日常考核、年终考核和综合评议三个维度入手，实行职能目标管理、机关作风建设和综合评议相结合的"三位一体"的考核模式。不仅做到了年初有目标、结果有奖惩，而且实现了过程评估与结果评估相结合、内部评估和外部评估相结合。

体系严密，推进有力，是"南通模式"的生命力所在。南通市通过健全组织领导体系、工作推进体系、日常管理体系、监督检察体系，在组织领导、指标体系构建、组织实施、方法应用、督促检查和评估结果应用等方面都形成了完整的工作机制和制度保障，保证了评估系统的良性运转。

南通市一些部门已开始运用结构优化型指标来反映工作业绩。比如，用"全市污水处理率"指标取代"建多少污水厂"，用"人均城市公路占有率"取代"建多少路、多少桥"。这更能准确体现政府的执行力与服务质量，引导政府关注"我做得怎样，群众是否满意"，而不是"我做了什么"。

"南通模式"还存在一些需要优化的地方：首先，在倡导争先创优过程中，如何为"创新"成绩、"领先"水平找到比较准确并可衡量的标准，并确保标准数据可信、可对照，目前还有待于进一步完善。其次，社会评议主体代表性不够充分。南通市采用设立统一的评议人数据库，并通过抽样选取评议人，对所有机关进行评议。对具体党政部门而言，很难保证考评对象与评议人的对应性。

四、理论依据与分析[①]

开展政府绩效评估，是建立服务型政府、提高政府执行力和公信力的重要措施，同时是加强公务员队伍建设的重要手段。江苏省南通市自2001年以来，在机关作风建设和目标绩效管理方面积极探索，勇于实践，形成了一套行之有效的机制，被国家人事部誉为"南通模式"。2007年年初，人事部确定南通市为唯一的全国政府绩效评估地级市联系点。2015年，南通市纪委监察局出台《2015年度委局机关综合绩效考评办法》，与时俱进地将党建工作纳入机关处室和工作人员绩效考核范围。"南通模式"是一种基于目标导向的地方政府绩效评估模式。其特点是：

1. 决策战略目标化

推行目标绩效管理，实行决策的目标化，能够更好地推行绩效考核。南通的具体做法是：将市委和市政府的决策部署细化、量化为各目标责任单位付诸实施的具体目标，提高决策意图目标化程度。近年来，中共南通市委、市政府大力推进"依托江海、崛起苏中、融入苏南、接轨上海、走向世界、全面小康"的基本思路。随后，

---

① 藏乃康. 地方政府绩效评估的"南通模式"：效应、瓶颈及努力方向. 北京行政学院学报，2008（6）.

"猛攻投入、强攻改革、扩大开放、优化环境"四大方针，以及"六项重点""八个第一""八个统筹"等一系列战略举措相继提出，跨越式发展的整体布局全面推开。这里清晰地显示出决策战略目标化的发展思路。南通在推进绩效评估工作中，注重将各项决策转化为重点工作目标体系。在总体目标和层级目标体系框架确定后，市绩效办再依据全局性会议部署，确定市级层面重点工作目标主体框架，并以文件形式对重点工作目标进行责任分解。

2. 指标设置目标化

绩效评估过程中，南通并没有满足于一般性设置和完成指标，而是将工作求创新、求突破作为指标设置和权重设定的目标。按照科学发展、和谐发展、跨越发展的要求，设置和设定评估指标和权重。自2003年以来，市级机关部门每年都有近百个单项工作在省内领先，经济运行呈现出超预期、超历史、超常规的发展态势。这一成绩的取得，是与绩效评估围绕市委、市政府决策意图来设置考核指标体系的做法分不开的。重点工作目标体系确定后，在横向比较（比照省内同类城市相关指标）、纵向比较（比照近三年相关指标）、基准比较（比照各单位主要职能和可能达到的目标）的基础上，上下反复协调，认真审查筛选，合理设置目标化指标。

3. 目标责任明晰化

近年来，南通市委、市政府以正式文件的形式印发市级机关部门工作目标考评责任书的通知，目标实现的责任单位不仅有"块块"的机关事业单位，而且还包括"条条"的职能部门，以及"条块"共管的单位。责任单位有93家（2019年后，经过调整为87家），基本上包括了影响南通经济与社会发展的所有部门和单位。目标责任书对责任单位的主要工作职责、目标内容、标准分值、完成时间都标示得清楚明确，清晰地展现了责任主体的工作职责和目标内容。

4. 目标考核综合化

南通实行的目标绩效考核，既没有停留或局限在原有的目标责任制考评的水平上，也没有简单复制西方国家政府绩效的考核机制，而是在充分继承原有目标责任考评优势的基础上，将现代政府绩效考核的许多元素与做法吸纳和融入其中，建立颇具南通特色的"三位一体"的绩效考评体系，从而使目标考核综合化。即建立健全了职能目标、机关作风建设共性目标和综合评议"三位一体"的考核评比体系，把综合考评结果与机关干部切身利益挂钩，坚持注重实绩和考量作风相结合、量化考核与定性评价相结合、领导评鉴与社会评议相结合、日常监督与年度考评相结合。目标考核的综合化突出了鲜明的考评导向，形成了不断激励机关部门创新、创优、创业的新动力。

5. 目标过程程式化

南通目标绩效考核有着严格的考核评估程序及方法。部门考评实行日常考核、集中考评和综合评议相结合的办法进行。日常考核主要通过明察暗访，举报投诉查处，重大项目跟踪督查，信访部门、监察部门日常查处，市委办、市政府办和绩效办督办反馈等途径组织实施。对日常督查考核查实的问题，实行倒扣分的处置方式。年终集中考评分别组建审核组、考核组和监督组，集中时间和地点封闭考评，分别对部门职能目标和共性目标审核、评估和考核打分，并实施全过程监督。综合评议由市领导评鉴和社会评议构成。市领导对所有参评部门绩效管理情况进行评鉴，分为先进、良好、达标三个等次，其中评定为"先进"和"良好"的等次按比例给予限制，领导评鉴结果换算分值纳入部门评估总分。社会综合评议由2000名左右的社会各界代表，按满意、基本满意、不满意等档次，对部门的工作情况进行评议，评议结果换算分值纳入部门考核总分，评议中提出的文字意见，分类整理后反馈给相关部门（单位）党组（党委）。

五、关键要点

本案例分析的关键在于透彻理解南通市政府绩效管理目标的设定思路、设定原则及其保障措施，深入总结其经验，并在实践中进行有针对性的借鉴。

六、课堂计划

1. 提前一周以上将案例布置给学生进行预习和准备。
2. 课堂建议步骤大致如下：
（1）问题导入：从南通绩效管理的动因导出问题（15分钟）。
（2）案例讲述：让学生明确案例教学的目标是掌握目标导向的绩效评估模式，在讲述过程中引导学生深入了解事态的发展情况并进入问题的情境（25分钟）。
（3）讨论引导：引导学生围绕启发思考问题展开讨论；也可以根据南通市政府绩效评估的不同阶段和不同情境进行分组对抗式讨论。讨论后由学生分组汇报讨论结果（50分钟）。
（4）总结案例：启发学生对目标导向的多元绩效评估机制的思考（10分钟）。
3. 课堂用时2—3小时。

案例 2

以关键绩效指标为突破口建构单位整体绩效管理体系[1]

——基于Z集团S学院的案例研究

---

[1] 本案例由中央财经大学政府管理学院教授曹堂哲、北京华盛中天咨询有限公司钟秋经理、山东省交通规划设计院集团有限公司李敏编写。

 案例正文

2018年,《中共中央国务院关于全面实施预算绩效管理的意见》首次提出了"部门和单位整体绩效"的概念,将部门整体支出绩效评价拓展为部门(单位)整体绩效管理。目前国内已经形成部门整体绩效评价和管理的若干典型模式。本案例以Z集团S学院为研究对象,紧扣其单位整体绩效管理中存在的突出问题,按照新的政策要求,在行动研究过程中,形成了单位整体关键绩效指标开发八步法,并以关键绩效指标为突破口,将各类形式的绩效考核评价进行统筹规范,形成了以战略为导向、预算为基础、关键绩效指标为突破口的单位整体绩效管理模式。

一、引言:问题、分析框架与方法

2011年,财政部预算司印发的《财政支出绩效评价管理暂行办法》(财预〔2011〕285号)明确了部门预算支出绩效评价内容包括基本支出绩效评价、项目支出绩效评价和部门整体支出绩效评价。随后各级财政部门和预算部门开展了部门整体支出绩效评价试点,取得了一些成效。2018年,《中共中央国务院关于全面实施预算绩效管理的意见》首次提出了"部门和单位整体绩效"的概念,将部门整体支出绩效评价拓展为部门整体绩效管理,部门整体绩效管理是预算部门为了提高部门整体产出和效果,围绕部门职责、行业发展规划,以预算资金管理为主线,统筹考虑资产和业务,而开展的计划、实施、控制和调整等系列管理活动。按照《预算法》"各部门预算由本部门及其所属各单位预算组成",单位整体绩效和部门整体绩效具有相似的逻辑,为行文便利后文不再刻意区分部门和单位。

部门整体绩效管理的关键是部门绩效的"整体性",即部门整体产出和效果,以及生成部门整体产出和效果的预算、业务、资源资产管理过程和行为。这一拓展是预算绩效管理的重要变革,由此也引发了人们对"什么是部门整体绩效?如何开展部门整体绩效管理?"等问题的思考。

本案例在系统梳理部门整体绩效管理政策演变和实践发展的基础上,以Z集团(国有预算部门)直属的S学院(公益二类事业单位)的实践为例,以行动研究的方法——在实际工作过中发现问题,研究者和实务工作者共同参与推动问题解决,形成

行动方案，改变社会行为的研究方法——展示该单位从"双元绩效考核与评价体系"转变为"以关键绩效指标为突破口的单位整体绩效管理体系"的过程、步骤和方法，S学院的实践丰富了现有部门（单位）整体绩效管理的经验，实现了部门（单位）整体绩效管理方法的更新。

本案例展示了S学院之前单位整体层面绩效考核和评价的"双元体系"的主要架构和详细内容，并对其进行了问题剖析，具体表现为指标体系各自独立、内容交叉、关键绩效指标提炼不科学，主观性强、预算绩效与单位工作绩效尚未有机统一等方面。为打破指标"迷宫"和指标"藩篱"，Z集团S学院经过为期3年的探索，按照《中共中央国务院关于全面实施预算绩效管理的意见》《关于统筹规范督查检查考核工作的通知》以及集团相关的要求，以关键绩效指标的开发为突破口，运用关键绩效指标开发的八步模型，将各类形式的绩效考核进行统筹规范，形成了以战略为导向、预算为基础、关键绩效指标为突破口的单位整体绩效管理模式，为预算与绩效一体化的实现奠定了基础。本案例的分析框架和内容结构如图2-1所示。

二、部门（单位）整体绩效管理的政策演变、实践探索

部门整体绩效管理概念的提出经历了从部门整体支出绩效评价向部门整体绩效管理演进的政策轨迹，各部门各地区的实践也使得全过程部门整体绩效管理体系趋于完善。

（一）政策演变：从部门整体支出绩效评价到部门整体绩效管理

2011年财政部预算司印发《财政支出绩效评价管理暂行办法》（财预〔2011〕285号）。2013年为贯彻落实《预算绩效管理工作规划（2012—2015年）》（财预〔2012〕396号）财政部印发了《预算绩效评价共性指标体系框架》，该框架包括投入、过程、产出和效果4个一级指标和目标设定、预算配置、预算执行、预算管理、资产管理、职责履行和履职效益7个二级指标。随后中央部门和广东等省出台了部门整体支出绩效评价的暂行办法。

2018年，《中共中央国务院关于全面实施预算绩效管理的意见》要求"将部门和单位预算收支全面纳入绩效管理，赋予部门和资金使用单位更多的管理自主权，围绕部门和单位职责、行业发展规划，以预算资金管理为主线，统筹考虑资产和业务活动，从运行成本、管理效率、履职效能、社会效应、可持续发展能力和服务对象满意度等方面，衡量部门和单位整体及核心业务实施效果，推动提高部门和单位整体绩效水

案例2：以关键绩效指标为突破口建构单位整体绩效管理体系——基于Z集团S学院的案例研究

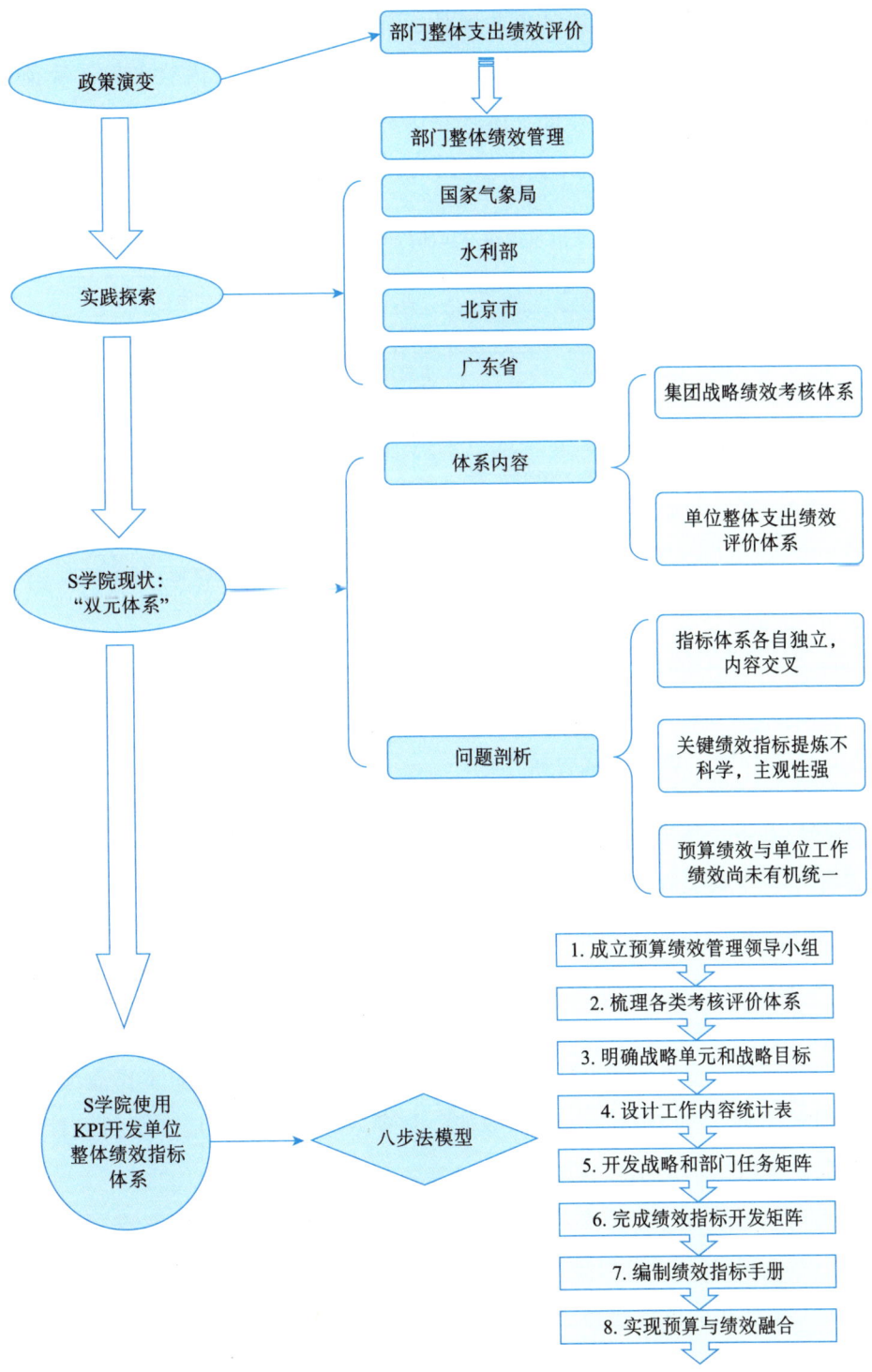

图2-1 案例分析框架和内容结构

平"。从"部门整体支出绩效评价"拓展为"部门整体绩效管理"包含多重变革：从过程环节来看，从评价环节拓展到事前评估、目标设置、绩效监控和绩效结果运行等全过程各环节，实现了部门整体预算绩效管理的完整闭环；从内容来看：从预算支出绩效拓展为部门整体绩效；从评价主体来看：从财政评价拓展为部门自评和财政评价相结合。表2-1列出了部门整体支出绩效评价与部门整体绩效管理的区别。

表2-1　　　　　　部门整体支出绩效评价和部门整体绩效管理的区别

	部门整体支出绩效评价	部门整体绩效管理
主体	财政评价和部门自评	部门主要负责，财政开展部门整体绩效评价
过程	绩效评价	事前评估、目标设定、绩效监控、绩效评价、结果运用、绩效问责等
目标	对基本支出和项目支出的投入、过程、产出和效果进行测量和评定	以预算资金管理为主线，统筹考虑资产和业务活动，衡量部门和单位整体及核心业务实施效果，提高部门和单位整体绩效
指标体系	目标设定、预算配置、预算执行、预算管理、资产管理、职责履行和履职效益等	运行成本、管理效率、履职效能、社会效应、可持续发展能力和服务对象满意度等方面
管理工具	绩效指标开发的逻辑模型	目标管理、关键绩效指标、平衡计分卡等

（二）实践探索：典型模式分析

中央部门和各个地方对部门整体支出绩效管理进行了有益的探索，取得了可喜的成绩，总结了以下典型经验：

一是中国气象局在部门整体绩效评价中突出部门核心业务。2017年财政部选择中国气象局作为中央部门试点单位，率先进行整体支出绩效管理评价，"从宏观层面全面分析部门整体支出与部门职责、工作任务、产出及效果的匹配性，既客观公正评估部门工作业绩，又实事求是考量财政资源的分配效率。根据与气象工作业绩的相关程度，选取四级82个评价指标，从履职效能、管理效率、社会效应和可持续性等方面，力求客观反映气象部门的工作实绩"[①]。

二是水利部等结合行业特点开发个性指标体系。2012年，水利部成立水利部预算管理领导小组。2014年，水利部财务司研究制定了《水利部部门整体支出绩效评价指标体系框架》《水利部单位整体支出绩效评价指标体系框架》共性评价指标体系。结

---

① 财政部. 中央财政积极推动气象部门进一步完善预算绩效管理[EB/OL]. http://www.gov.cn/xinwen/2018-11/08/content_5338408.htm2018-11-8.

合水利部门职能和发展规划,明确了水利部门整体绩效目标,并将水利部门支出绩效指标分为三级,主要包括产出、效益、满意度三方面。水利部还采用内容分析和政策计量方法提取水利效益类指标[①]。在财政部门的统一组织下,水利部、教育部、农村农业部、卫生健康委员会等部门都开展了按照行业特点建构部门整体绩效指标的探索,为部门整体绩效评价和管理奠定了基础。

三是北京市将部门预算绩效管理纳入政府绩效考核。北京市在政府绩效管理的统一框架下,实现了预算绩效管理与政府绩效管理的衔接。2011年,北京市成立了由常务副市长担任组长,市委15家单位担任成员单位的政府绩效管理工作领导小组。财政局作为领导小组的成员单位,将预算绩效管理纳入政府绩效管理的全局工作。北京市在推进市级国家行政机关绩效考评时按照"履职效率、管理效能、服务效果、创新创优"("三效一创")设定指标体系。财政部门开展的部门整体绩效评价得分和预算绩效管理工作考核得分在政府绩效考核得分中占据的比重逐渐加大。北京市还制定了《北京市预算绩效管理问责办法(试行)》,建立了较为系统的绩效问责制度。2018年,北京市选取园林局、气象局和教育局在构建部门整体绩效评价指标体系中探索将部门整体产出和效益指标与行业发展指标相结合。

四是广东省以绩效目标为抓手建立全过程部门整体绩效管理体系。广东省广州市于2016年启动了部门整体全过程预算绩效管理试点工作,在市残联、市知识产权局试行部门整体全过程预算绩效管理,2017年将部门整体全过程预算绩效管理推广至市发改委、市教育局等12个部门。按照"部门职责—工作任务—项目目标"的框架编制部门整体三级目标体系。建立"1+1+X"的绩效运行监控机制。2017年,广东省印发了《广东省省级部门整体支出绩效评价管理办法》,建立了"全面自评、部分复核、重点评价"的项目绩效评价机制。部门整体绩效评价主要包括满意度调查评价和部门履职用财情况评价两部分,以内外部结合的方式全面反映部门履职和整体产出与效果[②]。

上述模式为开展部门整体绩效评价和管理提供了有益的借鉴,但尚未详尽地展示如何通过关键绩效指标的设置开展部门整体绩效评价和管理,Z集团S学院的案例丰富了这方面的内容。

---

① 周晓花,柳长顺,姜玲,戴向前.对水利部部门整体绩效评价效益类指标构建的思考[J].中国水利,2016(4).

② 广东省财政厅办公室.广东省广州市财政:部门整体预算绩效管理初见成效[EB/OL]. http://www.mof.gov.cn/xinwenlianbo/guangdongcaizhengxinxilianbo/201811/t20181120_ 3072017.htm. 2018-12-4.

三、案例背景：S学院绩效管理体系的现状和问题

Z集团为进一步加强预算绩效管理，在财政部预算绩效管理统一要求下，于2016年年底率先启动了对直属单位S学院单位整体绩效评价。Z集团委托第三方评价机构北京华盛中天咨询有限责任公司（以下简称"评价机构"）已连续开展了3次对学院的整体绩效评价，针对S学院现状，形成了以关键绩效指标开发为突破口的单位整体绩效管理框架。在形成新的框架之前，S学院单位整体层面的绩效考核与评价体系如下。

（一）S学院单位整体层面绩效考核和评价的"双元体系"

S学院对绩效考核和管理历来较为重视，在单位整体层面上，已形成"两套评价体系、三个评价目的"的绩效考核与评价体系，如图2-2所示。

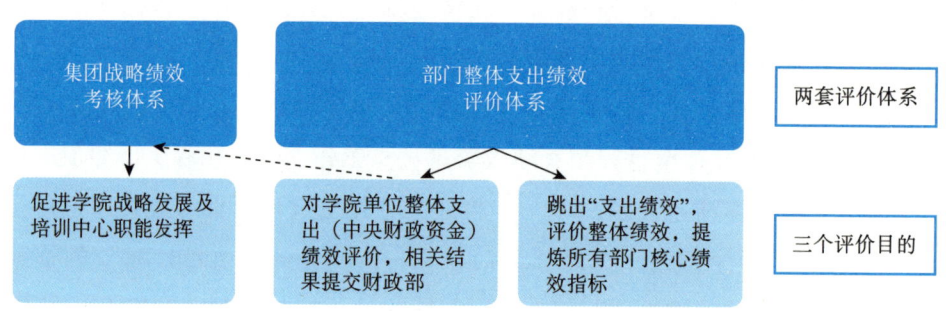

图2-2 S学院的"双元"绩效管理体系

1. 集团战略绩效考核体系

该体系是基于Z集团对直属单位战略绩效考核的内部管理视角设置的指标体系，该体系于2017年2月正式印发，与集团首次对学院开展单位整体支出绩效评价工作时间同步。学院对外属于教育部批准设立的全日制公办高等院校，对内兼有Z集团的培训中心、公司党校、A学院和B基地等多重身份。集团为学院设置的考核计分表中充分考虑了上述特点，将整体评分设置为如图2-3所示的4个方面。

在上述"基本指标"中设置了"财政部单位整体支出绩效评价"指标，该指标以单位整体支出绩效评价评出的结果，按照一定权重折算计入集团对学院的战略绩效考核得分，该指标分值由集团财务部组织评价机构进行评分，评价的资金边界为中央财政资金当年投入学院的绩效实现情况。

在"分类指标"中设置了学院在"集团培训工作支撑、科技项目支撑"等方面的

图 2-3　S 学院集团战略考核指标体系

考核指标，上述指标分值由集团所属相关部门如人力资源部、信建部等部门进行评分，评价边界不同于中央财政资金"支出绩效"口径，更加强调单位核心业务对集团的贡献情况。

2. 单位整体支出绩效评价的开展

第二套是基于财政监督的外部评价视角设置的单位整体支出绩效评价体系，该体系基于财政部印发的《预算绩效评价共性指标体系框架》（财预〔2015〕53 号）文件设置，评价体系分为如图 2-4 所示的 4 个方面。

图 2-4　S 学院单位整体支出绩效评价体系

集团组织第三方评价机构从 2016 年年底着手开展对学院单位整体支出绩效评价工作，工作目的包括两个方面：一是基于上述标准按照财政部要求开展对学院的单位整体支出绩效评价，其指标体系中"产出"和"效果"指标按照学院每年申报财政部的《单位整体支出绩效目标申报表》予以特性化设置。二是基于学院历年绩效管理基础条件，围绕集团战略发展、学院自身职责、各系部及人员绩效情况等方面，跳出"支出绩效"禁锢，探索单位整体绩效的评价新模式。这一工作思路与 2018 年《中共中央国务院关于全面实施预算绩效管理的意见》（中发〔2018〕34 号）中提出的"单位整体绩效"概念不谋而合。

（二）"双元体系"的问题剖析

除此之外，学院还有业务考核、人事考核、绩效督查等多种绩效考核与管理形式，这些形式在部门整体层面未能形成有效的整合，部门整体产出和效果的唯一性和多元考核体系的多样性存在矛盾，具体表现如下：

1. 指标体系各自独立，内容交叉

两套评价体系在对"学院单位整体支出（中央财政资金）绩效评价"这一内容上存在交叉。"集团战略绩效考核体系"中直接嵌入了该部分评价得分，而"集团战略绩效考核体系"中其他部分评分指标与"学院单位整体支出（中央财政资金）绩效评价"中研究能力支撑、师资队伍建设等方面评价指标，并非全无交叉，两套体系的评价边界有进一步厘清或整合完善的空间。

2. 关键绩效指标提炼不科学，主观性强

"学院单位整体支出（中央财政资金）绩效评价"存在难以出现极负面评价的情况。由于该部分评价是围绕学院申报的《单位整体支出绩效目标申报表》予以评分，而立足学院立场，其填报的各项指标均依据历史标准予以定量填报，指标值相对保守。评价机构虽然可以在"投入"指标部分予以酌情扣分，但在"产出"和"效果"指标部分却难以出现极为负面的扣分项。

3. 预算绩效与单位工作绩效尚未有机统一

学院《单位整体支出绩效目标申报表》中各项指标与学院各部门年度工作任务绩效指标间并无直接关系，内外部对学院整体绩效的评价尚未有机统一。存在这一问题主要有两方面原因：一是《单位整体支出绩效目标申报表》以中央财政资金支出绩效为界，而学院各部门年终总结时提供的工作任务绩效统计情况并不是以"支出绩效"为口径，也不仅仅局限于中央财政资金绩效；二是学院各部门年终总结的绩效指标基于学院内部管理需求出发，视角侧重于业务管理、人事管理等方面的责任落实和绩效实现，而集团战略考核与财政部单位整体支出绩效评价则是基于上级单位及财政部对预算单位的管理需求，视角侧重于对集团管理、预算管理等方面的责任落实和绩效实现。

按照《中共中央国务院关于全面实施预算绩效管理的意见》对部门（单位）整体绩效管理提出的新要求，亟须以关键绩效指标为突破口，贯彻落实《关于统筹规范督查检查考核工作的通知》精神，打破指标"迷宫"和指标"藩篱"，找到公约数，为部门整体绩效管理的开展奠定基础。

四、S 学院使用关键绩效指标法开发单位整体绩效指标体系

S 学院将开发关键绩效指标作为单位整体绩效管理体系建立的突破口。美国学者戴维·帕门特（David Parmenter）在融合目标管理、平衡计分卡等绩效管理思想和工具的基础上，提出了关键绩效指标法。"关键绩效指标是指一系列集中在组织绩效方面的评价指标，这些指标对组织当前的发展和未来的成功起到关键作用，具有重要意义。关键绩效指标是用来衡量某一岗位人员工作绩效表现的具体量化指标，是对工作完成效果的最直接衡量方式。关键绩效指标来源于对组织总体战略目标的分解，反映最能有效影响组织价值创造的关键驱动因素。设立关键绩效指标的价值在于：使经营管理者将精力集中在对绩效有最大驱动力的经营行动上，及时诊断生产经营活动中的问题，并采取能够提高绩效水平的改进措施。[①]"关键绩效指标法将组织的整体层面、团队层面和个人层面看作一个目标层级体系，针对不同层次的工作任务提炼不同层级的关键绩效指标，为科学合理的单位部门整体层面的关键绩效指标提供了方法支撑。借鉴帕门特提出的关键绩效指标的十二步骤模型[②]，结合实际情况，经过三年多的努力，S 单位形成了以关键指标体系开发推动单位整体绩效管理的八步法模型，如图 2-5 所示。

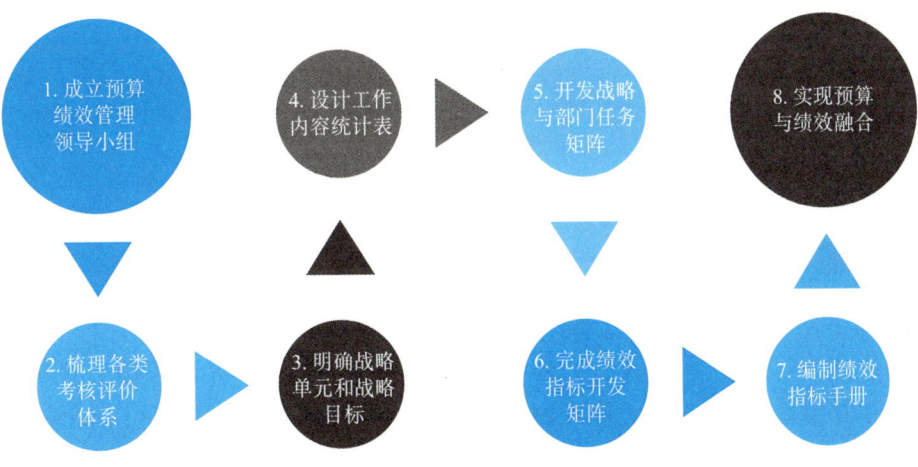

图 2-5 以关键绩效指标体系建构推动单位整体绩效管理的八步法

---

① （美）戴维·帕门特. 关键绩效指标：KPI 的开发、实施和应用 [M]. 北京：机械工业出版社，2012：3.
② （美）戴维·帕门特. 关键绩效指标：KPI 的开发、实施和应用 [M]. 北京：机械工业出版社，2012：34.

(一) 步骤1：成立预算绩效管理领导小组

针对学院现有"两套评价体系"及"财政、集团、学院三类评价视角"并存的局面，学院成立了预算绩效管理领导小组，以推动评价主体、内容、过程和结果运用等方面的协同。如图2-6所示。

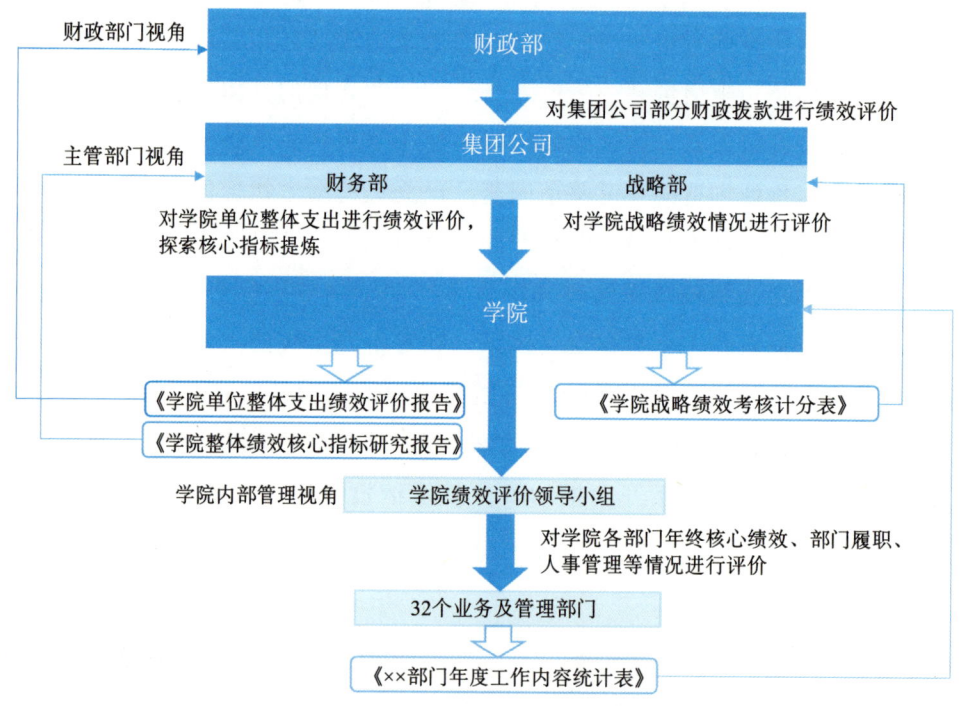

图2-6 S学院预算绩效管理领导小组

集团作为学院上级主管部门，负责单位整体预算绩效评价的监督管理，遴选相应的评价机构独立客观地对学院开展财政部视角下的单位整体支出绩效评价工作及集团视角下的战略绩效考核和关键绩效指标研究工作。

学院作为单位整体绩效的第一责任人，负责预算绩效评价工作的具体配合及实施。学院根据财政部及集团的预算绩效管理要求，成立绩效领导小组，小组由分管副院长任组长，办公室主任任副组长，财务处处长、教务处处长等职能处室领导任小组成员，统筹协调单位各相关处室开展整体支出绩效评价工作。同时，该领导小组根据集团战略绩效考核要求，一并提供相应资料供考核评分。此外，学院根据自身业务发展、人事管理等需求，由相关部门于年终对每个处室开展年终工作总结，作为业务考核依据。

（二）步骤2：梳理各类考核评价体系

上述各主体根据管理视角的差异，分别采取了不同的考核形式，其中，集团作为学院上级主管部门，一方面作为财政部预算绩效管理要求的组织实施方，对学院开展相应的预算绩效评价，另一方面作为主管部门，对学院作为集团公司的培训及科研支撑机构开展战略绩效考核；学院作为单位整体绩效的第一责任人，一方面作为被评价方需配合开展集团战略绩效考核及财政部要求的预算绩效评价，另一方面基于自身管理要求，开展单位内部的业务考核及人事考核，各类考核间关系如图2-7所示。

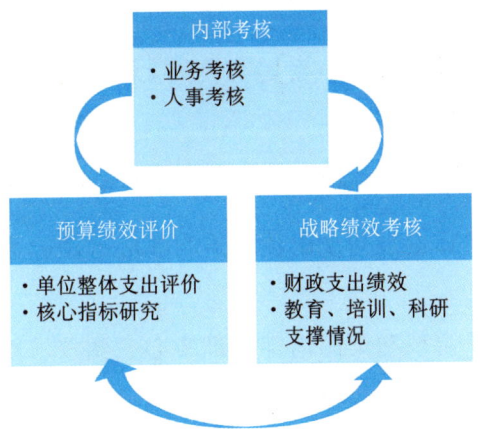

图2-7　S学院多种形式的绩效评价体系

学院"内部考核"中"业务考核"部分设置了《年度工作内容统计表》，对各系、处年度"关键任务、职能履行、责任制落实、奖惩情况"等内容予以明确，尤其对"关键任务"完成情况设置了"完成情况、完成效果、难易程度"3项评分指标。上述内容在一定程度上可支撑预算绩效评价和集团战略绩效考核的相关内容。

"预算绩效评价"中"单位整体支出绩效评价"直接作为"战略绩效考核"一部分评分内容，而"战略绩效考核"中对学院"为集团教育、培训、科研支撑情况"的评价支撑了"预算绩效评价"中"核心指标研究"，两类评价互有交叉支撑。

由此可见，目前学院各评价对象存在交叉重叠，亟须以关键成功要素为纽带梳理各类评价体系，思路如图2-8所示。

（三）步骤3：明确战略单元和战略目标

为了更好地将战略绩效考核、预算绩效评价及学院内部管理考核等工作相协同，评价机构对学院《单位整体支出绩效目标申报表》开展了"关键绩效指标法"研究，

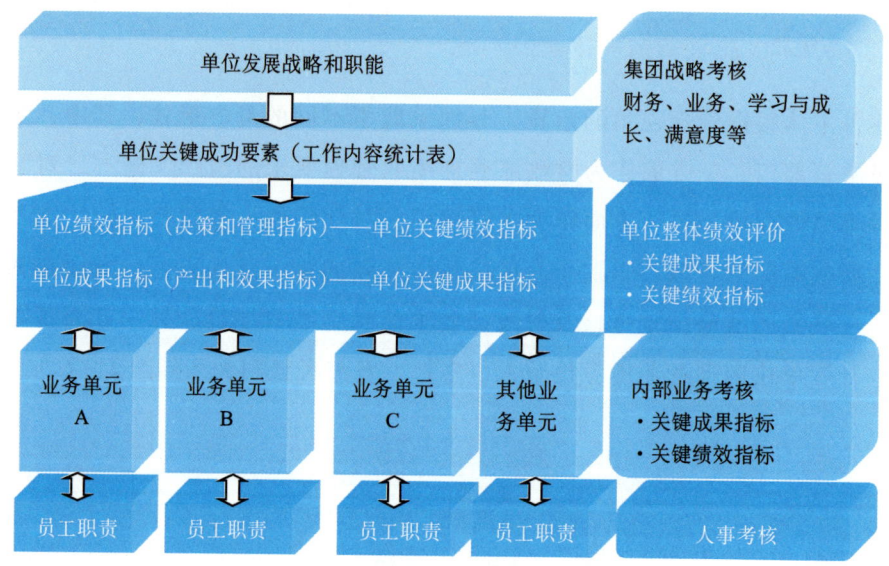

图 2-8 以关键成功要素为纽带梳理各类评价体系

从集团战略角度和学院整体发展角度出发，绘制战略地图，为关键绩效指标的提出奠定基础。

学院兼具全日制专科院校和集团内部培训中心、党校、网络学院、科研服务支撑基地等多重身份。集团对学院在战略定位上具有明确要求。评价机构在开展上述研究工作中，从学院教学职能和集团战略要求两个角度入手，梳理形成学院战略方向，即"学生培养""师资建设""教学科研""业务保障""培训服务""对外宣传"6个方面。

（四）步骤4：设计工作内容统计表

评价机构按照上述6个战略方向，结合学院内部年终总结工作，开展了对学院32个部门2016—2018年3个年度《工作内容统计表》的收集整理工作。《工作内容统计表》中包括部门人数、关键任务、职能履行、责任落实、奖惩情况等信息。如图2-9所示。评价机构通过开发S学院所有部门的工作内容统计，为提炼出各个部门关键成功要素奠定了基础，同时将集团战略考核与预算绩效评价相连接，将各类绩效信息予以对应，打通战略考核、内部考核和预算绩效评价等各类评价。如图2-9所示。

（五）步骤5：开发战略和部门任务矩阵

评价机构再将各部门在职能履行、责任落实过程中的各项工作任务对应到学院的六个战略方向中，从"学院六大战略方向"和"各部门工作任务"两个维度，建立了

案例2：以关键绩效指标为突破口建构单位整体绩效管理体系——基于Z集团S学院的案例研究

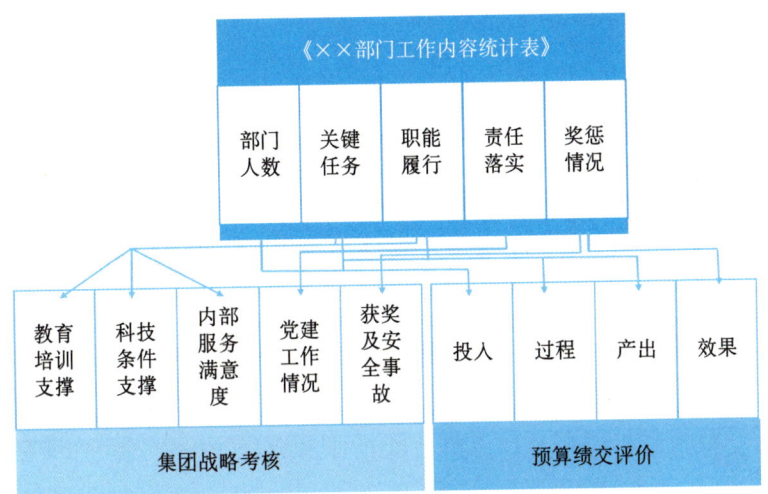

图2-9 以工作内容统计表打通两类评价

一个涵盖32个部门的绩效指标框架表，如表2-2所示。

表2-2　　　　　　　　　　S学院战略和部门任务矩阵

部门	任务	学院六大战略方向					
		学生培养	师资建设	教学科研	业务保障	培训服务	对外宣传
教学科研部门	A部门	招生××人	通过职称评定×人	发表论文×篇	—	制作网络课程×门	—
		组织×人参加技能大赛	开展×次教职工竞赛	—	—	—	—
	B部门	招生××人	被认定"双师"教师×人	参与××课题×项	—	举办网络考试×场	—
		实施混合教学班级×个	—	教学资源库建设×个	—	—	—
	……	……	……	……	……	……	……
服务管理部门	C部门	—	—	—	完成学院修缮×项	—	—
		—	—	—	××设备更新×台套	—	—
	D部门	—	—	—	完成××方面采购	举办党校培训班×个	推送公众号×期
		—	—	—	—	—	—
	……	……	……	……	……	……	……

(六) 步骤6：完成绩效指标开发矩阵

战略和部门任务矩阵为各部门绩效指标和单位整体关键绩效指标的开发提供了框架。在矩阵中的每一个空格中，都可以填写系列绩效指标，这些绩效指标基于《工作内容统计表》进行职责梳理和业务流程分析，结合平衡计分卡的4个维度（业务流程、顾客满意、财务管理、学习成长），提炼出关键成功要素，根据关键成功要素形成若干衡量指标，将这些衡量指标分解为成果指标、绩效指标（即过程指标）、关键成果指标和关键绩效指标。按照"二八法则"，每个职能部门对应的方格中一般不超过10个关键绩效指标（即过程指标）和10个关键成果指标。最后通过筛选、归并形成的单位整体关键绩效指标和关键成果指标总计不超过20个。表2-3给出了A业务部门关键绩效指标开发矩阵。

表2-3　　　　　　　A业务部门关键绩效指标开发矩阵

战略、部门、任务	指标	绩效指标（决策和管理）		成果指标（产出和结果）	
		一般	关键	一般	关键
A业务部门任务1	业务流程	师资合格率；培训场所安全达标率等	培训计划完成率；人才培养计划完成率等		培训考核达标率；员工培训达标率等
	顾客满意			员工职业满意度等	培训对象满意度
	财务管理	财务制度健全性；财务制度规范性等	预算执行率；政府采购执行率		培训成本控制率
	学习成长		职称评定申报及时率		员工职业生涯辅导计划完成率

根据各业务部门任务之间的组合关系和战略单元的划分，将各个部门各项任务的指标进行累加、合并和删减就可以提炼出对应的单位整体绩效指标。

(七) 步骤7：编制绩效指标手册

绩效指标手册是单位内部各个机构和单位整体使用的绩效指标说明。绩效指标手册的编制要兼顾战略考核、预算绩效管理、单位内部考核和人事考核的需要。首先由单位各内设机构编制各自的关键绩效指标，然后在各部门指标中通过累加、合并等方式筛选出单位整体的关键绩效指标。单位整体关键绩效指标不多于20个。整个指标的开发需要经过部门提出、相关部门讨论论证、专家咨询、编入手册、指标使用、指标修正等循环往复的过程。以下是2018年度筛选出来的部分单位整体绩效指标，如表2-4所示。

表2-4　　　　　　2018年度S学院单位整体绩效指标（部分示例）

绩效指标名称	指标值描述
骨干专业的获奖数量及奖项名次	××项/一、二、三等或金、银、铜
创新发展行动计划项目通过教育部验收的比例	百分比
新增实训基地的数量	×个
专业课程的教材诊改数量	××门课程
教改项目的论文发表数量	×篇
创新创业大赛及技能竞赛活动的参与数量	××次
创新创业大赛及技能竞赛活动的获奖情况及名次	××项/一、二、三等或金、银、铜
学风建设主题活动的开展数量	××场
学生安全工作的事故率	百分比
应届毕业生的就业率	百分比
学院教室、宿舍、食堂、校园绿化等设施的维修改造率	百分比
学院图书馆电子及纸质资源的引进数量	×万册
……	……

每一个绩效指标都需要明确指标代码、指标归属、指标名称、指标性质、指标适用、指标含义、指标出处、评分标准、指标标准、信息核实方式等内容。

指标代码是指标的统一编码，编码第一个字母代表部门名称，第二个字母代表职能类别，第三个代码是序号。字母代码为部门及职能名称拼音首字母，例如，学院工商管理系字母代码为G，后勤处代码为H，图书馆代码为T；职能类别按照战略考核任务进行分解，其代码分别为学生培养X、师资建设S、教学科研J、业务保障Y、培训服务P、对外宣传D。

指标归属说明指标对应的职能类别、工作任务和工作举措。

指标名称是指标的直接表达。例如，骨干专业的获奖数量及奖项名次。

指标性质需要按照两个维度对指标进行归类，一个维度明确指标属于投入类、管理类、产出类、效果类；另一个维度明确指标属于业务流程类、财务类、学习成长类、服务对象满意类。

指标适用旨在明确指标属于战略考核、预算绩效评价、内部考核、人事考核。

指标含义对指标进行详细的定义和解释。

指标出处要明确指标形成的来源和依据，比如"三定"方案、法律、规划、工作计划等。

评分标准说明指标如何计算分值。

指标标准需要明确指标的历史值和标杆值，标杆值来自标准规范、法律要求、行业要求等方面。

信息核实方式说明谁、如何确保指标信息值的真实性、科学性和准确性。

根据上述内容及原则，分别从教学科研部门和服务管理部门各遴选1个绩效指标为例说明，示例如表2-5。

表2-5　　　　　　　　S学院绩效指标手册各要素示例

指标代码	指标归属	指标名称	指标性质	指标适用	指标含义	指标出处	评分标准	指标标准	信息核实
GJ01	教学科研职能，关键任务——骨干专业建设	骨干专业的获奖数量及奖项名次	效果类、业务流程类	预算绩效评价、内部考核	该指标用于衡量学院工商管理系科研教学职能中骨干专业课程建设的效果实现情况，以获得各类教学成果奖为衡量指标	工商管理系年度工作计划	（实际获奖情况/年初计划获奖情况）×该指标分数	工商管理系该指标历史值、其他同类学院同类系该指标行业值	相关获奖证书
HY01	业务保障职能，关键任务——美丽校园建设	校园绿地的草皮养护率	产出类、业务流程类	内部考核、人事考核	该指标用于衡量学院后勤处业务保障职能中美丽校园建设的产出实现情况，以校区绿地的草皮养护率作为衡量指标	学院中期建设规划、后勤处年度工作计划	（实际草皮养护面积/年初计划养护面积）×该指标分数	后勤处该指标计划值及历史值	相关工作验收报告

（八）步骤8：实现预算与绩效融合

将关键绩效指标与预算管理融合是S学院开展部门预算绩效管理的关键。一是预算编制阶段要填报绩效目标申报表。S学院在申报预算阶段要求学院各个机构和直属单位填报各自的部门绩效目标申报表和项目绩效目标申报表，从绩效手册中选取适当的绩效指标对绩效目标进行衡量。开展事前绩效评估的项目要求有明确的绩效目标和衡量指标。二是预算执行阶段开展双监控。S单位严格按照预算约束开展报销和支付，通过经济科目分类和项目矩阵，将绩效目标和指标嵌入财务系统，对预算执行进行监控的同时对绩效目标情况实施监控。三是决算阶段开展绩效评价。决算阶段对各个项目、各内设机构、各直属单位、学院整体开展绩效评价，评价指标从指标手册中选取，实现了绩效评价的科学化、客观化和标准化。四是实施全过程预算监督和全过程绩效责任制。明确全过程预算管理和绩效管理责任，建立严格内控制度，切实提升内控制度的执行力，实施项目绩效责任人制度和部门绩效责任人制度，以预算绩效评价为龙头，统筹整合集团战略考核、内部考核、人事考核，将绩效评价结果纳入干部政绩考核和职工年终考核。

五、结束语

Z集团S学院经过为期3年的探索，按照《中共中央国务院关于全面实施预算绩效管理的意见》《关于统筹规范督查检查考核工作的通知》以及集团相关的要求，以关键绩效指标的开发为突破口，运用关键绩效指标开发的八步模型，将各类形式的绩效考核进行统筹规范，形成了以战略为导向、预算为基础、关键绩效指标为突破口的单位整体绩效管理模式，为预算与绩效一体化的实现奠定了基础。开展单位整体绩效管理，还要统筹考虑事前绩效评估、绩效目标管理、绩效运行监控、绩效评价、评价结果运用等问题，关键绩效指标的开发，迈出了部门（单位）绩效管理开展的第一步，找到了有效的突破口。

 案例使用说明

一、教学目的与用途

1. 适用课程。本案例主要适用于政府治理与领导、公共部门战略管理的教学，也适用于当代中国政府政治、公共管理研究方法（制度设计方法）的学习研讨。

2. 教学目的：一是通过案例使学生深刻理解部门整体绩效的内涵；二是引发学生对如何开展部门整体绩效管理的思考；三是了解S学院单位整体层面绩效考核和评价的"双元体系"存在的制度缺陷；四是理解关键绩效指标法对于单位整体绩效指标体系开发的重要意义以及具体操作；五是理解政府战略、制度创新、政府质量、经济发展绩效之间的关系；六是理解关键绩效指标的开发和实现预算与绩效一体化之间的关系。

二、讨论问题

1. 部门整体绩效是什么？如何开展部门整体绩效管理？
2. 行动研究的方法在政府部门的研究中是否适用？
3. Z集团S学院案例详尽地展示了通过关键绩效指标的设置开展部门整体绩效评价和管理，这对于我国各预算部门开展整体绩效管理实践带来怎样的指导意义？
4. 关键绩效指标的开发，迈出了部门（单位）绩效管理开展的第一步，将其作为突破口，我们需要深入思考和探索如何将事前绩效评估、绩效目标管理、绩效运行监控、绩效评价、评价结果运用等问题统筹考虑在内？

三、分析思路

本案例涉及"以关键绩效指标为突破口构建单位整体绩效管理体系"这个重要的课题，是政府预算绩效管理领域的一大改革，有必要深入探讨这次改革的"合理性、合法性、必要性和可行性"这几个关键问题。因此，对该案例的分析，也可以考虑从这4个角度入手。学员通过案例材料的阅读理解，对该事件会有自己的判断和分析思路，教师在讨论过程中，不必强加此分析思路，但是可以进行适当的逻辑引导。

四、理论依据与分析

本案例中涉及的理论依据主要集中在公共部门政府预算绩效管理的两个方面：绩效指标体系构建、部门整体预算绩效管理。本案例中涉及的主要是"我国公共部门的部门整体支出绩效评价现状、问题及对策"部分。Z集团S学院改革方案中具体涉及单位整体绩效考核和评价体系的变革，这与绩效指标体系构建、部门整体预算绩效管理两方面理论有直接关系，可以分别从这两个角度进行理论分析与探讨。

五、关键要点

1. "Z集团S学院以关键绩效指标的开发为突破口建立单位整体绩效管理模式"

这一改革所反映出来的合理性和合法性基础是什么？

2. 中国公益事业单位等公共组织现行的部门整体绩效考核与评价面临的挑战是什么？在战略目标管理、绩效指标体系构建以及绩效考核这几个方面存在的主要问题是什么？

3. 推进公共部门整体绩效管理的关键点是什么？

六、课堂教学计划

1. 课前把案例材料发给学员，要求学员用 30 分钟左右的时间认真阅读，并思考相关问题。

2. 课堂教学计划分为三个步骤：

第一步：全班集中，案例导入。在学员上课前通读案例的基础上，利用 5—8 分钟时间，请 2—3 位学员在案例讨论前用几句话高度概括案例的主要内容，目的是帮助学员迅速集中注意力，进入讨论状态。

第二步：分组研讨，案例展开。根据对案例的阅读和理解，按照支持、反对、部分支持部分反对三种意见对学员进行分组。三组学员汇集后，选出 1 名成员作为小组负责人及发言代表，利用 15 分钟左右的时间组织分组研讨，汇总组内成员的观点。研讨时，可以参考以下几个问题来总结各组的讨论意见。

（1）在本案例中，Z 集团 S 学院在部门整体支出绩效评价方面面临的主要问题是什么？原因有哪些？

（2）针对这些问题，Z 集团 S 学院曾经采取过哪些改革措施，效果如何？

（3）你认为以关键绩效指标体系建构推动单位整体绩效管理的八步法是否能解决 Z 集团 S 学院在绩效管理中面临的问题？

第三步：公开辩论，案例分析。在三组集体研讨结束之后，进入第三步，以公开辩论的方式进行案例分析。

每组的发言人首先上台向全班报告本组的主要研讨观点，每组时间控制在 8 分钟。如果发言人未用完规定的时间，其所在组的其他成员还可以对发言人的观点进行补充。各组发言结束后，学员可以自由发言，就其所支持的一方进行观点交锋和辩论，时间为 20 分钟。最后，由教师进行 10 分钟左右的小结和点评。总结案例研讨的主要特点、主要观点以及有待进一步关注和研究的问题，提示分析问题的不同角度和方法。

2. 城市与区域治理

案例 3

"流程再造,整体治理"命题的求解[①]

——北京市东城区网格化管理创新案例

---

① 本案例由中央财经大学政府管理学院城市管理系副教授王伟编写。案例撰写受到中央财经大学一流学科建设项目"新一轮科技革命下城市精细化管理研究"支持。

案例3："流程再造，整体治理"命题的求解——北京市东城区网格化管理创新案例

案例正文

本案例主要的理论基础是整体性治理理论和流程再造理论，以北京市东城区为例，分析网格化管理在管理实践中对于打破相关壁垒，实现"纵向到底，横向到边"的促进作用。在案例分析中，以"三元空间"的视角，将物理空间、社会空间和虚拟空间渗入对网格管理的分析之中，着重体现其促进三元空间融合的城市协同治理特征。

一、引言：问题、分析框架、方法

在公共管理理论的发展过程中，先后经历了"大一统"的政府集中管理和新公共管理运动下的分散化、分权化的管理理论实践。历史的发展遵循波浪式上升下的否定之否定规律，纯粹的政府当局管制难以适应复杂多变的公共管理实践，而新公共管理运动看似狂飙突进、顺应潮流，但也难掩碎片化的痼疾。过于分散化的权力造成了诸如职责转嫁、项目和目标冲突、重复浪费、缺乏沟通和各自为政、服务质量差等问题。城市管理作为公共管理之下的一个重要门类，相关问题表现得尤为突出，"七八个大盖帽管不了一个破草帽"是对相关问题的生动描述，在日新月异的管理实践下，新公共管理的有关理论已逐渐失去其往日的光彩，亟待理论界的有关突破，新的管理理论呼之欲出。

面对一系列"分散化""碎片化"的问题，整体性治理理论通过协调与整合的核心内容，提出了破解碎片化的理论创新。根据希克斯的定义，所谓的"整体性治理"是指以公民需求为治理导向，以信息技术为治理手段，以协调、整合、责任为治理机制，对治理层级、功能、公私部门关系及信息系统等碎片化问题进行有机协调与整合，不断从分散走向集中、从部分走向整体、从破碎走向整合，为公民提供无缝隙且非分离的整体型服务的政府治理图式①。总体说来，整体性治理是以原有的官僚制和科层制为基础，引入发达的信息技术，打破政府部门之间的信息壁垒，实现更大层面上的信息共享，从根本上破除"碎片化"的痼疾。

在具体的管理实践中，要将整体性治理的理念加以贯彻，必须对治理机构加以调整改造，对治理流程进行再造。需要打破按职能设置部门的管理方式，而应采取过程

---

① 史云贵，周荃.整体性治理：梳理、反思与趋势 [J].天津行政学院学报，2014，16 (5)：3-8.

取向、结果取向和顾客取向，根据服务对象的实际需求变化，以管理业务流程为中心，重新设计整个管理的过程及相应的管理体制机制，追求全局最优。

本案例将以北京市东城区推进网格化治理为例，分析其如何通过管理流程的整体再造，改革传统的管理结构，通过机构设置创新，实现整体性治理的有关理念，破除城市管理领域长期存在的一些管理难题。在具体的分析过程中，本案例采用"三元空间"的分析视角，即剖析网格化治理在推进物理空间、社会空间和虚拟空间融合上的作用。

二、北京市东城区网格化城市管理实践

（一）什么是网格化城市管理？

所谓的"网格"技术最初是计算机领域的技术，是构筑在互联网上的一种技术。网格自身构成一个相对完整的系统，内部可协调整合各种资源，协调各种使用者，处理分布式环境下的各种问题。在互联网等信息技术的支持下，网格允许其资源被协调使用，实现各种资源的全面流通，满足不同使用者的需求，各网格所构成的联合系统也因此能够实现"1+1＞2"的效果。网格技术最初应用于高科技领域，包括数据密集型计算、信息集成等领域。

网格技术凭借其对信息资源壁垒的有力打破，也获得了公共管理领域的青睐，被引入公共管理领域，尤其是城市空间管理的领域。网格化城市管理借鉴网格管理的思想，通过空间网格的划分，依靠先进的互联网信息技术，将城市管理的各种资源及对象划入同一单元格中，实现空间网格内部的精细化管理，也就是说，在城市管理的过程中，"网格"作为最小的管理和服务单位，有助于实现"纵向到底"，在所定格的"网格"内充分满足相关的管理要求。同时，不同网格之间可以借助相关信息技术所构建的关联机制实现资源信息的共享和调度，在更大的层面上实现城市管理的信息共享，有力推动动态的全方位管理。

由上述定义可见，网格化城市管理是对传统城市管理模式的巨大变革，整个管理的流程、对象和机制都发生了蜕变，必然需要新的管理协调体制机制来进行支撑，需要形成一套完整的反馈控制体系。网格化管理适用于分布式的环境中，同时也需要有关管理平台的集中统一的规划协调。在治理理念上，网格化城市管理体现了整体性治理的思想，全新的反馈控制体系体现了流程再造的理念，也有助于推进物理、社会和虚拟空间三位一体的有机融合。

(二) 北京市东城区推进网格化城市管理的历程

北京市东城区位于首都的中心地带,面积41.84平方公里,常住人口91.9万,地位十分重要,因此也面临着城市管理方面的巨大压力。东城区在内外部环境的影响下,创造性地采取网格化管理方法,并最终成为该领域的先驱和执牛耳者。

2004年,东城区率先推出"万米单元网格管理法"和"城市部件管理法"以应对新世纪日新月异的城市管理变迁。该崭新模式引入网格地图的思想,以一万平方米为基本单位,将辖区划分为1539个网格单元,由相应的监督员对网格进行全时段的监控,总共配备了350名城市网格员。网格的划分为区域的信息化管理奠定了基础。城市部件管理的思想将地理编码技术引入城市管理领域,将城市管理的对象精细化、数字化,有助于准确把握城市管理对象的状况,"靶向治疗",作出及时、精准的反应。所谓"城市部件"是指市政公用、道路交通、市容环卫、园林绿化、房屋土地等相关设施,每一部件按照"市辖区代码—大类代码—小类代码—部件名称—归属部门—问题位置—所在网格号"编码,纳入地理空间数据库,形成广泛的信息共享。在这一阶段,主要的工作还是相关基础设施的搭建,研发了"城管通"作为新型的信息采集装置,改革相关机构,重新设计城市管理的控制反馈和评价机制,优化管理流程和人员岗位设置,全面整合职能,剥离管理职能和监督职能,组建了城市管理指挥中心和城市管理监督评价中心两大平台,打造城市管理"两轴"管理体制,并建立了全新的绩效评价体系。该阶段,网格化管理还主要应用于城市管理的监督评价等方面。

党的十七大后,社会主义和谐社会建设如火如荼,对城市管理又提出了更高层次的要求。东城区也逐渐将网格化城市管理的理念拓展到社会服务管理领域,开始试行网格化社会服务管理新模式,推动社会服务管理网格化体系建设。2010年7月,北京市委市政府印发《北京市社会服务管理创新行动方案》,确定在东城区、朝阳区、顺义区开展试点,加快推进社会服务管理网格化体系建设,在试点基础上,2012年5月制定出台了《关于推进网格化社会服务管理体系建设的意见》,对整体的建设思路进行了规划布局。在整个过程中,东城区积极推行网格化社会服务管理的新模式,将区属17个街道205个社区划分成589个社会管理网络,并在区、街两级建立联合执法工作机构,形成"一个管理网络、一套运行机制、一个指标系统、一个服务平台、一支综合力量"的社会管理执法格局。

2014年,东城区网格化社会服务管理体系与网格化城市管理体系"两网融合",推动形成社会服务、城市管理、社会治安三位一体城市综合服务管理平台。东城区网格化城市管理正式迈入"两网融合"时代,走出单一领域的模式建设,开始更广阔的服务管理体系建设。2014年，东城区城市管理监督中心正式更名为东城区网格化服务管理中心，下设15个内设机构和3个事业单位，进一步整合了相关职能。

1. 重塑流程再造

（1）调整组织架构。组建的区网格化服务管理中心，是区政府负责本区网格化服务管理事项监督评价与统筹协调工作的正处级行政机构，同时承担区"两网融合"领导小组办公室职责。东城区网格化服务管理中心内设16个行政科室和3个全额拨款事业单位。全区参与网格化服务管理的专业职能部门共有85家，不仅有政府部门，还有部分区委部门和人民团体；除网格中心，区内其他84家专业部门均明确了负责网格化工作的主管领导、主责科室和工作队伍。

（2）融合"两网"系统平台。整合城市管理网格和社会服务管理网格，将东城区41.84平方公里划分为592个基础网格以及2322个单元网格。整合业务内容，城市管理共计19个大类、220个小类、651个细类、883个微类，社会管理包括矫正帮教、流动人口管理、矛盾调解等业务事项以及事件台账和民情日志等内容。

（3）健全"三级平台、四级管理"的组织体系。搭建了区、街两个层面的工作系统，统一七步闭环流程，落实区级和街道两个层级"大小循环"监管任务，基本实现"一口受理、两级指挥、多元监督"。"两网"在区级层面已经基本融合，基层网格化服务管理建设有序开展。各街道也积极强化网格化服务管理分中心在基层的统筹协调作用。

2. 科学整合资源

（1）整合诉求渠道。2014年年末，整合区内服务、咨询和投诉等各类热线，设立全区统一的96010为民服务热线，实现咨询、建议、投诉、举报"一号通"，建立了"1+4+17+N"为民服务热线受理运行方式，2015年又将12345非紧急救助服务、微信公共服务号、媒体舆情监督、区长信箱、批示件、政务微博和政风行风热线等诉求渠道纳入网格化服务管理，实现公众诉求"八合一"。

（2）建立"街道小循环"和"区级大循环"业务工作流程。在"小循环"和"大循环"内部，业务流程统一为七步闭环，即"信息收集—案件建立—任务派遣—任务处理—处理反馈—核查结案—综合评价"。"小循环"流程是在街道范围内，由街道为民服务分中心对网格基础力量上报的事件信息进行立案、派遣，由街道内部处理并得到解决的过程。"小循环"中无法解决的问题，流转至"大循环"处理。同时，鼓励网格基础力量与网格专业力量直接联系、协调，处理问题，提高问题处理速度。"大循环"流程是在全区范围内，由区网格化服务管理中心对事件信息进行立案、派遣，在全区各专业处理部门参与下，由区级层面进行协调处理并得到解决的过程。区级中心严格控制"小循环"请办案件数量和比例；区级中心对派遣至受理分中心、处理分中心的案件，应当自上而下地控制派遣方向，确保协调处理效果，避免推诿；一旦出现推诿，区级中心将案件派遣至相应区级协调会商机制组成部门协调处理。"小循环"请办案件、区级分中心的疑难案件，均不再派遣、批转至"小循环"。网格化业务处理基本流程如图3-1所示。

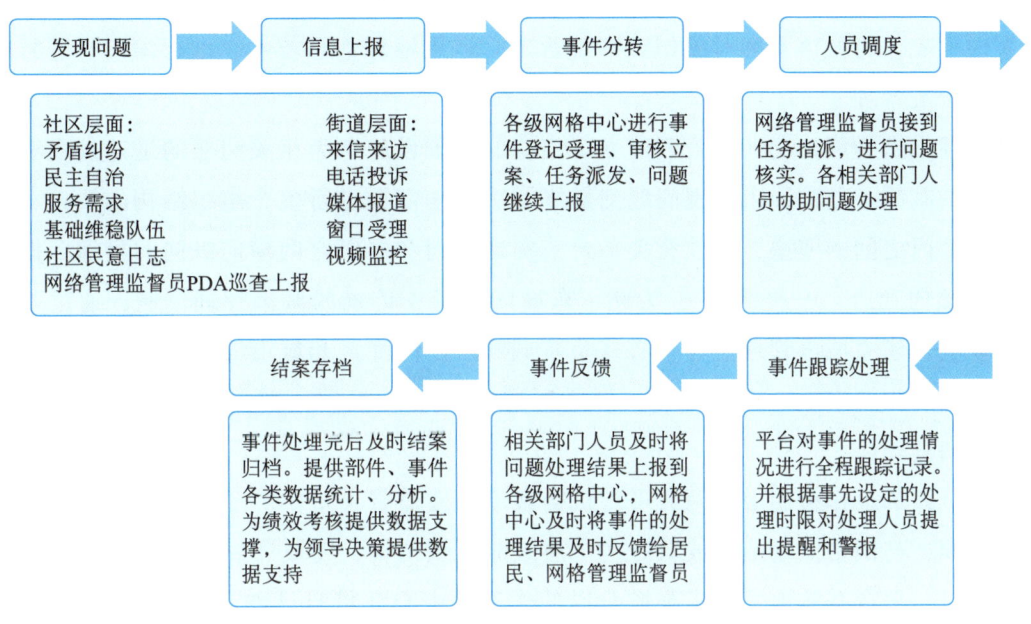

图3-1 网格化业务处理基本流程

3. 多元主体相互协同

（1）建立区级协调会商机制。主要由区网格化服务管理中心牵头，各部门组成，负责综合协调全区疑难问题，组成部门包括区综治办、区社会办、区文明办、区城管委、区司法局和公安分局等。

（2）在社区（村）层面加强社会力量参与共建。依托各类志愿者团体引导社会群体参与网格内的服务管理工作，参考创建"居民互助服务站""社情恳谈会""入户民情图""社会平安联盟"等社会组织形式，争取志愿者实名制。

（三）相关领域的具体举措及绩效

由以上梳理可见，东城区的网格化城市管理经历了从着眼于管理走向管理和服务并重的过程，推进"两网融合"，通过网格进行全方位的管理和服务，以此提高服务的质量。网格化管理借助信息技术，借助社会力量在政府层级、职能和部门之间进行了全方位打通的努力，实现了治理管理理念和公共管理流程的重大变革和突破。上升到公共管理理念的高度，所谓的网格化管理模式，其核心就在于通过广泛的信息共享，实现整个管理体制机制的变革，再造公共管理的流程，打破信息壁垒，实现"横向到边，纵向到底"。

网格划分为东城区的网格化城市管理奠定了空间信息基础。东城区以一万平方米为基本单位，将所辖区域划分成若干个网格状单元，由城市管理监督员对分管区域进行实时监控，将城市管理对象作为部件管理，运用地理信息技术，进行编码，进行精细化的分类管理。

上述举措为网格化城市管理建立了相应的基础设施，为相关问题的迅速发现奠定了坚实的基础。但是，由发现问题到最终解决问题需要进行整个组织结构的改造，需要打通部门之间的壁垒，构建相关平台，实现部门和层级之间横向纵向的贯通，即所谓的"横向到边，纵向到底"。为此，东城区改革了传统的城市管理体制，通过整合相关职能，建立城市管理监督中心（负责城管监控评价）和城市综合管理委员会（指挥、调度、协调中心）两大平台，形成所谓"双轴"机制，剥离管理和监督两大职能，各司其职。

在具体的运作机制上，两大平行机构城市管理监督评价中心和城市管理指挥中心各司其职，与网格监管员构成只有两个层级的组织结构，完成"纵向到底"的机制设计。同时，平台有效地发挥了统揽全局的作用，中心凭借自己的"核心地位"，与城市管理的各个职能部门建立紧密的联系，部门之间的有机联系网在平台上得以织牢扎密，平台也基本上实现了"横向到边"的管理目标。当发现城市管理问题时，网格监管员通过"城管通"等城市通信系统，将情况报告给两个中心，然后由指挥中心调度综合执法力量到达网格的部件位置解决问题，同时监督评价中心根据网格员的反馈，对指挥中心的运作进行监督。具体如图 3-2 所示。

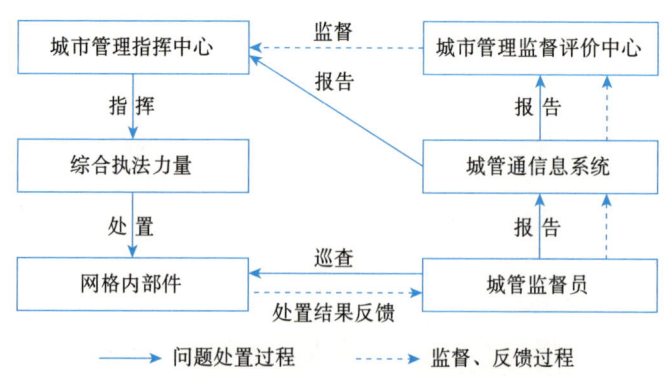

图 3-2 北京东城区网格化管理的组织结构

案例3:"流程再造,整体治理"命题的求解——北京市东城区网格化管理创新案例

静态的城市部件管理相对较为容易,城市管理更大的挑战在于对动态的人以及公共服务的管理。为此,东城区在每个网格配备7类人员,包括网格管理员、网格警员、网格司法人员、网格消防人员等,形成服务团队。同时,每个网格内拥有7大类、32小类、170项信息和2043项指标的信息数据库,涉及网格内的"事件"和"人员",实现"人进户""户进房""房进网""网格进图"的精细化管理[①]。以信息流调控人流和物流。

在网格化管理之下,东城区的城市管理效率和管理水平获得极大提升,相关治理举措和机构改革有效缓解了"政府失灵"的难题,相关城市管理问题的结案率高达99.08%。在实践中,东城区编制了数字化城市管理新模式6个国家行业标准,并向全国各地推广。在社会服务方面,东城区通过网格化社会服务管理的多年实践,积累了诸多经验,卓有成效。东城区打造区级综合指挥中心、街道分中心、社区工作站三级信息化支撑平台,实现区、街道、社区和网格四级用户基于平台开展网格化服务管理工作(见图3-3)。相关机制基本上实现了公共服务管理的"横向到边,纵向到底",打造了社会服务管理的标准化体系,动态更新的基础信息资源体系基本建立、实时全面的网格民情采集体系全面建立、高效规范的事件协同处理流程已经成型,精细化的社会服务管理落实到方方面面的工作当中。

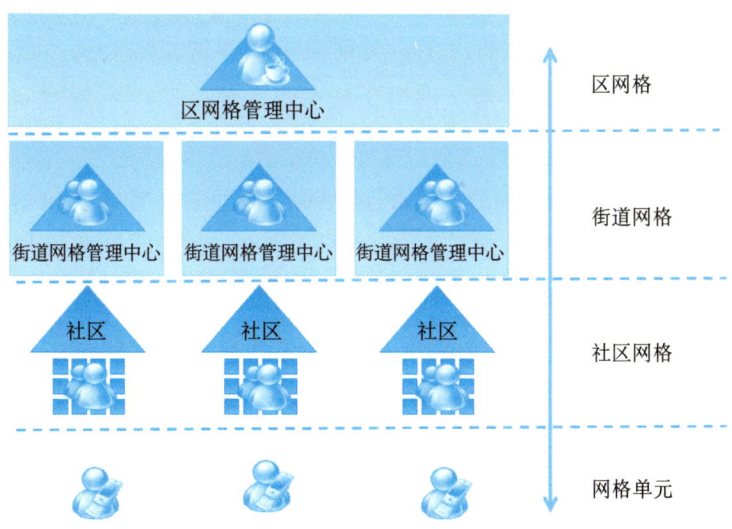

图3-3 北京市东城区四级网格化管理体系示意

---

① 竺乾威. 公共服务的流程再造:从"无缝隙政府"到"网格化管理"[J]. 公共行政评论, 2012, 5 (2): 1-21, 178.

三、案例评析

(一) 面向"三元空间"融合的网格化城市管理

在城市的治理过程中,核心的要素即为"空间"。空间是城市内部日常运作和对外交往、处理区域关系的基本载体。城市空间体现的是城市要素在整个城市空间范围内的分布和耦合状态,是城市经济结构和社会结构的空间投影,是整个城市社会经济存在发展的空间形态。日常的城市管理需要将相关举措直接作用于城市的空间以实现其对城市各要素运行的调控,因此把握城市空间的发展特征和趋势至关重要。

新技术、新业态不断形塑着"空间"的内涵,城市的空间已不再是单纯的外在的物理表现形式,而是贯穿线上线下,体现在社会交往的方方面面。新时期的城市管理,必须打通任督二脉,全面把握新时期"空间"的内涵,顺应时代发展的潮流。城市的空间既包括物理空间,也包括空间政治经济学视角下的特殊"商品",存在着生产与分配的议题。同时,在互联网时代,线上的虚拟空间也时刻形塑着人们对空间的认识,相关技术极大地影响了空间治理的效果。

传统的城市管理模式往往只见树木,不见森林,缺乏对"空间"要素的全面认识,往往顾此失彼,认识仅限于表层,难以从根本上解决相关问题。与此相对,东城区采取的网格化城市管理模式则顺应了新时期城市空间的发展趋势,能够较为全面地把握"空间"的新内涵。我们认为,网格化城市管理顺应了"物理空间+社会空间+虚拟空间"的趋势。

在物理空间层面,网格化城市管理通过将城市空间进行网格化的划分以及通过引入地理信息技术进行城市部件管理,有助于实现"专司其职"、精耕细作,便于进行城市空间及其他要素的精细化管理,避免了粗放式的管理,能够对相关问题进行及时的反应并作出"靶向治疗"。根据上文对网格化城市管理流程的描述,可以看到,该模式对城市的物理空间实现了精准的把控,能有效解决物理空间的外在问题。

在空间政治经济学的视角下,"空间"作为一个特殊的"商品",具有其特有的空间生产和分配的规律。目前,在资本主导的城市开发建设之下,许多所谓的"城市病"或者城市异化问题都可以从城市空间生产及分配的异化方面寻找根源。以上问题需要对社会空间的分配有一个较为清晰的认知。通过梳理东城区网格化城市管理的发展历程,可以看到其重点从城市管理监督向城市管理服务的转型。网格化城市管理模式由静态到动态,将网格化管理用于对人的管理和提供公共服务,建立起专业的服务团队,实现精细化管理。在这一过程中,配合着相应的民意表达、民主决策、信息共享机制，网格化管理模式实现了对人的需求的准确把握，顺应的是人——而不是资本——对城市空间及其管理的需求，满足的是人对于社会空间的诉求。

"互联网+城市管理"始终是网格化城市管理的基础。网格化城市管理通过引入先进的信息技术，打破各个职能部门之间的信息壁垒，实现更大层次上的信息共享，达成"横向到边"的目标。网格化城市管理对互联网信息技术的充分利用体现了对于互联网信息空间的深刻认识。线上线下融合是时代发展的一大趋势，网格化城市管理在线上虚拟空间的拓展提升了整个管理层次，便于在更大范围内实现对以城市空间为核心的诸要素的精细化管理，扩大了资源和整个管理体制机制的作用空间，发挥了更大的效用。一言以蔽之，"信息共享"是网格化城市管理对于虚拟空间的最大着眼点。

（二）协调与整合：网格化城市管理对整体性治理的实践

顺应"三元空间"趋势，网格化城市管理通过对城市空间的深入剖析，线上线下融合，对相关的城市管理问题形成了精准的认知。而从认识问题到解决问题则需要对体制机制进行进一步的变革，进行组织结构的改造，实现职能全打通的同时打通部门和层级。

上文提到，新公共管理理论下所形成的公共管理实践产生了一系列的"碎片化"问题，需要重新审视公共管理领域"收"与"放"的关系，调动公共部门与社会力量两个积极性。"碎片化"的管理问题表现形式多种多样，在公共管理领域，主要是各部门之间职责不清、推诿扯皮，难以将有关的城市管理问题对应到特定的管理部门，同时部门之间信息闭塞，单纯的部门整合流于形式，实质的职能和服务并未形成全面的融合，跨部门合作难以推行。

通过梳理东城区网格化城市管理的案例，我们看到，这一崭新的模式通过机构的变革，围绕过程和结果充分运作，以服务对象的实际需求为导向，对相关的流程进行了"无缝隙"再造。在治理层级、功能、公私部门关系以及信息系统等方面，东城区的网格化管理模式都较好地贯彻了整体性管理中协调与整合的要求。

在治理层级方面，东城区为网格化城市管理所架构的管理机制在传统的科层制基础上作出了极大的创新。上文指出，东城区为了实现由发现问题到解决问题的快速反应机制，搭建了"双轴"管理体制，剥离了管理和监督两大功能。在"双轴"模式下，城市管理指挥中心和城市管理监督评价中心两大平台各司其职、通力合作，在与相关职能部门联系的同时，同网格监管员构成两个层级的架构，很大程度上实现了"纵向到底"的制度设计。前面提到，作为整个网格化管理基础的"网格"，其本质上就是一种纵向的底,是最小的管理和服务单位,而通过两层级的管理架构,平台能够迅速地对基层(网格)的城市问题作出反应,使整个执行、控制和反馈机制顺畅运作,较好地克服了传统科层制纵向信息传输过于冗长的弊端,实践了"纵向到底"的理念。

在功能上,网格化模式的两大平台较好地发挥了协调整合的功能,在横向的职能和部门沟通上发挥了很好的中介作用。在传统的管理体制下,一种很常见的现象是,发生问题后,往往不能迅速地落实到具体的解决和执行部门,或者是涉及多个部门的问题导致各部门之间相互推诿扯皮,极大地降低了办事效率。而网格化管理下的平台则在很大程度上克服了上述弊端。平台自身与城市管理各个职能部门建立了密切的联系,对各部门进行了统一的归类,同时有效发挥了自身的"核心地位",在发生问题时,通过双层体制的迅捷反馈,能够及时地安排和调度不同的部门参与相关问题的处理,打破了部门之间的壁垒,贯彻了"横向到边"的思想。信息共享在这里得到广泛的运用,网格化管理使得在更大范围内进行信息传输成为可能。

上文提到,公共管理的流程再造核心是要打破按职能设置部门的管理方式,而要代之以业务流程为中心,重新设计管理业务的流程。流程再造本质上是使整个管理更加注重过程取向和结果取向,将服务对象的需求更多地考虑进来。因此,流程再造不仅是管理风格及管理流程的变革,而且也是政府的社会角色及政府与公民关系的变革。笔者认为,所谓的整体性治理理论是对新公共管理相关理论的"否定之否定",是事物发展的必然阶段。社会公共管理从来不是依靠单纯的政府力量或社会理论就能够很好的解决的,必须充分调动两方面的积极性。公共管理流程的再造应该跨越狭隘的政府部门思维,需要向外看,通过社会组织和力量将政府机构的触角延伸到基层,提供个性化的服务。也就是说,需要真正树立起服务的思维,由管理型向服务型进行转变。剖析东城区的网格化城市管理案例,我们可以看到,该模式非常注重对动态的人与社会服务的管理,在相关领域引入了网格化管理的思维。网格化管理模式为公共管理领域处理公私关系树立了典范,一方面,"双轴"平台通力合作,整合协调管理当局的各职能部门,极大地提升了管理部门的管理效率;另一方面,通过相应的民意表达、民情研判和民主决策机制,调动社会公众力量的积极性,及时掌握社情民意,将管理的触角延伸到最基层,实现全方位的服务。

整体性治理强调的是对先进信息技术的应用以改革传统的科层制。网格化管理模式将信息共享运用得淋漓尽致,从而能够在更大的范围内提供无缝隙的服务,有效地贯彻了协调与整合的有关要求,是对公共管理领域相关问题的优异答卷。

(三) 智治与善治：网格化城市管理对人民城市的响应

习近平总书记提出"法治、智治、共治"是新时代城市精细化管理的重要路径。《中共中央关于坚持和完善中国特色社会主义制度、推进国家治理体系和治理能力现代化若干重大问题的决定》提出坚持以人民为中心，加强系统治理、依法治理、综合治理、源头治理，实现国家治理体系与治理能力现代化。基层治理作为国家治理体系的重要构成，具有十分重要的战略作用。

打造智慧"网格"，其平台集数据管理、动态监控、投诉受理、便民服务等功能于一体，即运用"大数据""云计算""物联网"等新技术、互联网新思维，实现人与物联网、数据与思想的联网，实现资源的高度共享、快速分析与精准管理，从而更好地服务于以人为本的可持续的城市管理目标。

通过智慧"网格"，构建城市信息资源的整合开发利用机制，以及公共服务部门之间的协同机制，从而开发、整合、融合和利用各类城市信息资源，实现公共服务部门的横向协同与纵向联动，为城市主体提供及时、互动、高效的服务。用互联网和大数据，权力运转全过程电子化，处处留痕，形成了"人在干，云在算，天在看"的闭环模式，实现了社会对政府的监督和政府部门之间的相互监督。

公众参与是政府在城市管理中的有益补充，推动了城市信息的公开与公众参与城市管理能力的提升。通过网格员制度，完善公众参与机制，推进政府的信息公开方式的多元化与便利化，提升数据被使用的广度与频数，挖掘数据的深入价值，有助于增进政府与公众的良性互动，有效推进了立体治理框架的建立，实现信息公开，满足公众的知情权和政府的治理需求。着眼把"小网格"打造成传递社情民意、开展便民服务、推进平安建设的"大平台"，让网格真正成为联系群众、服务群众的桥梁和纽带，有效提升了社会服务管理水平和居民幸福指数。

运用"互联网+"手段，形成一个接受公众咨询、投诉，联系职能部门答复、问题解决、向公众反馈结果的闭环式工作流程，并对所有工作环节进行监督评估。本着"政府主导，社会参与，发挥多元主体"的原则，形成无缝隙的社会治理新模式，促进社会主体的自我发育。

案例使用说明

一、教学目的与用途

1. 适用课程。本案例主要适用于中央财经大学公共管理硕士（MPA）课堂教学讨论。

2. 教学目的：一方面，让学员了解当前中国城市管理理论现状及实践中存在的主要问题；二是通过对北京市东城区网格化管理创新案例的合理性、必要性、可行性的分析，探讨网格化管理在实践中对于打破壁垒，实现"纵向到底，横向到边"的促进作用，从而建立起面向信息化时代"三元空间"的城市数字化管理的认识视角与框架。

二、讨论问题

1. 整体性治理的理念核心是什么？这种创新管理理论的优势在哪里？
2. 什么是网格化城市管理？它的基础是什么？是否有适用局限性？
3. 通过东城区的案例，讨论一下在流程整体再造的实践中网格化管理是如何发挥其促进作用的？
4. 如何理解三元空间是指哪三元？随着新一代信息技术与新型基础设施的建设，它们对城市管理带来哪些影响？
5. 如何加强网格化管理工作中公众的有效参与？

三、分析思路

本案例对网格化城市管理这一新兴城市管理模式进行分析。以北京市东城区为例，引导学生思考网格化城市管理在实践中如何重塑流程再造，进行资源整合，实现多元主体相互协同，最终实现整体性治理，以促进三元空间的融合。学员通过对案例材料的阅读理解，对该理论模式会有深刻的理解和思考，教师在讨论过程中以启发为主，适当进行逻辑引导。

四、理论依据与分析

本案例主要的理论基础是整体性治理理论和流程再造理论，聚焦城市管理中"七八个大盖帽管不了一个破草帽"等一系列典型"分散化""碎片化"问题，分析网格化管理模式对城市管理机制的创新，采取过程取向、结果取向和顾客取向，根据服务对象的实际需求变化，以管理业务流程为中心，重新设计整个管理的过程及相应的管理体制机制，追求全局最优。在此，重点从重塑流程再造、科学整合资源、多元主体相互协同给予分析。

五、关键要点

1. 整体性治理理念的核心是什么？这种公共管理理论的优势在哪里？对当前我国城市管理实践的现实指导价值在哪里？

2. 什么是网格化城市管理？它的基本构成是什么？是否有适用局限性？

3. 通过东城区的案例，讨论一下在流程整体再造的实践中网格化管理是如何发挥其促进作用的？

4. 如何看待未来随着"大智移云"等新技术的发展，对城市治理带来哪些深刻变革？

六、课堂教学计划

1. 课前把案例材料发给学员，要求学员用 30 分钟左右的时间认真阅读，并思考相关问题。

2. 课堂教学计划分为三个步骤：

第一步：全班集中，案例导入。在学员上课前阅读案例的基础上，利用 5—8 分钟时间，请 2—3 位学员在案例讨论前用几句话高度概括案例的主要内容，目的是帮助学员迅速集中注意力，进入讨论状态。

第二步：分组研讨，案例展开。根据对案例的阅读和理解，按照支持、反对、部分支持部分反对三种意见对学员进行分组。三组学员汇集后，选出 1 名成员作为小组负责人及发言代表，利用 15 分钟左右的时间组织分组研讨，汇总组内成员的观点。研讨时，可以参考以下几个问题来总结各组的讨论意见。

（1）在本案例中，北京市东城区在城市管理方面面临的问题是什么？原因有哪些？

（2）针对这些问题，北京市东城区具体采取了哪些改革措施，效果如何？

（3）你认为北京市东城区推出的这套管理模式改革方案是否取得了预想的成功？

（4）如果你是该区领导，你如何对待北京市东城区的城市管理改革问题？

第三步：公开辩论，案例分析。在三组学员研讨结束之后，进入第三步，以公开辩论的方式进行案例分析。每组的发言人首先上台向全班报告本组的主要研讨观点，每组时间控制在8分钟。如果发言人未用完规定的时间，其所在组的其他成员还可以对发言人的观点进行补充。各组发言结束后，学员可以自由发言，就其支持的一方进行观点交锋和辩论，时间为20分钟。最后，由教师进行10分钟左右的小结和点评。总结案例研讨的主要特点、主要观点以及有待进一步关注和研究的问题，提示分析问题的不同角度和方法。

案例 4

琶洲新砥柱[①]

——广州琶洲村改造突围之路

---

① 本案例由中央财经大学政府管理学院副教授黄志基编写。

 案例正文

琶洲城中村改造在2009年"三旧"改造政策颁布后逐步突围,成为广州"三旧"改造第一批项目的典范。本案例以梳理2009年开始的琶洲村改造过程的始末为基础,分析在改造过程中各主体的良性互动,总结探讨改造的成功经验以及待解决的争论,为指导未来旧村居改造提供样本。

一、引言

4月15日,2019年春季广交会在广州开幕,海内外参展客商齐聚琶洲,参加这场中国进出口贸易的年度盛会。不少来到琶洲的中外客商都惊喜地发现,这里绿树成荫,高楼林立,交通繁忙而有序,城市面貌变得更美了。随着近年来中国进出口贸易的不断增长,作为广州国际化大都市核心会展商圈的琶洲区域,也迎来了快速成长和繁荣。以会展经济为中心,琶洲成功推进区域旧城改造,并着力打造总部经济基地,先后吸引了20多座总部办公大厦、40多家五百强企业进驻。"会展经济"和"总部基地"的双擎驱动,加上高品质的城市综合体配套,令琶洲成长为主导广州未来十年发展的城市CBD。

而对于近年来大力推动旧城改造的广州来说,琶洲的成功改造,是政府企业协作,依法依规推进和平衡各方诉求的结果。拆迁改造规模广州第一的琶洲旧改项目,以较低的经济成本快速改善了落后的城乡面貌,大大提升了广州的城市形象和区域配套。"琶洲模式"也成为广州旧城改造的成功样本。

二、为什么是琶洲

(一)"三旧"改造的契机

广州的城中村改造并不是始于2009年。20世纪90年代中后期,广州市中心城区的138个城中村基本发展成型,早期城市发展中堆积的问题日益显现。从1996年开始,广州市试图通过完善规划的方式,以行政手段推进城中村规划编制,以此控制城中村的发展规模及速度,从而实现对城中村的改造。但规划滞后于建设,反而形成违章建设高潮。由于集体土地不得转让,村民不能建房出售,只能兴建一些农民公寓,

使真正的旧村庄更新一直没有实现。2002年为了开展城中村改造，调和城乡二元土地制度以及城乡二元社会管理体制之间的矛盾，广州市政府通过发布政策文件，采用行政化"村改居"转换村民身份、撤销村委会建立居委会、集体土地有条件的转变为国有土地性质、集体经济组织向股份制转变，试图以此完成乡村向城市的过渡和转变，给予村民以市民的同等待遇。广州市中心城区138个村截至2006年基本完成了"村改居"，确立"以改制促改造"的城中村改造政策。2002—2006年确立的"以改制促改造"的城中村改造政策，以村集体为主导，不允许房地产开发商插手，但由于涉及城中村土地使用权等实质性相关问题始终没有解决，城中村改造并没有实质性进展。

2008年，广东省成为建设节约集约用地试点示范省，2009年出台了《关于推进"三旧"改造促进节约集约用地的若干意见》（粤府〔2009〕78号）。广州市于2009年发布了《关于加快推进"三旧"改造工作的意见》（穗府〔2009〕56号文），标志着广州开始了多元化的"三旧"改造时期，56号文采取了灵活宽松的开发商准入与土地出让措施，实施"一村一策、一厂一策"，鼓励市场参与、自主更新等多种形式，如图4-1所示。

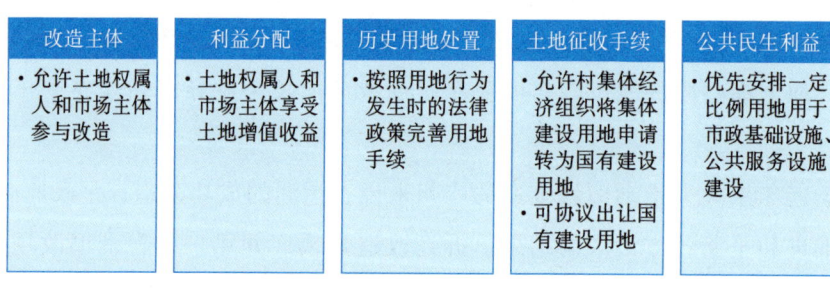

图4-1 2009年56号文的政策创新

（二）广州的门面

自从1998广交会定址琶洲，2000年琶洲国际会展中心于琶洲村西面建成，自此每年春秋两季都有数以百万计的人赶往琶洲参加广交会，为广州城市的发展带来了极大的经济效益。但与琶洲国际会展中心紧邻的琶洲村却是另一番景象：规划管理无序，"握手楼""一线天"遍布，环境卫生、消防安全、治安计生等问题突出，污水横流、垃圾成堆、配套设施匮乏。琶洲村改造前有常住人口约5500人，租户大多为环卫工人、保洁员、农民工等劳动密集型产业从业人员。2008年，为了顺利举办2010年亚运会，提升城市形象，改善城市公共服务设施以及环境，在广东省委、省政府关于

"三旧"改造的统一部署下,广州市对旧城镇、旧厂房、旧村庄的改造迎来了一个高潮。2008年,在广东省委省政府关于"三旧"改造的统一部署下,广州市把琶洲村列入2010年亚运会前必须改造的九个城中村之一。

(三)村民的意愿

由于城中村大量土地被征收、征用,村自身发展空间受到极大的限制与排挤。城中村原有的集体经济在逐渐发展成熟的市场经济大潮的冲击下丧失了活力,处于发展缓慢的状态。村民及村集体迫切希望通过旧村庄改造,实现产业转型升级,居住环境得到改善,集体经济实力能够壮大。改造前琶洲村对岸的珠江新城还未发展成熟,周边也没有高价的楼盘,而琶洲地区的村民大多依靠务工、出租廉价出租屋营收,琶洲地区的居民普遍愿意接受拆迁,以改善住房条件。

三、琶洲的突围之路

(一)第一层突围:保利的介入

琶洲村采取"城中村整体拆除重建"的全面改造模式,形成了"政府主导,市场运作,村民自愿,多方共赢"的模式(见图4-2),成为全国首个由开发企业与村民合作完成的规模最大的城中村改造项目。

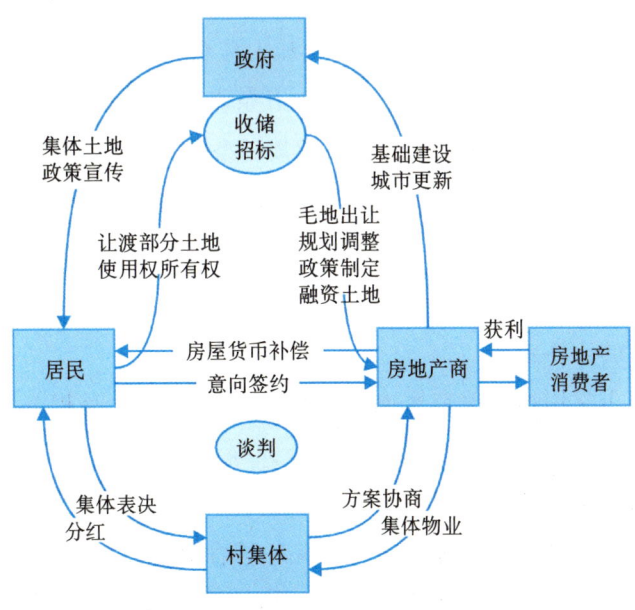

图4-2 琶洲村改造各主体互动模式

广州市国土资源和房屋管理局于 2009 年 9 月 15 日发布《广州市国有建设用地使用权挂牌出让公告》，整体挂牌出让海珠区琶洲村"城中村"全面改造范围内 4 宗地块（地块一、三、四、五）的国有建设用地使用权。2009 年 9 月 29 日，保利房地产（集团）股份有限公司提交了出让地块的竞买申请，所提交竞买资料符合出让文件要求。2009 年 10 月 20 日，上述海珠区琶洲村"城中村"全面改造范围内 4 宗地块（地块一、三、四、五）进行挂牌出让，由保利房地产（集团）股份有限公司以 1.42 亿元底价竞得。其中竞买人须在海珠区拥有 5 万平方米以上建筑面积的自有物业这一规定使得保利地产成为唯一的出价者，这在一定程度上说明了政府依然希望由已经与村民进行了多次谈判沟通的保利地产接手项目，同时希望让一个有足够多的物业担保的大型房企来接手项目，降低项目的风险。土地价格偏低反映的是政府让渡了部分土地出让金收入，让企业有足够多的利润接受谈判拆迁的任务，以解决城市更新发展、提升城市面貌的问题。而琶洲村联社则代表琶洲村村民与保利地产、政府进行协商，并进行表决程序，通过一系列的合约。在改造过程中，不仅原琶洲村村民获利，还有部分购买了宅基地及房屋的外来人员也可以获得保利地产的补偿，只是补偿的标准低于琶洲村的村民。

保利地产通过"招拍挂"参与项目，需要支付 1.4 亿元土地出让金，投入 47 亿元改造成本，向政府提供高达 3 亿元的琶洲地区综合整治费用，还有 117 亿元的开发用地建设投资，另外为了保证按时回迁，还需有 260 亿元净资产、物业进行担保。而保利地产也通过棚户区旧改的项目接受国家开发银行的专项贷款以及其他融资渠道。

广州市国土资源和房屋管理局与保利公司签订的《国有建设用地使用权出让合同》中，合同第四十七条第一（七）点约定，"受让人应负责琶洲村改造范围内的所有市政道路与绿化建设"，第二（六）点约定，"第十五条修改为：受让人同意公建配套项目严格按照市（县）政府规划部门确定的出让宗地规划条件建设，并按有关规定移交"。

地块一、三、四、五为融资地块，需征为国有，定向出让给保利公司。

地块十为商业用地，作为村经济发展用地，土地使用权归琶洲联社；地块十一为琶洲村村民住宅用地、村经济发展用地，即回迁房用地，改造完成后，土地使用权归该地块上所建物业的全体业主。

地块十三为中小学用地，改造完成后学校将整体移交政府相关部门，其权属及土地使用权均为国有；其余地块分别为广场、公共绿地、道路用地，改造完成后将整体移交政府相关部门，土地使用权均为国有。

若按规划用途分，可分为：地块一为商住，即保利天悦楼盘；地块十一为回迁房；地块十为商业用地；地块三为 SOHO 办公区；地块四、五和十为商业办公休闲区；地块二为广场用地；地块十三为中小学用地；地块六、七、八、九和十二为公共绿地。

若按受让主体分，可分为：地块一、三、四、五为融资地块，出让给保利公司；地块十、十一为复建安置地块，权属为村集体；其余绿地、广场和学校将移交政府管理。

（二）第二层突围：签约！签约！

城中村的签约环节一直是城中村改造的一大难点，由于与村民的沟通存在交易费用陷阱，村民的多样化利益诉求难以得到满足。加上现实中常常存在个别村民因各种缘由提出超额诉求，使得少数人绑架多数人。强拆不可行，谈判谈不拢，开发商陷入两难境地，一大批项目一拖再拖，甚至导致项目烂尾。

2010年3月，保利接受村联社委托，驻村全面启动动迁签约工作，仅用1个月签约过半，共用6个月全村基本完成签约；同年5月签约率超八成。2010年9月底，全村签约率达到99%，整村基本拆平，回迁安置房奠基开工。

竞得人保利房地产在与村集体签署拆迁补偿方案协议和同意改造规划后，根据协议需要负责实施拆迁补偿安置工作、审核及发放房屋拆迁补偿安置款项，并在完成全部拆迁工作后，按约定负责回迁安置用房等城中村改造建设全部开发工作。在此阶段，保利地产摸查测量房屋建筑面积，与村民共同签署《琶洲村房屋调查表》进行确认，广州市国土资源和房屋管理局海珠分局复核确认数据。

村民同意拆迁之后，以个体与保利地产签订《房屋拆迁补偿安置协议》。签订意向之后拆迁补偿安置全部由保利地产负责，公开安置房的规划设计等信息，并进行装修，户型和面积需要以补充协议形式另行约定。超建面积按照1000元/平方米给予补偿，选择货币补偿的按单价4500元/平方米给予补偿。

为了鼓励村民在签约之后尽快搬迁，保利集团设置对于搬迁的奖励有：签约后30天内交付房屋的奖励2万元，并将按照签约日期开始计算临安费。而对于拒绝拆迁的村民，琶洲经济联合社以宅基地使用权纠纷为由起诉，最终胜诉收回了两户村民的土地使用权，实际上实现了针对"钉子户"的强制拆迁。

在与村民就土地征收、拆迁补偿问题进行谈判时，采取了政府、企业、村内意见领袖三方联动的模式，其中村内意见领袖（十个不同生产社社长、村内长老、党员代表等）起到了重要作用。保利地产作为国有企业，不易出现资金链断裂、违约等问题，村民信任程度总体较高。但是过程中仍少不了部分村民对回迁工作存在一些误解，发起了"占中"形式的"维权"活动，政府、联社及保利集团都很重视，通过12场公开答疑会、数十次专门沟通会公开解答大家的疑问，针对拆迁方案和补偿政策进行了宣传，并直接与少数"维权"村民集中或分散认真座谈沟通。在这一过程中，保利集团举办了一系列活动，包括奥运冠军陈晓敏亲临签约中心为"感动琶洲"人物颁奖；端午时节，动迁人员亲自上门，为困难户发粽子等活动，逐渐获得了村民的信任。

（三）第三层突围：回迁交付的"琶洲速度"

回迁房建设与安置是城中村改造的另一个敏感时刻，村民住进临时安置房，对于建设质量、效率可能不满，这一方面影响村民对于改造的满意度，另一方面严重时则可能出现抗议甚至群体活动。

2011年12月，琶洲联社正式移交土地，进行全面建设；2012年7月，琶洲村首批回迁安置房提前封顶；2014年10月，摇珠分房，一次交楼率100%。同年12月，仅用5天时间完成6000余套房屋集中交付，创造了广州交楼新纪录。

在保利（集团）公司与村民签订的《房屋拆迁补偿安置协议》中，保利便对临时安置费和房屋质量问题作出承诺。临时安置费按每月20元/平方米的标准发放，发放时期从搬迁后至交楼后30日止，以分期预付方式。首次预付一年。一次性给予1200元的两次搬迁补助费，村民自行负责搬迁，加上每个宅基地1万元的搬迁损失费用。而对于村民抱怨的建筑质量问题，也有规定入驻1000天内无条件解决房屋质量问题。在这一过程中，琶洲村回迁房获得广州市2013年、2014年结构优良样板工程，2012—2014年广东省安全文明施工示范工地等荣誉。

目前回迁安置区房屋出租比例占一半以上，改造前村内租户多为环卫工、保洁员、农民工等劳动密集型产业从业人员，改造后由于租金上涨，在回迁安置区内租房的多为大学生、在附近写字楼工作的白领等。改造后，无法负担租金的原租户一般去往周边其他城中村居住。回迁安置区和商品房区域各自独立管理，村民也不希望受外来人打扰，高档社区居民与村民的生活交叉较少，存在一定空间隔离。

四、作为标杆的琶洲

（一）改造效应

1. 经济效应

琶洲村所在地区控规图如图4-3所示。以下分别从片区效应、村民集体收益讨论。

片区效应：如今，经过旧村改造后的琶洲，大大提升了广州的城市形象和区域配套，已成为广州会展经济圈的最靓丽名片。会展经济每年吸引逾4000万国内外人流，拉动广州城市旅游等消费过百亿元。随着政府在琶洲扩建会展四期的规划落地，琶洲会展中心的规模将达到世界第一的水平，对全球商家产生更大的拉动和集聚效应。此外，目前琶洲着力推动建设的73万平方米电商总部区，将形成全球独创的会展电商联

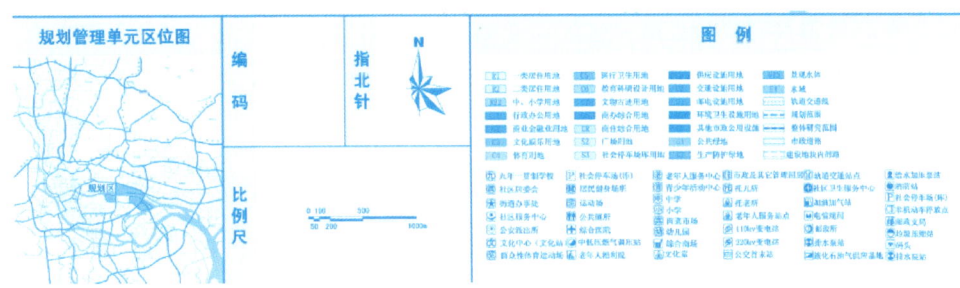

图 4-3 琶洲村所在地区控规图

动产业带,为琶洲的新型产业发展再添强大羽翼。琶洲现有的总部基地已吸引了大量世界 500 强企业总部如中国移动等抢先进驻。而未来琶洲就业人口将达到 33 万人,并且有很多高消费人群,进一步拉动消费。2018 年,琶洲街道 GDP 为 300 亿元并保持高速增长,房屋租金也将稳步上涨,经济拉动效应显著。该地区的设计按照"一轴四区"的功能结构细分,形成以特色商业步行街为主轴,连接滨水居住区、村民安置区、SOHO 办公区和商业办公休闲区四大块,建设成为商贸与休闲汇集的会展东翼,打造成"广州的曼哈顿"。

村民集体收益:据了解,改造前琶洲村房屋估值为 4000—5000 元/平方米,租金水平常年维持在 10 元/平方米上下。但改造后,回迁安置房市场价中介商估值为 20000 元/平方米(2016 年),租金 50—60 元/平方米,公寓最高可达 85 元/平方米,增长达到原来的 5 倍;广交会期间单间日租金在 400 元左右。琶洲村村民户均回迁面积在 300 平方米左右,琶洲村民若自住 200 平方米,出租 100 平方米,每月租金收入就有数千元;若自住100平方米,出租200平方米,每月租金收入可达近万元。如表4-1所示。

表4-1　　　　　　　　　改造前后收益对比表

项目	改造前	改造后	备注
村民个人物业	4000—5000元/平方米	5万—6万元/平方米	由于村民个人住房未补交地价,产权证为村集体所有,村民出售自己的物业时只能按照市场价半价出售(实际售价约为3万元/平方米)
住房租金	10元/平方米	50—60元/平方米	增长5倍
公寓租金	15元/平方米	85元/平方米	广交会期间单间日租金在400元
集体物业租金	40元/平方米	280元/平方米	增长7倍

此外,琶洲村改造方案还通过对村集体物业的增量与升级,新建20万平方米集体物业,保障村民的长远分红利益,集体物业由原来建成的6万多平方米增加到改造后的26万平方米,包含商场、酒店、写字楼,按3万元/平方米的单价保守估算,村社集体物业资产价值高达78亿元。这些物业整体打包由保利地产经营,每年为村集体创造约2亿元的净收入。

2. 社会文化效益

一方面琶洲村内扩建了原有的徐氏、郑氏祠堂,还在原有建筑基础上改建了一个岭南文化广场,特意邀请艺术家在项目上设计"时光的村落"和"琶洲村影迹"等艺术品,反映琶洲村的历史变迁,并支持村民民俗的传承。另一方面,对于琶洲塔这一历史遗迹的保护也做到了沿江建筑限高,梯度退后,并使建筑疏密有致,保护了琶洲塔与珠江呼应的景观遗迹。

在教育配套上,回迁社区配建了幼儿园、小学,解决村民子女上学问题,其中小学规模是原来村小学的3倍大,环境更美,条件更好,村民子女上学也更舒心。小区内及周边新建了户外泳池、休闲广场、湿地公园、老人活动中心等多样设施,提供给村民休闲健身好场所。

整体现代化建筑做到了无障碍,各出入口均有无障碍通道,公共服务设施也按照无障碍标准设计。

3. 环境效益

上层次的控制性详细规划确定琶洲村改造项目总规划用地75.7万平方米,总建筑面积185万平方米,其中包括住宅建筑面积72.2万平方米(含村民住宅32.2万平方米)、村经济发展项目(商业金融业、服务业、商务办公、文化娱乐类)建筑面积45.8万平方米、商业金融业、服务业、会展业类公共建筑面积63万平方米和居住配套建筑面积4万平方米，毛容积率达到2.44，净容积率为3.5—6.8。建筑密度从62%降低到18%，但绿地率从4%上升到46%，市政用地从2%上升到16%，公建配套面积从约0.8%上升到约6%。

环境安全方面，废气高空排放，采用低噪音电机以及降噪材料、水路管道也避免震动噪音，单元门采用豪华三防门、可视报警系统。节能设计方面，建筑设计自然通风良好，采用隔热屋面和保温建筑外墙材料，门窗设计通透并且隔热、通风良好，采用了蒸压加气混凝土砌块、玻化微珠保温砂浆、挤塑聚苯乙烯保温隔热板等新材料以降低能耗，采用高档节水卫生洁具以及节水技术提高水资源利用率，采用环保优质管材。

（二）成功经验

1. "毛地出让"，引入市场力量，制定配套规则

作为广州市场力量主导的第一个"旧改"项目，其中最重要的创新就是"毛地出让"，政府通过国有土地的形式收储琶洲村的土地，再通过"招拍挂"平台公开出让，企业受让之后需要自行与村民谈判，在一定期限内完成签约、拆迁，之后按合约再分配土地的权属、物业和补偿等。实践中，保利地产需要先进入琶洲村进行长期的谈判，在获得大部分人的认可之后村集体开始进行"招拍挂"程序。这个政策一方面使得政府几乎完全退到拆迁改造的幕后，从既当运动员又当裁判员变为了只当保护公平、法治、制定规则的裁判员。另一方面政府的政策优惠使得政府让渡了大部分的土地出让金收入，让房地产企业有利可图，发挥专业能力进行谈判和房地产建设经营，节省了政府在其中投入的资金。而为了避免市场失灵，政府通过制定规则、附加条款实现片区的发展，保证了公共利益，保护了村民的权益，降低了"钉子户"产生的风险，实现了片区整体的提升。

2. 政府让利，企业深耕，法律约束减少社会问题

在城市改造的过程中，对于政府、企业构成最大影响的问题就是"钉子户"问题，在琶洲村的改造中，政府首先让渡大部分的土地出让金收入，放宽了规划的限制，使得利益合理地在企业和居民之间分配，达到一个平衡点。而作为攻坚克难的保利地产在谈判过程中，真正地深入社区与村民做朋友，聆听村民的意见，进行了多次有效的协商，最终才会达成一致。而对于极少部分坚决拒绝拆迁的居民，村集体通过法律诉讼的途径，实现了收回宅基地强制拆迁，成功保护了村集体的公共利益，降低了摩擦时间成本。

3. 三方互动保障村民知情权、参与权，实现短期内完成谈判签约

在改造过程中，为了促进居民了解政策、参与协商谈判，项目中村民、企业、政

府三方参与，通过发动村内的意见领袖如德高望重的老人、党员等进行沟通宣传，企业按照生产组进行政策培训取得村民信任，政府下派工作人员宣传城市更新政策，最终达成村民更加信任改造、更加配合改造，创造了半年完成谈判的奇迹。同时村集体中严格执行全体表决的程序，对于重大问题要求更严，保障了村民的参与权利。

（三）持续的讨论

1. 政府的得失

关于琶洲改造的利益共享，一直是争论的焦点。一部分人认为根据测算改造后三方分得的土地面积占比分别为：保利（52.6%）、村集体（25.3%）、政府（22.1%）；改造后三方分得的建筑面积占比分别为：保利（56.3%）、村集体（42.6%）、政府（1.1%）。改造后，该项目3/4的土地被征为国有，归琶洲村集体所有的土地只剩下1/4，但琶洲村集体却拿到了40%的建筑面积。保利公司拿了56.3%的建筑面积用于确保利益平衡。约99%的"肉"（建筑面积）被保利和琶洲村集体拿走了，不具体参与改造的政府只能拿"骨头"（完全没建筑面积的绿地或少量建筑面积的公共设施）。另一部分人认为琶洲旧村改造过程中，融资地块的土地出让金政府打折收取，看似减少，实则增加。因为一方面，拆迁费用、建设费用、临迁费及各项成本全由企业来承担，政府不需要任何的征地成本及人力物力的投入以及风险的承担；另一方面，整个项目的开发建设周期内的土地升值和房产销售的各项税收财政增长，可能高于其当期土地出让收入。这体现出政府不与市场争利，让利给市场主体。

2. 高容积率的改造红利不可持续

虽然琶洲村的改造阻力很小，但是很大程度上是依靠政府大幅放宽地块的规划限制，才使得改造的利益足够村民、企业、政府之间分配而不会产生过多的矛盾。但是广州市城市更新进行到2016年之后已经开始重视城市更新需要进行规划上的限制，避免过高的容积率造成城市整体利益的损失，城市不可持续发展。而企业则认为城市更新是在原本条件较差的土地上进行改造，不应按照新建的标准来要求企业，只要改造后比之前城市环境要好就是可行的。这种对于高容积率的依赖是政府需要重视的问题，而控制容积率也需要与解决留守户问题、协调开发商竞争关系、解决开发商"插旗"垄断实际谈判权的问题等结合起来考虑。

3. 相关产权处理仍需调整

在改造过程中，村民普遍反映不合理的一点是，一栋房屋拆迁补偿可以选择置换多套住宅，但是房屋产权所有者为户主，当户主想将房子分给家庭中其他人时，按照现行的税务法规，需要征收大额税金。村民普遍认为这样做不合理，尤其会影响家庭中子女上学的问题，因为广州要求学生父母或其他监护人拥有一套房产，而琶洲村大部分房屋的户主都为这些监护人的父母，此时想要让学生落实学籍就很困难。

4. 政府需加强对于改造合约的监管

当政府把拆迁工作、一级开发的工作让渡给开发商时，也将社会问题的爆发点转移到了市场主体中。在琶洲村的案例中，因为在签署合约时未对分房方式等问题做出明确规定，对于部分补偿标准的解释存在不足，成为之后小范围的抗议事件爆发的导火索。而政府作为规则制定者、维护公平的角色应当参与到合约的监管中，并且需要对合约签署的村民表决程序、村民意见反馈等进行核查，避免社会矛盾的爆发。

附录：琶洲村"三旧"改造问卷分析

本研究团队于 2019 年 7 月对两类群体进行了琶洲村"三旧"改造问卷调研，两类群体分别是"旧改"村庄原村民以及改造后租住在该小区的租户。"三旧"改造村民问卷由六大部分组成，分别是被调研人的基本情况、经济情况、居民参与拆迁改造的情况、社区的邻里关系、文化保护情况、对"三旧"改造各方面情况的满意度评分表以及开放性问答，"三旧"改造租户问卷则涉及租户对拆迁改造的看法以及对改造后小区租住环境的满意度评分。此次问卷调研总共回收到 54 份村民问卷，20 份租户问卷。

（一）村民问卷

1. 基本信息（共有 51 人回应）

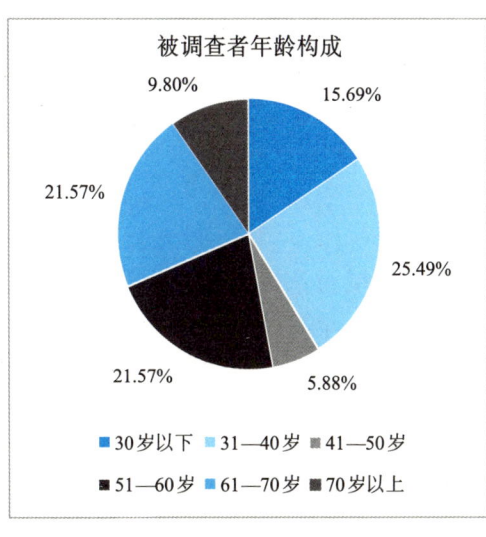
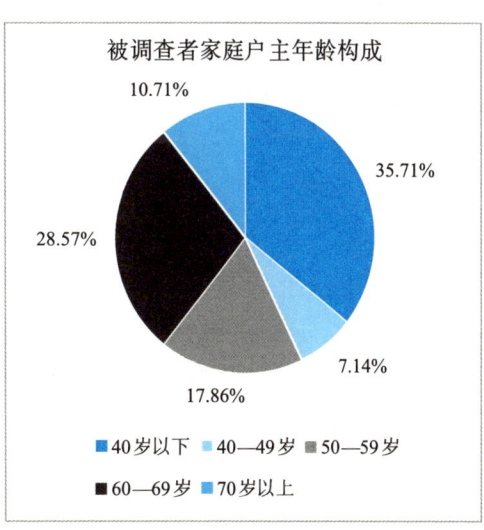

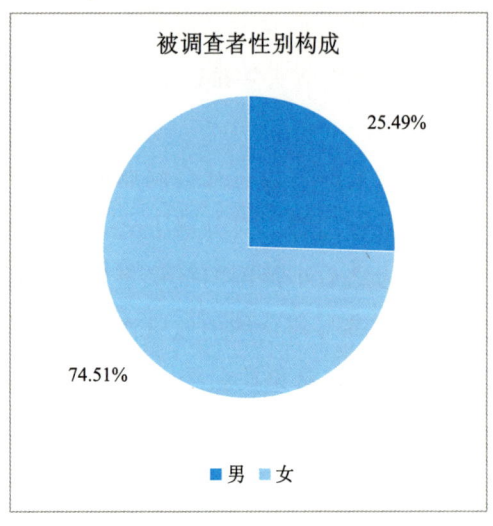
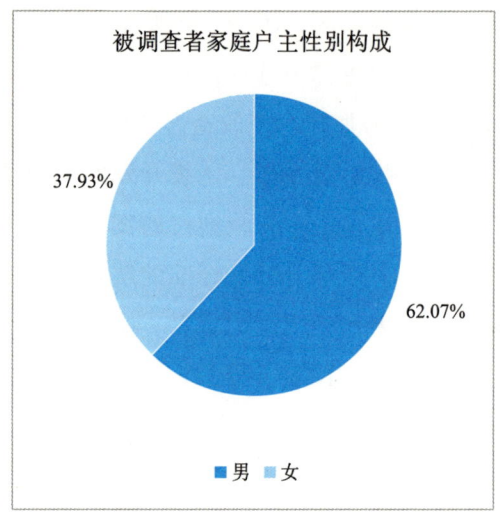

被调查者的年龄分布较为均匀，基本覆盖了各个年龄阶段，被调查者家庭户主以40岁以下，60岁以上居多。被调查者的男女比率是1∶3，被调查者家庭户主男性占62%，女性占38%。

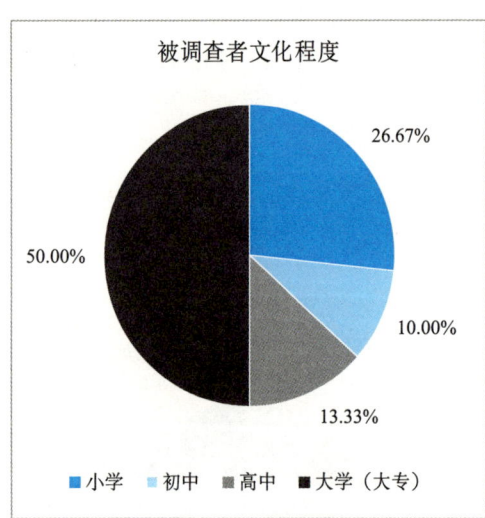
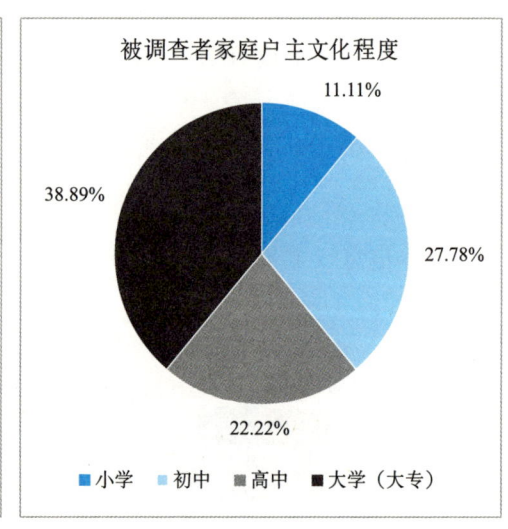

被调查者的文化程度较低，只有50%的被调查者受过高等教育，被调查者的户主文化程度也较低，只有38.9%的户主受过高等教育。由于村民受教育程度低，其思想观念较老旧，对"旧改"的理解可能会有点片面。政府需加大宣传教育力度，让其明晰改造流程与村民自身的合法权益。

关于被调查者的职业，被调查者大多是个体户或退休职员，部分村民表示改造前是农民，在改造后就选择不从事工作，在家待业。

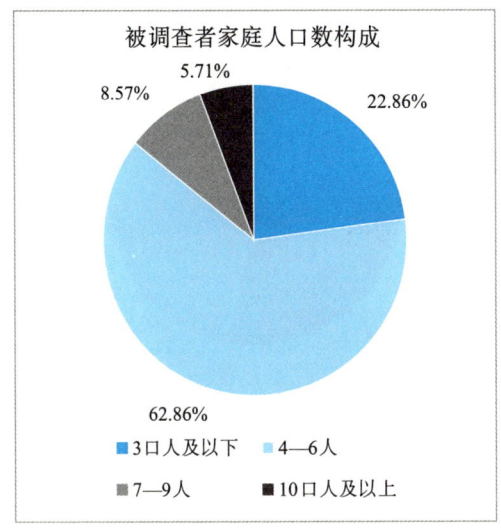
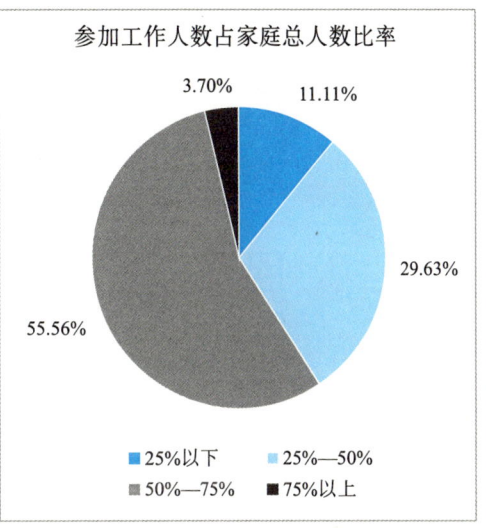
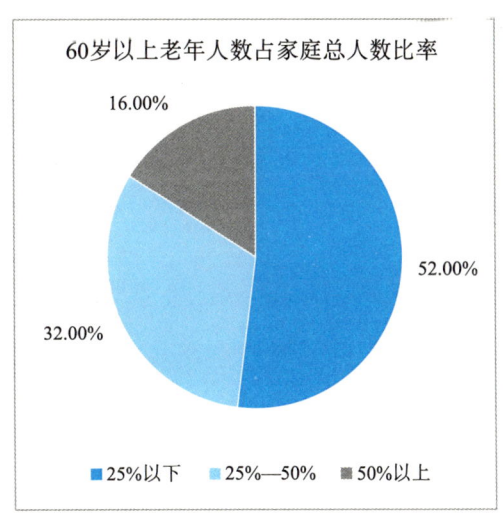

被调查者家庭人口数为4—6人的居多，占62.8%，3口人以下的占22.9%，7—9人的占8.57%，9人以上的占5.71%。参加工作人数占家庭总人数的比率，约58%的被调查者表示家中有一半以上的人参与工作，有11.11%的被调查者表示家中无人参与工作，以收房租、村集体分红维持生活。60岁以上老年人数占家庭总人数的比率，52%的被调查者家中老人人数占家庭总人数的25%以下，32%的老人人数占比为25%—50%，16%的老人人数占比在50%以上，可见老龄化现象已初步显现。

2. 公众参与

（1）村民参与改造程度（共有34人回应）

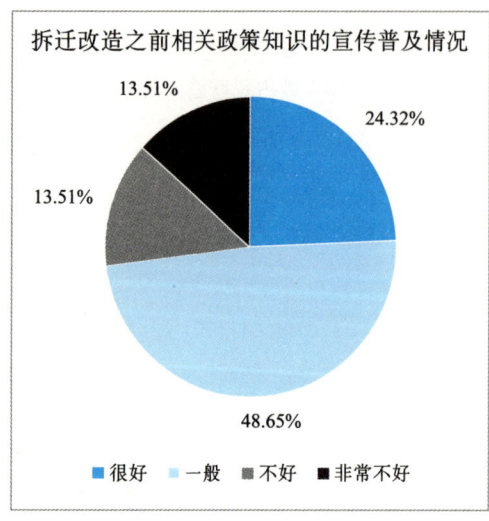

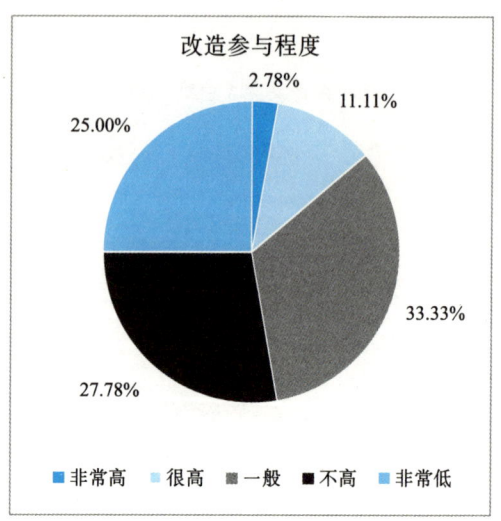

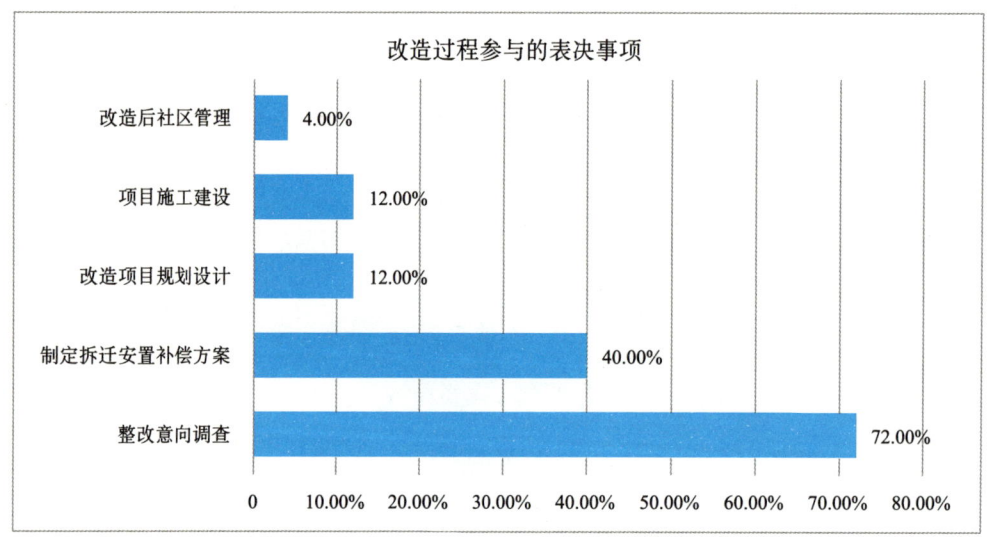

对于拆迁改造前的相关政策知识的宣传普及状况偏乐观，但仍有27%的居民认为其宣传不到位。

在居民的参与程度上，村民的看法与政府和企业有所出入，仍有超过50%的村民认为自己的参与程度不高甚至非常低。通过深入访谈我们了解到，这主要是由于居民认为自身诉求尚未得到满足。

在参与表决的事项中，72%的村民参与了整改意向调查，40%的村民参与了拆迁补偿方案制定的意向调查，而对于规划设计、工程施工等，参与的人员较少。

可见，在公众参与上，仍然有进一步提升的空间。往往政府或开发商认为已经让公众参与到改造中，但公众并不如此认为。政府或开发商并非是要在某一项（如补偿金额）上竭力满足，而是在其他方面都要做到均衡。

（2）村民诉求及反馈（共有36人回应）

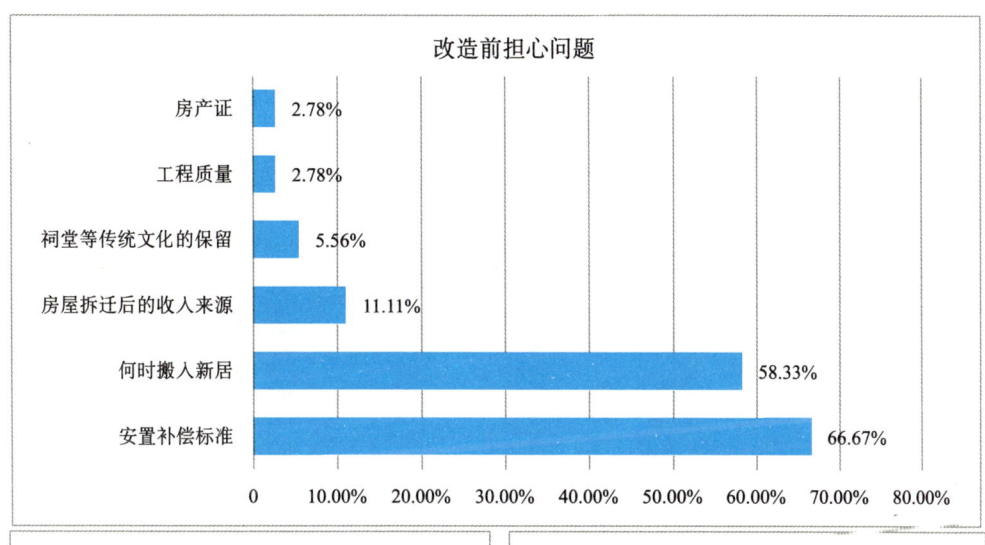

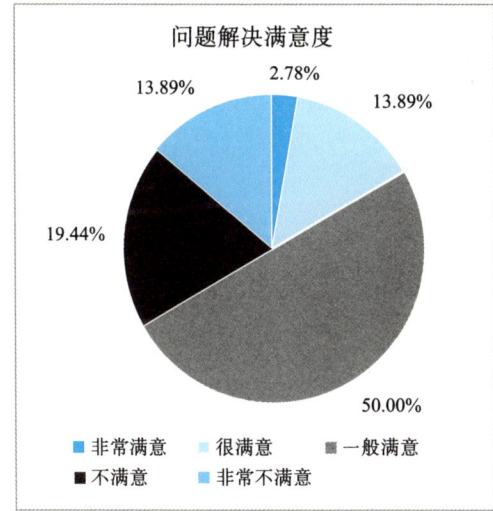

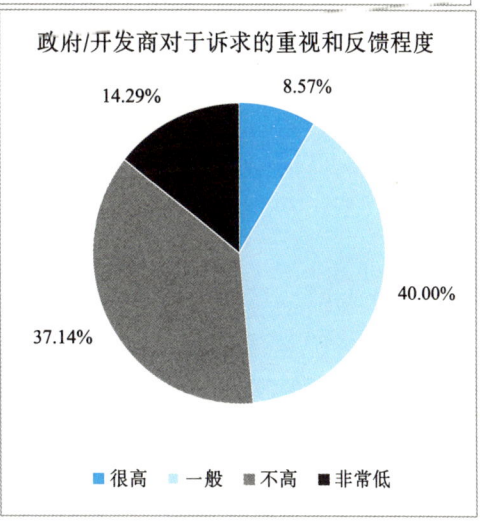

村民表示在得知自己的房屋要进行改造时，最担心的问题是安置补偿标准以及何时搬入新居，部分村民表示担心房屋拆迁后的收入来源及传统文化保留问题，有个别村民担心回迁房质量及房产证产权问题。

对于如上问题的解决状况，村民的满意程度处于中等偏下的状态，表示"很满意"及以上态度的仅有16.67%的村民，50%的村民处于中立状态，觉得一般满意，仍有33.33%的村民不满意甚至非常不满意。

而在政府或开发商对于村民诉求的重视和反馈程度上，仅有8.57%的村民觉得很高，有51.43%的村民觉得偏低。

基于此分析，建议今后在项目改造前能够对村民的顾虑、诉求等进行充分的调查，并在改造中合理规避。

3. 利益分配

（1）原住民收入来源变化（共有31人回应）

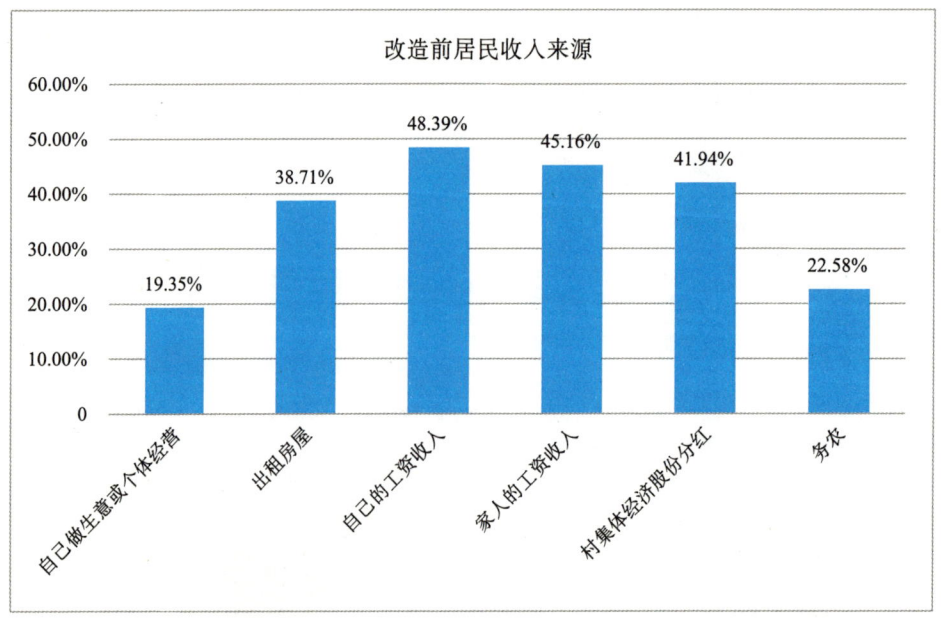

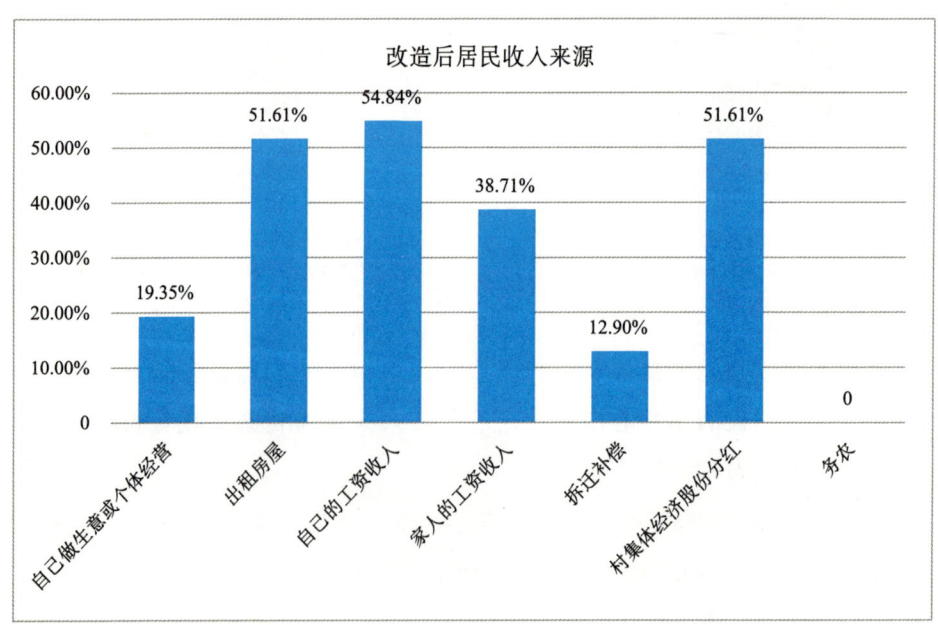

可见，城中村改造对原住民的房租收入、村集体分红和务农收入均有影响。

房租收入中，经统计，31户居民在改造前共有2990平方米住房出租，户均96平方米；改造后共有 3665 平方米住房出租，户均 118 平方米，同时房租有一定幅度的上涨，可见城中村对村民的房租收入在整体上呈现正向拉动作用。

同时，在改造前，琶洲村还处于小农经济时代，仍有部分村民以农业维持生计，改造后没有了农业收入，有了新的收入来源（主要为村集体分红和房租）。这在改造后看是好事，但在进一步访谈中村民表示：他们在改造前非常担心"失业"问题，离开了世代耕种的农田，他们不知道还能靠什么维持生计。后期改造项目中，可在此点上对村民进行心理疏导。

（2）家庭总收入水平（共 24 人回应）

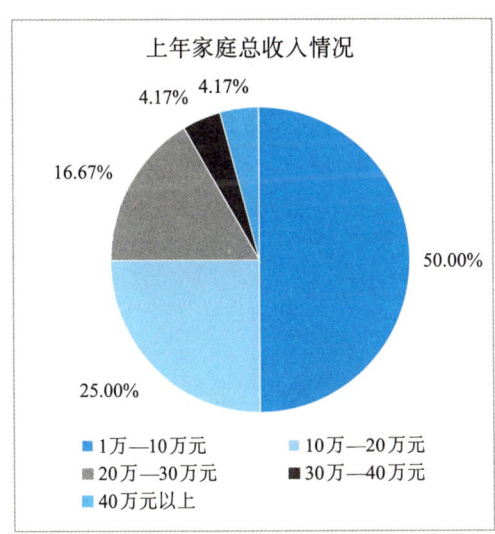
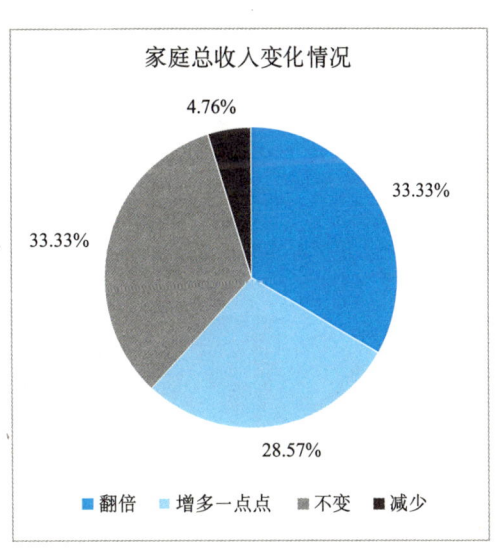

被调查的村民上年家庭总收入在 1 万—10 万元的占比 50%，10 万—20 万元的占比 25%，20 万—30 万元的占比 16.67%，极少数的村民家庭总收入在 30 万元以上。可见村民的家庭总收入还是总体偏低的。

1/3 的村民表示家庭总收入翻倍，1/3 的村民表示家庭总收入改造前后不变，还有一部分村民表示家庭总收入增多一点点，仅有一名村民表示家庭总收入减少。由此可见，改造对村民家庭收入提升起到正向拉动作用。

（3）原住民拆迁安置补偿满意度（共有 46 人回应）

满意度调查内容	均分
补偿方式	53.20
补偿金额	51.49
房屋置换标准	55.74
拆迁过渡期安置办法	56.17

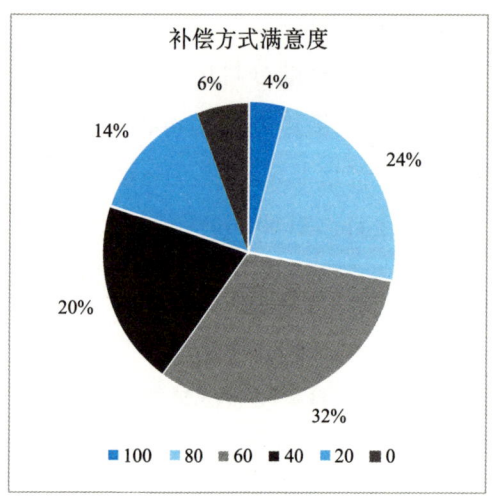
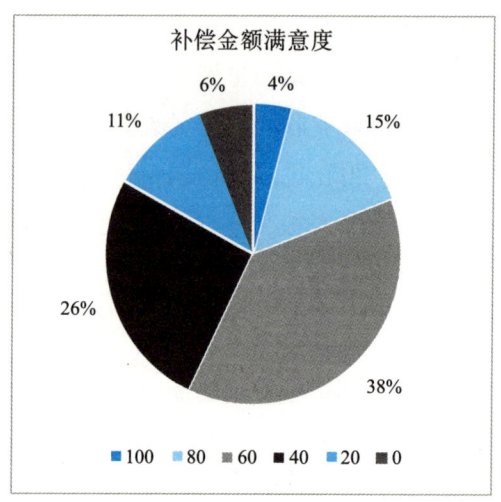
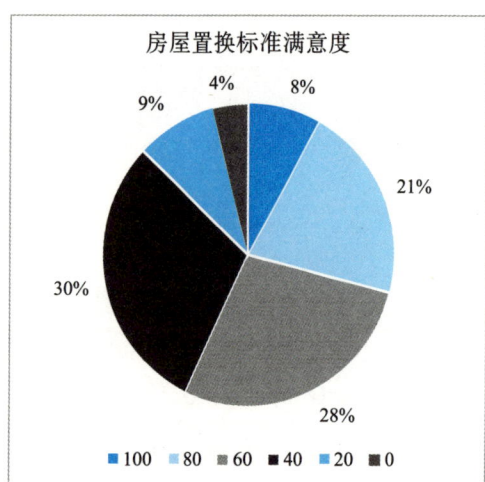
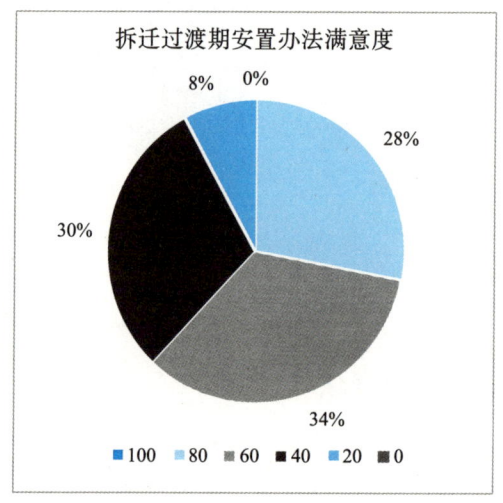

通过满意度调查结果可知，居民对于拆迁安置补偿的整体满意度偏低，对于补偿金额、补偿方式、房屋置换标准及拆迁过渡期的安置办法均分均低于60分。

在满意度分数分布上，选择60分及以上的人数均占比超过60%，但仍有大量原住民对拆迁安置及补偿不满意或十分不满意，分数在40分及以下。

可见，虽然居民通过"公众参与"获得了一定方式和额度的补偿，但政府所做远没有达到他们的期望值，如何降低居民的期望值，如何拓宽补偿方式渠道，让居民和政府、开发商的意愿尽量平衡，是一大难点。

4. 历史文化保护（共有35人回应）

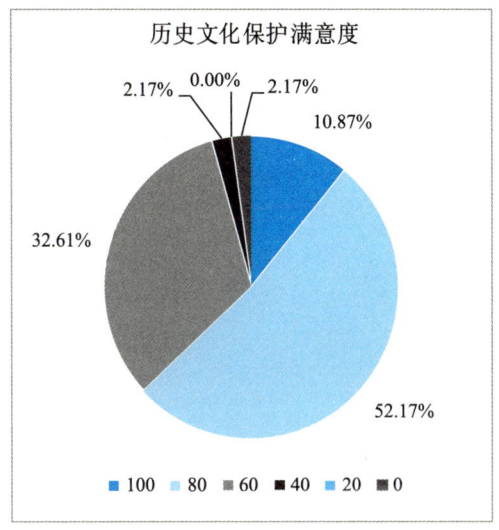

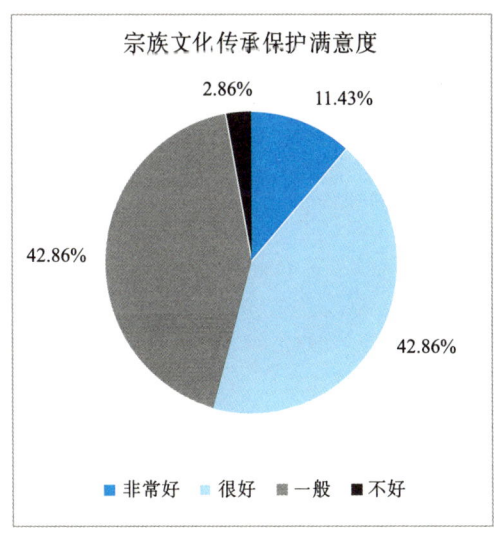
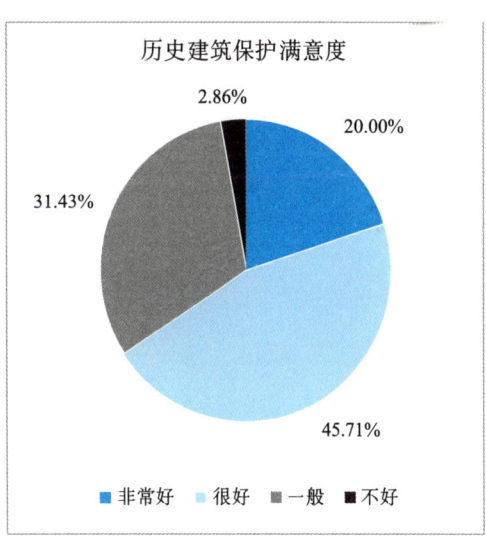

村民对改造中历史文化保护的评分均分为 73.04，其中，对于宗教文化传承保护，约 54% 的村民认为做得很好或非常好，对于历史建筑保护，约 66% 的村民认为做得很好或非常好。由此可见，开发商在进行旧村改造时，对祠堂、历史建筑等修缮的效果较好，村民的认可度较高，但宗族文化等精神性文化由于其无形的特殊性，在改造中更容易流失，如何更好地保护旧村原有的文化、如何发展当地的独特性仍待进一步优化。

5. 社会关系（共有 31 人回应）

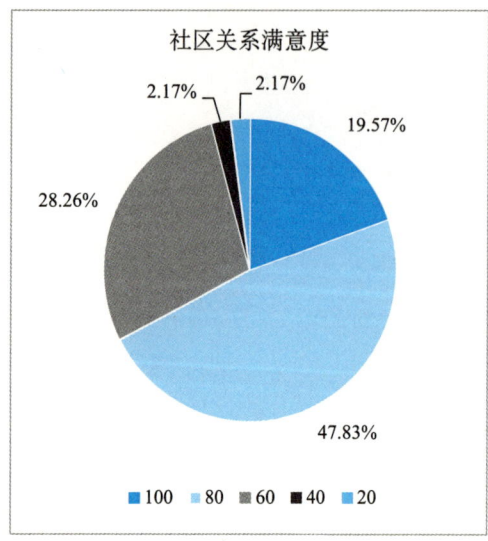
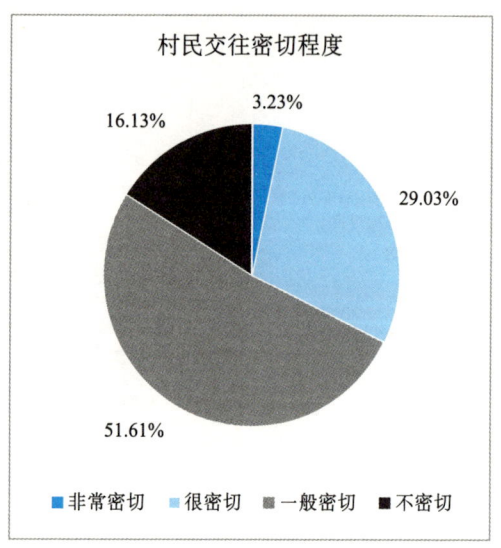
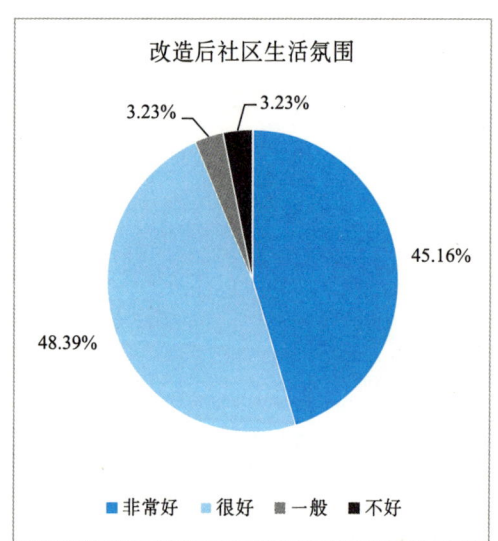
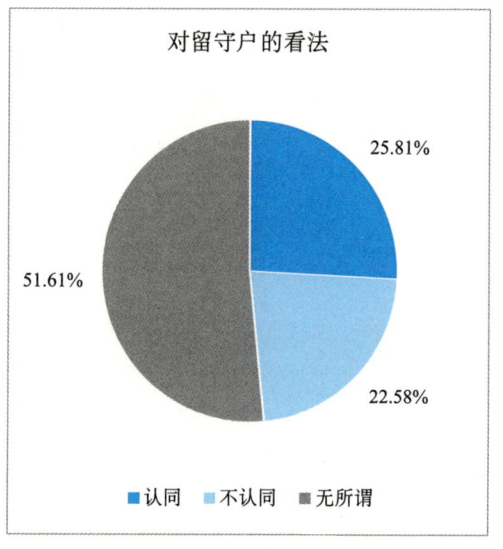

村民对改造后社区关系（邻里关系、归属感、与周围社区是否融洽）的评分均分为76.09，50%的村民认为村民之间的交往密切程度一般，在访谈中我们了解到：虽然村民们从宅院搬入商品房，居住环境发生了改变，但村民之间的关系变化不大，关系亲密的村民仍然会串门聊天，在休闲广场乘凉时仍会一起话家常。

对于不愿意改造的留守户的看法，村民们之间出现了分歧，26%的村民认同留守户的做法，认为拆迁补偿方案不公平不合理，就不应该同意拆迁，应该严守到底。23%的村民不认同留守户的做法，认为这是个人在侵害集体的利益，个人行为绑架集体的行动，正是因为留守户拒不接受，拆迁谈判的过程才一拖再拖，回迁的时间被无限期拖长，早签村民希望早日住进回迁房。51%的村民认为无所谓，对此不太关心。

由此可见，需要协调的不只有政府、开发商、村民三方的利益，村民内部的利益也需要合理的协调机制，科学的约束措施。

6. 基础设施（共有48人回应）

满意度调查内容	均分
教育资源	73.47
医疗服务	67.06
治安环境	74.40
社区绿化及卫生情况	76.67
交通	87.76
公共/文体娱乐设施完备性	62.45
小区物业管理	60.00

对各改造内容根据满意度评分的分数乘以它对应的评分人数权值比例算出该项内容的平均得分作为满意度评判的标准，可以看出改造大幅度改善了旧村的基础设施，村民对改造后的交通、社区绿化及卫生情况、治安环境、教育资源满意程度普遍较高。其中，交通得分高达87.76分，在访谈过程中村民表示交通条件变化最大，新修的地铁线、巴士站，极大地方便了村民出行。但医疗服务的评分较低，村民反映小区附近没有大型医院，只有一个小型的社区诊室，而且不接诊老人以及幼儿，同时公共文体娱乐设施完备性不足，村民反映休闲广场面积太小，没有足够的空间纳凉，村民对小区物业管理的满意度也较低，仅为60分，有部分村民认为原本在村里生活不需要交物业管理费，现在却要交物业管理费，多了一项支出，村民的生活观念需要一定的时间来转变，有部分村民则反映物业管理不到位，垃圾未及时清理等。

7. 总评（共有45人回应）

满意度评价对象	均分
政府	55.83333
开发商	49.33333
村集体	53.47826

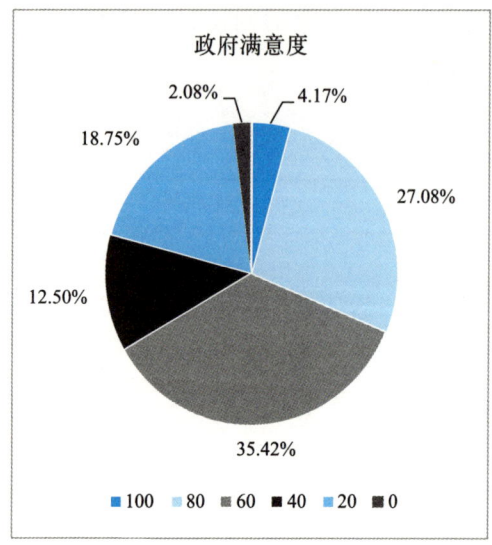
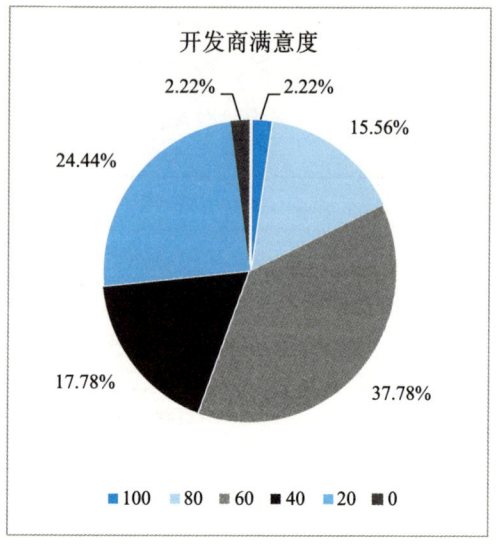
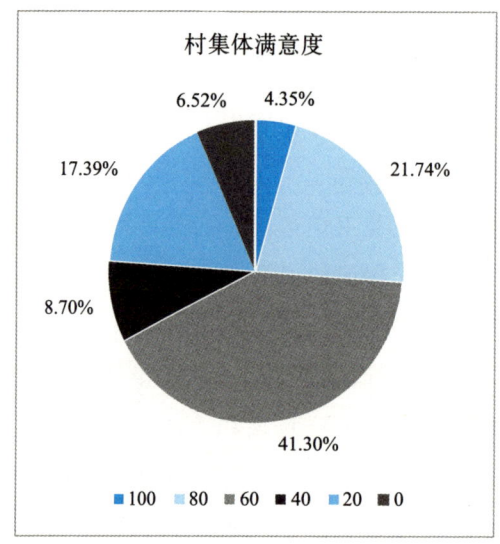

村民对政府、开发商、村集体的满意度评分普遍偏低，均未及格。政府满意度的均分为55.83，35.42%的村民对政府的满意度为60；开发商满意度的均分为49.33，在三者中最低，可见村民对开发商的怨言最多；村集体满意度的均分为53.48。村民认为在整个拆迁过程中政府的监管是缺位的，他们认为政府、开发商、村集体领导干部三方同流合污，存在腐败贪污现象，政府未能尽责保障村民享有公平合理的补偿。村民认为开发商建设的回迁房质量不达标，存在房屋漏水、隔音效果差等质量问题，而且补偿方式也不公平，认为不应该算公摊面积，对此意见较大。同时，村民还认为自己丧失了应有的知情权，在整个拆迁改造过程中没有参与补偿方案的制定，只是被动地接受，村集体的决策会议只是走形式走流程。

8. 村民的建议

通过与村民进一步访谈，我们收集到如下建议（希冀）：(1) 回迁房不应该分摊公共面积；(2) 先建好回迁房再进行拆迁；(3) 尽量缩短回迁的时间；(4) 提高货币补偿的金额；(5) 照顾低保弱势群体。由此可见，虽然对改造后自身利益十分关心，但由于其对拆迁改造的流程也不太熟悉，与政府、开发商之间存在信息不对称，故而有的希望是不合理的（比如先建好回迁房再拆迁），而这也是造成其满意度偏低的原因之一。改变居民的意识形态，或许是提高公众参与及其满意度的重要途径。

(二) 租户问卷

1. 基本情况（共有11人回应）

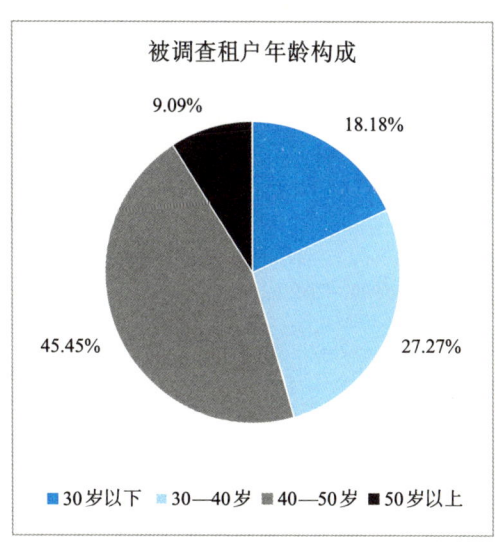

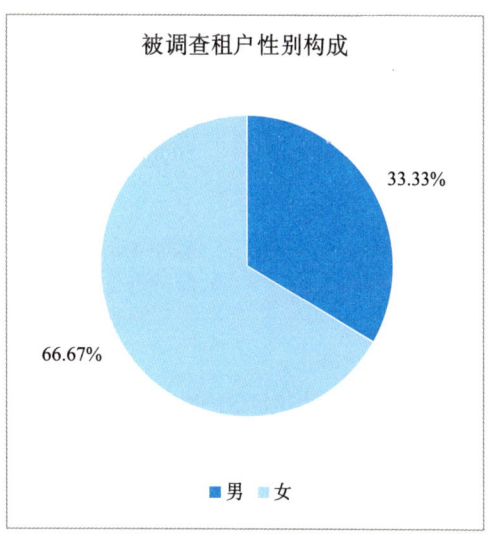

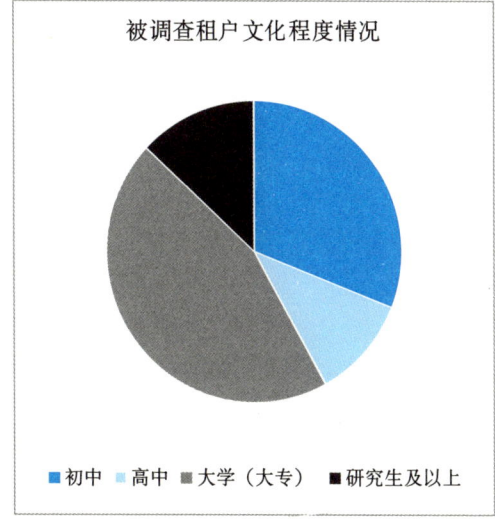

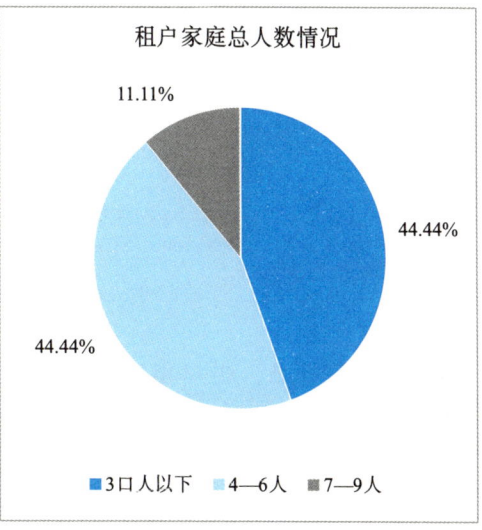

被调查租户年龄分布较为均匀，基本覆盖了各个年龄阶段，被调查租户以40—50岁居多。被调查租户的男女比率是1∶2。被调查租户的文化程度参差不齐，仅有55%的租户受过高等教育。租户家庭总人数情况，44.44%的租户家中为3口人以下，44.44%的租户家中有4—6口人，11.11%的租户家中有7—9口人。参加工作的人数占家庭总人数的比率为25%—33%。

2. 租房情况（共有14人回应）

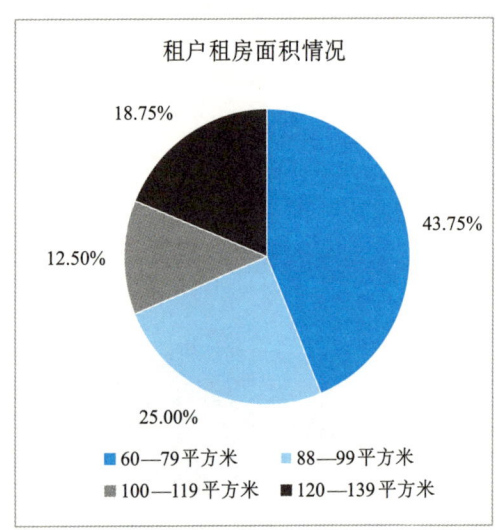

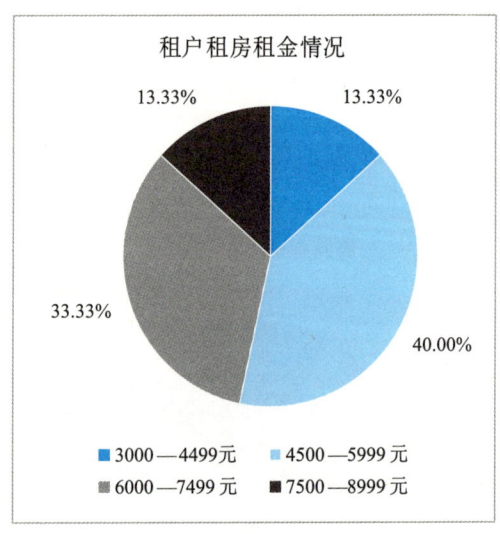

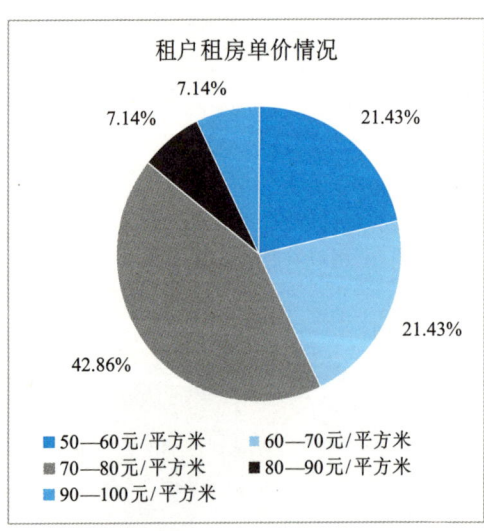

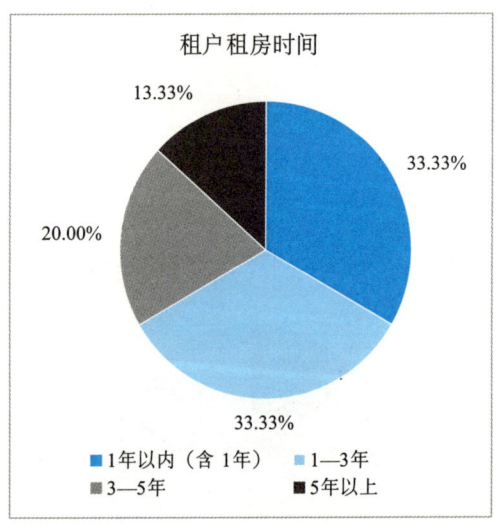

由调查结果可见，租户租房面积以小面积住宅为主，43.75%的租户租房面积为60—79平方米，25%的租户租房面积为80—99平方米，12.5%的租户租房面积为100—119平方米，18.75%的租户租房面积在120平方米以上。

租房租金价格普遍偏高，租房租金价格40%的租户在4500—5999元/月，33.33%的租户在6000—7499元/月。租户租房的单价，42.86%的租户租房单价在70—80元/平方米。

租户租房的时间较短，流动性较高，33.33%的租户租房时间在1年以内，33.33%的租户租房时间为1—3年，20%的租户租房时间为3—5年，13.33%的租户租房时间在5年以上。

在调查过程中，有一位租户租房时间长达20年，他们全家在改造前后一直居住在琶洲村，他认为拆迁改造对租户租房的影响很大，在改造前租金是500元/月，改造后租金是4500元/月，随着基础设施的改善，小区环境的提升，租户的租金飞涨。他认为外来租户没有参与该村的拆迁改造过程，通过访谈我们可以感受到：他的潜意识认为在拆迁改造过程中外来租户不可能得到安置或补偿。租户是拆迁改造中受影响最大的群体，拆迁意味着他们要花时间寻找新的住房，重新适应新的社会环境，他们承担着搬迁的成本，但他们往往不可能获得相应的补偿。

3. 小区租住环境满意度（共有20人回应）

满意度调查内容	均分
房屋建筑	74.29
交通便利	92.38
医疗服务	75.24
治安环境	82.86
社区绿化及卫生情况	82.00
公共环境	83.81
文体娱乐设施完备性	77.14
物业管理	78.00
邻里关系	71.00

租户的调查结果显示：租户对小区的租住环境基本满意，其中交通便利的满意度最高，高达92.38分，与村民对交通满意度的评分形成对应；其次是治安环境、社区绿化及卫生情况、公共环境三项评分均在82分左右，可见改造后社区的基础设施与环境条件得到极大的提升；得分最低的是邻里关系71分，租户在旧村改造后的社区居住较难融入原有的村民关系中，还有部分原因是城市中的市民都不愿意与人交流，邻里关系仅限点头之交，并不亲密。次之是房屋建筑74.29，收到的反馈同样是房屋漏水、隔音效果差等，可见开发商在建设中可能存在偷工减料、以次充好的情况。

案例使用说明

一、教学目的与用途

1. 适用课程。本案例主要适用于中央财经大学公共管理硕士（MPA）必修课的课堂教学讨论。

2. 教学目的：一是让学员通过典型案例了解广东省"三旧"改造的现状及存在的主要问题；二是通过对琶洲村改造多主体利益诉求进行分析，探讨多主体如何互动并影响项目的进行和城市空间的演化。

二、讨论问题

1. 如果你是琶洲村城中村改造的政府（区政府项目负责人）、企业（保利集团）、村集体组织成员，你有什么诉求？

2. 你认为推进城中村改造主要存在哪些阻力？原因是什么？

3. 你认为琶洲村城中村改造有哪些可以推广的经验？有哪些可以提升的不足？

三、分析思路

本案例涉及城中村改造这个重要的议题，有两种分析思路，一种是强调制度变迁的结构化分析，认为城中村是中国城市化过程中转型不完全的产物，其产生根源是土地制度；另一种是强调社会集团互动的社会行动者分析，强调分析各个利益主体的内部关系、相互作用和对城市空间的最终影响。针对琶洲村改造案例的具体分析，建议从后一种思路入手。学员通过案例材料的阅读理解，对该事件会有自己的判断和分析思路，教师在讨论过程中，不必强加此分析思路，但是可以进行适当的逻辑引导。

四、理论依据与分析

本案例中涉及的理论依据主要集中在社会行动者分析和公共治理理论，前者借鉴西方"城市政体理论"（Urban Regime Theory），来探讨推动城市发展的各种行为主体（城市政府、工商金融集团以及社区等）的内部关系及其对城市空间的构筑和演化所产生的影响；后者则关注城中村在由农村向城市形态转型过程中政府、开发商、村集体组织如何参与公共事务，影响政策过程。其中，关于社区治理理论的相关理论在之前的课程中已有专门的模块进行过学习和研究，本案例中涉及的主要是"半城镇化地区各主体相互关系与相互作用"部分。琶洲村改造案例中具体涉及海珠区政府、保利集团和琶洲村集体之前的相互关系和相互作用，可以分别从这公共治理理论和社会行动者分析的角度进行探讨。

五、关键要点

1. 琶洲村城中村改造中各主体利益和诉求是什么？各利益主体内部有什么特点？它们如何影响最终改造方案的实施？
2. 琶洲村城中村改造的创新有哪些？有什么不足？
3. 推进城中村改造的关键阻力是什么？有什么可能的解决方案？

六、课堂教学计划

1. 课前把案例材料发给学员，要求学员用20分钟左右的时间认真阅读，并思考相关问题。
2. 课堂教学计划分为三个步骤：

第一步：全班集中，案例导入。在学员上课前通读案例的基础上，利用5—8分钟时间，请2—3位学员在案例讨论前用几句话高度概括案例的主要内容，目的是帮助学员迅速集中注意力，进入讨论状态。

第二步：角色扮演，分组研讨。根据对案例的阅读和理解，按照政府、开发商、村集体与租户三方主体对学员进行分组。三组学员汇集后，每组选出1名成员作为小组负责人及发言代表，利用15分钟左右的时间组织分组研讨，汇总组内成员的观点。研讨时，可以参考以下几个问题来总结各组的讨论意见。

（1）在本案例中，你所代表的主体有哪些诉求？
（2）针对这些诉求，你所代表的主体采取了哪些举措？效果如何？
（3）你认为琶洲村城中村改造满足了你所代表主体的哪些诉求？
（4）站在相对中立的角度，城中村改造有哪些可以改进的地方？

第三步：模拟谈判，案例分析。在三组集体研讨结束之后，进入第三步，以公开辩论的方式进行案例分析。每组的发言人首先上台向全班报告所代表利益主体的主要研讨观点，每组时间控制在 8 分钟。如果发言人未用完规定的时间，其所在组的其他成员还可以对发言人的观点进行补充。各组发言结束后，学员可以自由发言，就其所支持的一方进行观点交锋和辩论，时间为 20 分钟。最后，由教师进行 10 分钟左右的小结和点评。总结案例研讨的主要特点、主要观点以及有待进一步关注和研究的问题，提示分析问题的不同角度和方法。

案例 5

谁来保护？怎么利用？

——黄山市传统村落地方保护政策剖析

① 本案例由中央财经大学政府管理学院讲师那子晔编写。

 案例正文

对历史建筑、历史文化街区、历史城镇和传统村落的保护利用是我国历史文化遗产保护的原则之一。案例以国家历史文化名城名镇名村保护工作评估人员的视角，观察了安徽省黄山市"百千工程"政策体系的构建、取得的成效、实施中的问题，以及后期的修正，肯定了黄山市在传统村落保护方面政策的创新性和可操作性，提出黄山市存在的保护政策设计的出发点、符合乡村现实及治理机制的事权安排、符合利益相关者的财权安排等是我国遗产保护政策设计中要思考的典型问题。案例拟配合教学手册进行政策分析练习。

一、引言

A作为国家住房和城乡建设部的工作人员，参与了最近一轮住房和城乡建设部、国家文物局关于历史文化名城名镇名村保护工作评估[①]。评估组选定了安徽省黄山市作为评估对象之一，因为在众多地方政策实践中，皖南地区长期处于我国历史文化名城、名镇、名村保护工作的前列，在不同时期进行了有益的探索和创新，如20世纪80年代保护屯溪老街、2000年宏村西递"入遗"，2010年创立徽州文化生态保护实验区。2009年5月安徽省黄山市启动的徽州古村落、古建筑保护利用的"百村千幢"工程（2009—2013年）（以下简称"百千工程"），在2014年进一步修订后推出"徽州古建筑保护工程"（以下简称"古建工程"）。然而走访了黄山市数个县区、传统村落，A看到即使黄山市的政策创新走在前列，并不断地进行政策调整和细化，形成具备创新性、操作性的政策体系，仍然能看到一些"保护"的"怪相"，这引发了他关于传统村落保护地方政策设计的出发点、符合乡村现实及治理机制的事权安排、符合利益相关者的财权安排等一系列思考。

二、初识：去看看黄山市走在前列的保护政策

（一）黄山市"百千工程"及其后的"古建工程"政策体系

黄山市政府和市住建局的同志向评估工作组介绍：2006—2009年黄山市实施了

[①] 《住房城乡建设部 国家文物局关于开展国家历史文化名城和中国历史文化名镇名村保护工作评估检查的通知》（建规〔2017〕221号）。

"皖南古村落黄山市千村保护与发展项目"与"黄山市千幢文物建筑抢修工程",对境内古村落和古建筑保存保护情况进行了摸底,积累了大量信息,并以此为基础提出"百千工程"政策设想,于2009年出台了由《黄山市"百村千幢"古民居保护利用工程实施方案》(以下简称"《实施方案》")和7个暂行办法(见表5-1)构成的政策体系,涵盖了总体内容、原则及村落保护利用、古民居抢修保护、认领保护、迁移保护、资金补助、土地转让、集体土地房屋登记等非常详细的实施内容。后于2014年,黄山市又出台了"古建工程"政策,在基本延续"百千工程"的政策构成的基础上(1个实施方案+6个暂行办法,内容与"百千工程"政策对应),补充了3个新的"暂行办法",形成了一套针对古村、古建保护利用的地方性规章制度。总体来说,"百千工程"及其后的"古建工程"可以归纳为4个实施阶段(见图5-1)。

表 5 - 1　　　　　黄山市 2009 年出台的"百千工程"政策构成

	"百千工程"总体政策方案(2009)	
	黄办〔2009〕33号	《黄山市"百村千幢"古民居保护利用工程实施方案》
	"暂行办法"(2009)	
1	黄政〔2009〕35号	《黄山市古村落保护利用暂行办法》
2	黄政〔2009〕31号	《黄山市古民居抢修保护利用暂行办法》
3	黄政〔2009〕32号	《黄山市古民居认领保护利用暂行办法》
4	黄政〔2009〕33号	《黄山市古民居迁移保护利用暂行办法》
5	黄政秘〔2009〕153号	《黄山市"百村千幢"保护利用工程资金补助暂行办法》
6	黄政〔2009〕34号	《黄山市古民居原地保护利用土地转让、调整办理程序暂行规定》
	保留的"暂行办法"(2009)	
7	市政府令第43号《黄山市集体土地房屋登记办法》	

(二)"百千工程"取得的显著成果

根据黄山市政府和市住建局提供的资料,"百千工程"在5年间总投入60.37亿元,其中社会投资占2/3,其取得的直接成果除了上述初步建立、修正了地方性政策法规,还体现在文化遗产的保护与社会经济效益方面。

在文化遗产保护方面,基本完成了《实施方案》设定的指标,即101个古村落的保护利用规划编制及空间环境整治与美化,1325幢古民居的维修,增加至50余个对外开放的古村落,建成了湖边古村落、黎阳古邸、秀里影视村等13个异地集中保护区(村),引入一批新科技到古建筑维修中,全市近900名有所专长的徽匠一展技能并得

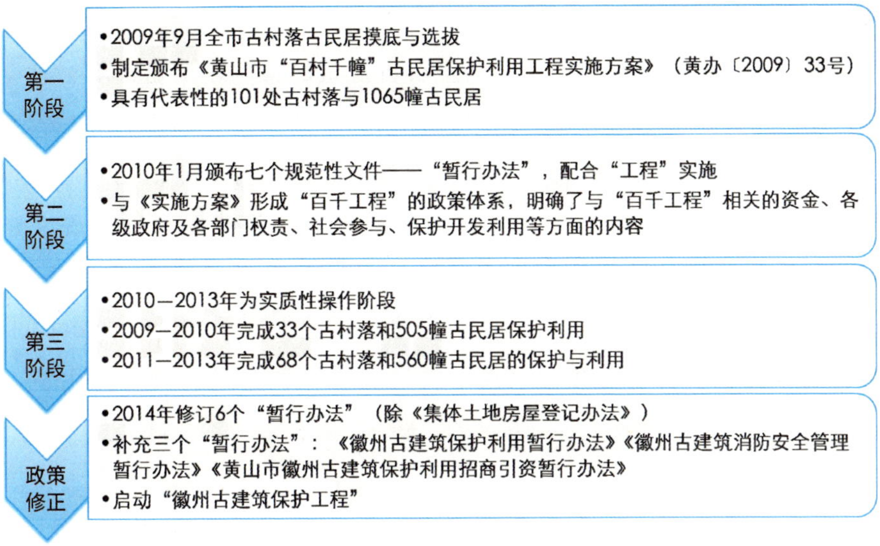

案例5：谁来保护？怎么利用？——黄山市传统村落地方保护政策剖析

第一阶段
- 2009年9月全市古村落古民居摸底与选拔
- 制定颁布《黄山市"百村千幢"古民居保护利用工程实施方案》（黄办〔2009〕33号）
- 具有代表性的101处古村落与1065幢古民居

第二阶段
- 2010年1月颁布七个规范性文件——"暂行办法"，配合"工程"实施
- 与《实施方案》形成"百千工程"的政策体系，明确了与"百千工程"相关的资金、各级政府及各部门权责、社会参与、保护开发利用等方面的内容

第三阶段
- 2010—2013年为实质性操作阶段
- 2009—2010年完成33个古村落和505幢古民居保护利用
- 2011—2013年完成68个古村落和560幢古民居的保护与利用

政策修正
- 2014年修订6个"暂行办法"（除《集体土地房屋登记办法》）
- 补充三个"暂行办法"：《徽州古建筑保护利用暂行办法》《徽州古建筑消防安全管理暂行办法》《黄山市徽州古建筑保护利用招商引资暂行办法》
- 启动"徽州古建筑保护工程"

图5-1　"百千工程"实施过程

图片来源：作者自绘。

注1：《实施方案》第四部分确定了101处古村落与1065幢古民居的选择标准和方式。"百村"申报由市政府确定各区县数量指标，由区县人民政府根据下辖各乡镇上报的古村落所有和保存情况，向市政府提出申请，市规划部门会同文物、住建等部门组织专家审查，报市人民政府批准公布。"千幢"申报采取自下而上的方式，由古民居所有者向相关部门提供古民居的修缮计划，政府依照古民居的选取标准确定。

注2："百千工程"中国家历史文化名村14处、省级历史文化名村6处、中国传统村落28处、其他村落53处（其中部分村落具有以上多重"身份"）；古民居中省级及以上文物保护单位281处，市级及区、县级文物保护单位177处，一般古民居600余处，国有产权占15%，集体产权占13%，私有产权占72%；已闲置的占11%；74%位于"百村"中。

到锻炼，建立培养了一支有较高工艺技术水平的徽匠队伍[①]。

在经济效益方面，"百千工程"带动了古村落、古建筑开发经营，促进了地方经济发展，带动了当地农民就业、增收致富，明显改善了农村居住条件、生活环境、设施状况。发展文化体验、展示、乡村旅游等新型业态19类900多处，吸引社会投资24亿多元，如歙县将石潭村、瀹坑村打造成摄影和乡村体验型古村落，将叶村和苏村打造成文化体验型古村落；徽州区的蜀源村发展了以葵花观光为特色的乡村旅游，富溪乡发展了茶文化为主题的乡村旅游。至2013年，全市乡村旅游接待量达到2550万人

---

① 乔峰，金玉. 让遗珍生辉　让记忆永存——黄山市"百村千幢"工程综述. 中国文化报，第6840期，第4版，2014年10月29日.

次,实现收入 150 亿元①。

在社会效益方面,值得一提的是一些重要古建筑的再利用丰富了农村社会文化生活,一些村庄的宗祠、宅第被开辟为供村民使用的公共场所,如歙县许村大邦伯祠辟为民俗文化展示场所、观察第辟为村史馆、许笃士故居辟为老年活动中心和留守儿童之家,敦睦堂辟为"徽州传统建筑灾害防治与营造施工关键技术研究及示范"课题的研究示范点和安徽建工学院的教学点;歙县苏村方氏宗祠辟为"农家书屋",配置了书、桌、椅及电教设备,作为老百姓文化、休闲、娱乐中心;黄山区永丰村苏氏宗祠辟为老年协会活动中心和村民议事场所;蕃村敦德堂辟为村卫生室,方便群众就医。

三、研读:黄山市"百千工程"政策体系剖析

(一) 政策目标与政策方案

A 仔细研读了《实施方案》和《暂行办法》系列政策,感受到"百千工程"是由地方政府部门发起、多目标兼顾、任务指标明确、多部门参与的大型综合性、实时性项目,旨在解决黄山市古村落、古建筑保护利用的三个"总体问题":(1) 古村落和古建筑巨大存量、保护需求与实际可用于保护的各项资源紧缺之间的矛盾;(2) 乡村发展建设意愿和现实需求与古村落、古建筑保护之间的矛盾;(3) 古村落、古建筑科学保护、合理利用与经营开发之间的矛盾。

A 从《实施方案》挖掘出"政策目标""技术措施"和"保障措施"三方面内容。其中"政策目标"为:文化资源保护、旅游转型升级、新农村建设、提升城市形象;两个核心指标:101 处古村落与 1065 幢古民居的保护利用,以及 30 处旅游特色古村落与 10 处古民居集中保护地境内游客数量翻番、境外游客达 100 万人次;"技术措施"直接定义了市内古村落、古建筑保护利用模式和内容。为保障政策的执行,《实施方案》明确了执行政策的各个部门所扮演的"角色"和拟调动的各类"资源",并且在七项"暂行办法"中得到了进一步地明确。如图 5-2 所示。

(二) 政策参与部门的角色构建

《实施方案》明确了"百千工程"对于黄山市具有重大政治意义,使其超越了传

---

① 江忠宝,周秀峰. 黄山"百村千幢"古民居保护利用工程成效显著. 中国文物报,2014 年 2 月 14 日,第 002 版.

案例 5：谁来保护？怎么利用？——黄山市传统村落地方保护政策剖析

图 5-2　"百千工程"政策目标和政策方案解析

图片来源：作者自绘。

统规划、建设和文物单一部门的职责范围，上升为市、县两级党委和政府的重大工作任务，强化了"自上而下"执行"百千工程"的权力基础，即在黄山市一级建立核心机构"工程领导小组"(常设在市文化局),横向地领导、组织和协调各级和各部门,囊括了近20个政府职能部门、划定了相应的权责,其中发改委、财政局、文化局、规划局、旅游委、建委为核心职能部门,承担"工程"项目决策、实施管理、监督和指导的职责,其余部门根据其自身职能配合"百千工程"实施;区、县人民政府是"工程"主要的基层执行机构,在区、县一级建立了与市一级相同的"百千工程"领导组织架构,负责制定和实施本地的"百千工程"方案以及动员各方力量,古村落所在的乡、镇一级政府则是配合"古村落的日常管理和具体保护利用项目的实施①"。如图5-3所示。

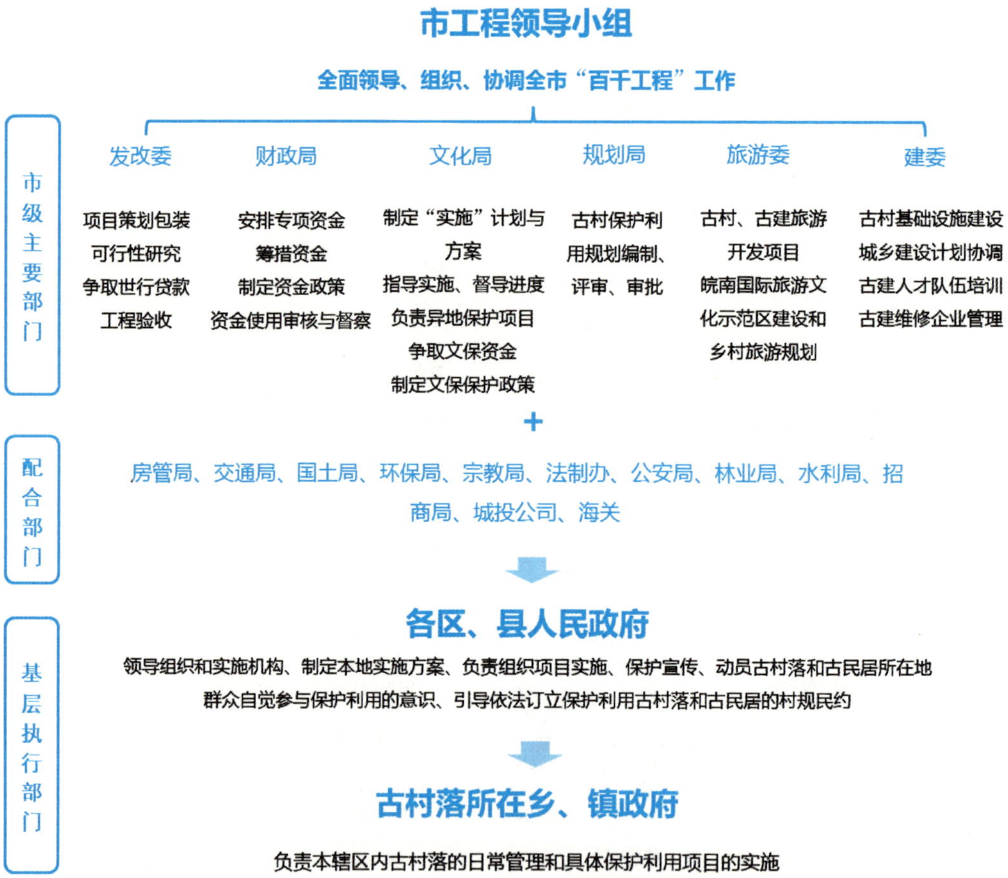

图5-3 政策参与部门的角色构建

图片来源:作者自绘。

虽然公共部门是"百千工程"的主要执行部门,但《实施方案》也强调"政府主

---

① 《黄山市古村落保护利用暂行办法》第三条。

导与市场运作相结合①",各暂行办法"鼓励和支持企业、事业单位、社会团体和个人参与古村落的保护和利用②",参与内容包括古建筑的"迁移""认领""抢修""转让"和古村落的"开发运营"。

(三) 各类资源投入与分配

政策体系为"百千工程"提供了行政资源、财政资源和政策资源。在行政资源方面,《实施方案》为"百千工程"的实施调动了最广泛的市、县、乡镇、村四级和多部门地方行政资源,通过角色整合和角色协调,将不同行政和财政资源融入"百千工程",例如"美好乡村""改徽"等承担部分工程内容。

在财政资源和分配方面,《实施方案》和《黄山市"百村千幢"保护利用工程资金补助暂行办法》提出财政资源的筹集与分配方式,其主导思想是以"上级财政拨款""地方政府公共投资"与"私人或市场融资"作为三大融资方式,"旅游盈利分配""个人和其他组织无偿捐赠和资助"作为补充;在资金分配方面,古村落保护利用以"公共直接投资"为主,集中在规划编制、公益性项目建设以及贷款贴息/贴费等方面,古民居的保护利用以房屋私有产权性质为基础,以私人和市场融资为主,而政府补助和税费减免作为辅助性手段。

在政策资源方面,特别出现了创新性的做法。暂行办法为"百千工程"提供了"创新性"的政策资源,例如"迁移""认领""集体土地房屋登记"和"土地转让和调整",尤其是后两项对目前村集体经济组织内"古民居"房屋产权及所在集体土地性质与使用权变更进行"破题",为吸引非政府部门资金的投入提供机会。其分为两种操作途径:一是以市场方式转让,必须先经过"宅基地"的征收和国有土地出让程序,其关键是将"古民居"所在的集体土地变更为国有土地并出让于"古民居"房屋产权受让人,而其后"古民居"房屋产权方可进入市场交易环节,受让人同时办理相关的国有土地使用方面的手续,但"古民居"原产权人应先进行确权和产权登记;二是因村庄和集镇规划、改造需要,仅在集体经济组织内部调整"古民居"的宅基地的使用权,从原使用人变更为村集体经济组织,给予原使用人一定补偿,但并不改变"集体土地"的根本性质,而集体土地上的"古民居"房屋产权的交易则被限制在本村集体经济组织成员内部。

---

① 《黄山市"百村千幢"古民居保护利用工程实施方案》第4页。
② 《黄山市古村落保护利用暂行办法》第五条。

四、怪相：实地看到的问题

评估工作组走访了黄山市数个县区、传统村落，在实地调研过程中看到了一些问题。这些问题可以被认为是政策执行不到位、走样，或者说违背了政策的初衷。A 将它们归因为两大类：第一类与责任人及其执行能力相关，第二类与利益相关。

（一）与责任人及其执行能力相关

现象 1：基层工作人员无力协调、实施上级各种乡村规划项目

"美好乡村[①]"建设规划侧重于基础设施建设、环境整治和村宅整治方案，是对"百千工程"古村保护利用规划的深入，但两者在部分村庄存在冲突。例如在祁门县桃源村，"美好乡村"建设规划拓宽了原应保护的街巷，并采用块石、沙石、水泥路面，对古村落风貌造成了消极影响。

"美好乡村"重点建设的基础设施，极大改善村庄生活条件，但部分工程项目，尤其是乡村道路和水利工程建设，忽视了古村落传统风貌的保护，如歙县许村镇，因河道和水坝工程建设，河床水位降低，传统风貌丧失。

"改徽工程[②]"填补了"百千工程"对古村落传统风貌整治方面的不足，例如《歙县重点村镇环境风貌整治技术指引》，以图示、范例的形式指导"改徽"，但在技术要求、标准、实施方面仍然与古村整体传统风貌的协调存在一定的差距。

现象 2：有些县、镇政府未能对古建筑进行有效修缮，大量古建筑由房屋所有人进行修缮

在古建修缮环节，从市级层面全面完成了古民居"甄选"和"挂牌"工作，但并没有真正落实"抢修"，一些需抢修的古民居至今尚未得到修缮[③]，例如黟县余光村为"百千工程"对象，但县、镇政府并未按照《实施方案》和相关政策开展实际的保护利用工作。而大量非文保单位"千幢"古民居主要依靠房屋所有人自行委托工程队进

---

① 在安徽省十二届人大一次会议上，《政府工作报告》宣布全面启动美好乡村建设。《安徽省美好乡村建设规划（2012—2020 年）》明确，到 2016 年，力争全省 40% 以上的中心村达到美好乡村建设要求，到 2020 年，80% 以上的中心村达到美好乡村建设要求。省财政将每年拿出 10 亿元投入"美好乡村"建设。

② "改徽工程"是黄山市委市政府于 2012 年开展的重点村镇风貌整治工作，由政府实施，并承担了大部分资金，是对市域主要交通干线、旅游干线两侧、新安江两岸和重要景区景点周边乡镇和古村落的违规违法建筑、非徽建筑和脏乱差环境进行全方位的整治。"改徽工程"的工作对象与"百千千幢"工程并不完全一致，但有部分重合。据 2014 年市规划部门的工作报告，截至 2013 年年底，共完成 1.8 万幢建筑"改徽"任务，控违 1475 次，拆违 1491 处。

③ 据市规划局统计，黄山市已对 1325 幢（超出计划的 1065 幢）古民居实施了维修，但实地调研依然发现一些挂牌的古民居并未进行维修。

行修缮，效果因产权人和工程队的不同而差异较大。

现象3：古村内的新房建设（可能影响古村风貌）由村委会代管，而这些基层主体的责权在《实施方案》中都没有被明确要求

在新房建设管理环节，也难以落实"保护与利用规划"确定古村分区保护和控制要求①，尤其是在建控地带内对新建房屋控制要求难以把握，且区、县一级部门直接和实时管理的难度和成本过大，由村集体代为实际执行，造成政策执行过宽或过严的情况。"过宽"是指新房建成情况违背了审核通过的方案，尤其是层高、色彩、样式等方面，在乡村社会环境中，这一"既成事实"被村集体默认，即使一些村庄，例如黟县碧山村，采取"建房承诺书""建房押金"等措施，但收效甚微，违规新房也并未拆除。"过严"是在建控地带内采取"一刀切"做法，一律禁止新建房屋，这使得村民搬离老村、选择在村周边建设新房，因旧宅维修费用远大于新房建设费用，村民选择任由村内老宅空置、坍塌、衰败。例如徽州区西溪南村规定一律不许在自留地上新建房屋，但允许在宅基地建房，因此不少居民选择在外临时租房，待老宅闲置坍塌后回村翻建新房。

（二）与利益相关

现象4：补贴少，产权人没有动力进行修缮

根据《黄山市"百村千幢"保护利用工程资金补助暂行办法》，对未列入国家、省级文物保护单位的古民居修缮补贴比例占投资额的比例比较低②，且是事后进行补偿，与村民先领补再修的预期有所差异，因此在现实中无法真正有效地激发起个人潜在的保护意识和调动改善居住、使用的积极性。

现象5："认领"古建筑转变为"认租"

根据《黄山市古民居认领保护利用暂行办法》，"认领"本意是吸引公益性捐助，给予认捐人社会荣誉或行政奖励，但由于认领自身定位不准确以及对公益性投入预期错误，认领古建筑的个人或单位认为，如果投入了资源，但并不能获得预期回报，导致公益性捐助现实效果较差。现实中"认领"已经转变为"认租"，实质上成为国有资产使用权的让渡。

---

① 《黄山市古村落保护利用暂行办法》第十五条，对古村落的建设行为进行分区规定：古村落核心保护区内，不得进行民居的新建、扩建活动；古村落建设控制地带内可以进行新建，但新建建筑物、构筑物应当符合保护规划确定的高度、体量和色彩的建设控制要求。

② 《黄山市"百村千幢"保护利用工程资金补助暂行办法》第十一条规定修缮投资在6万元以上的，市政府给予每幢古民居0.3万元的资金补助；投资在6万元以下的，由所在地区县、乡镇政府给予一定的资金补助。在地方上，古民居的修缮投资在10万元以上（4000—5000元/平方米）的，补助资金只占投资额的10%左右。

现象 6:"迁移"政策为文化遗产作为稀缺性资源进行经营与交易埋下隐患

根据《黄山市古民居迁移保护利用暂行办法》,"不利于在原地保护利用"的古建筑可以"迁移",并且规定了相应决策"程序",但并没有制定"迁移"的客观标准,且"迁移重建"的技术要求并未得到较好的执行,因此"迁移"在现实中并未起到对处于极度危险的古民居进行保护的初衷。相反却更有利于文化遗产作为稀缺性资源进行经营与交易,例如古民居异地集中保护,实际建成湖边古村落、秀里影视村、五福会所、黄山藏宝园等集中保护地 13 处,成为地方政府最引以为豪的"功绩"。以屯溪区湖边古村为例,该项目是新安江延伸段综合开发项目子项目"新安十景"之一,于 2011 年 6 月全面建成,占地面积 1.34 公顷,总建筑面积 1.1 万平方米,含新建仿古建筑单体 26 幢和异地搬迁古民居建筑 14 幢(只迁移了木架构和部分雕饰)。湖边"古村"定位为"徽文化旅游街区",突出"文化为主、旅游为辅、兼顾休闲"的理念。采取"单体租赁"的方式进行招商,分为三类业态,第一类是以"徽州三雕"等徽文化展示为主,约占 50% 左右;第二类是休闲娱乐,以咖啡吧、茶楼、酒吧为主,约占 25% 左右;第三类是特色餐饮,约占 25% 左右。最终业态构成中,文化展示的比例并未达到 50%。

现实中甚至出现异地分散保护利用被"恶意"利用的情况,例如徽州区西溪南村,本地居民与外来商贩故意拆除老宅,借"异地"保护之名,四处收购古建构件并在原宅基地上重建,无论是规模、尺度、风貌都与传统徽派建筑相去甚远,显得不伦不类。

现象 7:古民居转让"进展缓慢","事实转让"屡见不鲜

"百千工程"在地方政策上为"古民居转让"进行了破局,但实际工作进展缓慢,全市范围内以市场方式进行产权转让的仅有徽州区唐模旅游发展公司经营的唐模风景区内 6 幢古民居,以及黟县"猪栏酒吧"("一吧"和"二吧")[①]。在这两个实例中,产权转让达到了动员社会力量保护古民居和弥补资金空缺的目的,为探索古民居保护和利用、旅游业态转型升级提供了有益借鉴。但更多现实情况是,在乡村旅游经济较发达的区县,存在大量未办理产权登记的"事实转让"行为,仅在黟县就有 129 幢,徽州区有 30 幢,其中以黟县碧山村十多处古民居的事实转让最为"著名",在众多的"事实转让"实例中,不乏囤积炒作、待价而沽、牟取暴利的情况。

---

① 黄山市委改革办,《关于我市古民居产权转让的调研报告》,2014 年 7 月 17 日。

五、修订:"百千工程"政策修订

同时,A 也观察到,2014 年出台的"古建工程"对"百千工程"有明显的延续作用,同时也是对其的政策修订(见表 5-2)。它的核心诉求是将古村落、古建筑工作转变为一项长期性和制度性工作,而非由政府"大包大揽""自上而下"的"保护运动",体现在两大方面:角色及权责的调整和对古建筑保护、利用、经营、开发方面的政策支撑。

表 5-2　　　　　黄山市 2014 年出台的"古建工程"政策构成

		后续方案(2014):"古建工程"(2014)
		区、县各自制定实施方案
		"办法"与"暂行办法"(2014),分别对应 2009 年的 6 个暂行办法
1	黄政办〔2014〕8 号	《黄山市古村落保护办法》
2		《黄山市徽州古建筑抢修保护利用办法》
3		《黄山市徽州古建筑认领保护利用办法》
4		《黄山市徽州古建筑迁移保护利用办法》
5		《黄山市徽州古建筑保护利用专项资金管理暂行办法》
6	黄国土资〔2014〕47 号	《黄山市古民居原地保护利用产权转让管理暂行办法》
		补充的"暂行办法"(2014)
1	黄政办秘〔2014〕43 号	《黄山市徽州古建筑保护利用暂行办法》
2	黄公消〔2014〕214 号	《黄山市徽州古建筑消防安全管理暂行办法》
3	—	《黄山市徽州古建筑保护利用招商引资暂行办法》

(一)事权:角色及权责的调整

首先,古村落的保护权责"下沉",将乡、村两级纳入古村落保护、利用、管理责任主体的范围内,明确各级和各部门的权、责划分,以县、乡两级行政部门作为主体职责部门,县一级部门(包括建设、规划、文物部门)仍为核心决策部门,负责保护规划制定和"乡村规划许可证"为核心的规划建设管理,乡镇一级政府承担执行和监管,村集体组织被赋予按照保护规划要求管理日常生活、生产经营活动的职责,例如"在地看管""向上报告""宣传和劝阻"。

其次，将"古建筑"保护权责回归到其产权所有人[①]，辅以社会组织和公共部门的监督和管理，如建立古建筑保护专门组织、招募义务监督员、制定保护古建筑的乡规民约等[②]。事实上这两个方面的角色调整是对 2009 年忽视"基层"作为古村落、古建筑保护主体地位的回应。总之，政策修订后地方基层和所有人的角色已被认可，保护管理更加体现"在地化"特征（见图 5-4）。

图 5-4　2014 年政策修订后角色和权责的调整

图片来源：作者自绘。

（二）财权：对古建筑保护、利用、经营、开发方面的政策支撑

2014 年政策修订后，《资金补助暂行办法（2009）》被拆分为以公共财政为来源的《专项资金管理暂行办法（2014）》与以吸引市场和私人部门资金为主的《招商引资暂行办法（2014）》。《专项资金管理暂行办法（2014）》针对的是以"保护利用"为主的公益性项目，虽在资助范围（五大类项目）和形式上（项目补助、贷款贴息和

[①]《古建筑保护利用暂行办法（2014）》第十九条。
[②]《古建筑保护利用暂行办法（2014）》第十七条。

以奖代补）并未作出重大改变，但核心是将公共财政资助确定为一个常态化的机制，将专项资金开支纳入市级财政预算，规范其执行程序，覆盖未获得其他各级财政支持的古建筑保护利用项目；《招商引资暂行办法（2014）》注重对文化遗产的"经营开发"，即将乡村文化遗产作为"特殊"的不动产，以吸引外来资本进行投资、开发和经营，因此该办法由招商部门负责执行，将"招商引资"政策和服务作为主要内容（见图5-5）。

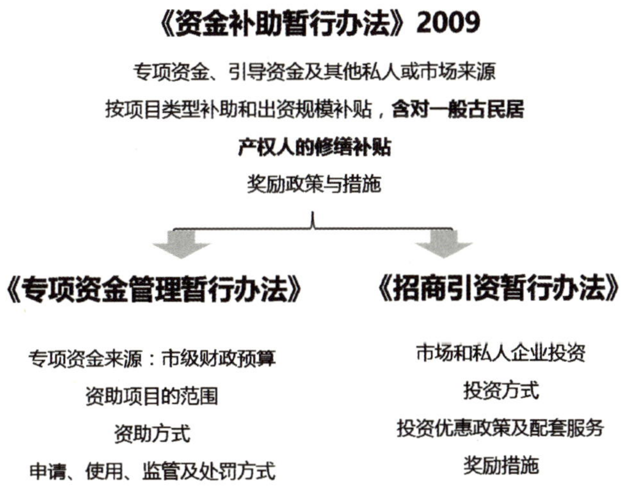

图5-5 修订后的资金模式

图片来源：作者自绘。

产权转让政策修订后，原址保护的古民居一律以市场方式进行产权转让，制定与市场转让相配套的"农村集体土地"使用性质和使用权的变更政策。"转让"采用公开竞价拍卖的形式，建立市级"公共资源交易平台"负责组织、统一管理并且监督整个产权转让过程，规范了"事实转让"现象，避免了囤积炒作、待价而沽、牟取暴利等行为（见图5-6）。

（三）其他

即使是上述两点修订，后续也存在一些隐患。2014年政策修订后虽然将部分权责"下沉"到乡镇和村庄基层组织①，但并未解决乡镇村庄行政、技术、资金能力欠缺以及与相应权责不匹配的问题。修订后的《专项资金办法》放弃了对未列入其他各级财

---

① 《黄山市古村落保护办法》中负责规划、建设、文物以外事务仍然停留在市、区县一级职能部门（第六条），而乡镇一级政府承担规划、建设、文物的管理。

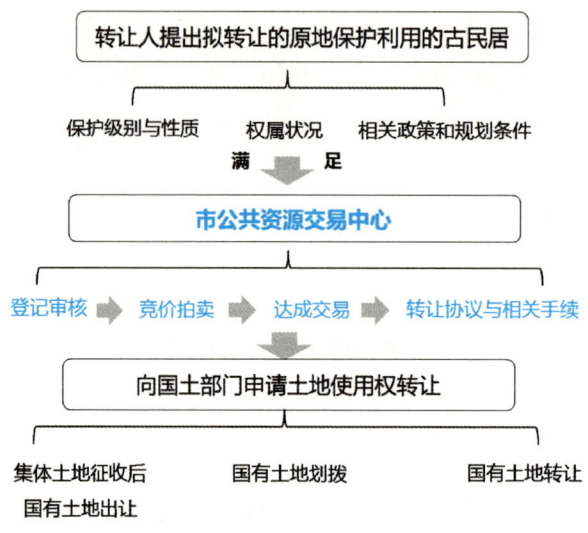

图 5-6 修订后的产权转让

图片来源：作者自绘。

政支持的"古民居"修缮的补贴，根据《关于黄山市 2015 年徽州古建筑保护利用工程专项补助资金项目的公示》，专项资金基本使用在公共或事业部门所有的古建筑修缮项目上，并不面向基层产权人，依然无法激发产权人自发修缮的积极性和主动性。

除以上两点外，政策修订和补充并未对"百千工程"实践暴露出的问题作出全面回应，尤其是认领、迁移、抢修几乎沿用了"暂行办法"。《古建筑迁移保护利用办法（2014）》仍然认可"迁移"的合理性，虽然增加了政府部门对"迁移"的行政程序的干预，但并未制定"迁移"的标准、目的、迁移主体以及产权、迁移后保护利用等内容；又如修订后的《古建筑抢修保护利用办法（2014）》在方式与程序上并未反映出抢修所应有的"紧迫性"和"公共干预"的强制性，仍依靠产权人的提议和执行，政府部门只负责事前审批、事中监管和事后验收，本质上与其他一般修缮程序无异。

六、结语

调研结束了，A 陷入了长时间思考，他觉得黄山市政策创新性和操作性确实走在前列，但也反映了我国传统村落地方保护政策的三个方面的典型问题。

第一，政策设计的出发点重保护还是重利用？虽然"百千工程"以古村、古建筑的保护利用为出发点，但政策方案与之相关性较弱，重点是古村落和古建筑的经营性开发，其中古村落侧重于文化旅游产业的发展、古民居则侧重具体的经营业态。2014

年修订后更反映出地方经营开发古建筑的强烈意愿，进一步反映出政策的根本诉求，即通过基层的政策创新解决目前制度、资金、技术方面对古村落、古建筑保护利用工作的束缚，以市场化的方式吸引资金和资源投入，"激活"黄山市内存量的非文物保护单位级别的"古建筑"的经营和开发。

第二，如何进行符合乡村现实及治理机制的事权安排？由于我国长期"由上到下、专家导向、政府主导推进的农业与农村发展政策[①]"，已经面临着乡村治理的诸多挑战。乡村遗产保护利用已经成为乡村社会治理的一部分，因此建立与其相适应的乡村遗产保护利用管理体系极具重要性，为使乡村遗产保护利用运行在一个有效协调公私部门、个体与组织、本地主体和外来参与者持续且良性的互动过程之中，首要的是树立"村民"和"村一级组织"的主体性和自主性，建立合理的权、责、利的结构，尤其是乡村基层社会在保护利用的制度和能力方面建设。

第三，如何进行符合利益相关者的财权安排？目前"古建工程"提出的"专项资金+经营开发"的做法基本厘清了使用财政资金和社会资金的思路。但财政政策还存在偏重为公共部门内的古建筑修缮项目、为古村落和古民居的公益性项目提供补贴，以及为经营、开发、投资性项目、企业等提供奖励、补贴和税费优惠，却忽视了对数量占绝大多数的非国保、省保类别古民居的修缮补贴的问题。而引入社会资金时，一定要注意平衡文化遗产科学保护、合理利用、营利性开发以及后续经济利益的分配和公共利益的维护等方面问题，进行比较严格的管理和评估。

附录：

如需对文中提及的法规、规定条文进行深入了解，请参阅以下文件：
《黄山市"百村千幢"古民居保护利用工程实施方案》
《黄山市古村落保护利用暂行办法》
《黄山市古民居抢修保护利用暂行办法》
《黄山市古民居认领保护利用暂行办法》
《黄山市古民居迁移保护利用暂行办法》
《黄山市"百村千幢"保护利用工程资金补助暂行办法》
《黄山市古民居原地保护利用土地转让、调整办理程序暂行规定》
《歙县重点村镇环境风貌整治技术指引》
《关于黄山市2015年徽州古建筑保护利用工程专项补助资金项目的公示》

---

① 王培刚，庞荣. 国际乡村治理模式视野下的中国乡村治理问题研究[J]. 中国软科学，2005 (6): 19-24.

《黄山市集体土地房屋登记办法》

《黄山市古村落保护办法》

《黄山市徽州古建筑抢修保护利用办法》

《黄山市徽州古建筑认领保护利用办法》

《黄山市徽州古建筑迁移保护利用办法》

《黄山市徽州古建筑保护利用专项资金管理暂行办法》

《黄山市古民居原地保护利用产权转让管理暂行办法》

《黄山市徽州古建筑保护利用暂行办法》

《黄山市徽州古建筑消防安全管理暂行办法》

《黄山市徽州古建筑保护利用招商引资暂行办法》

案例使用说明

一、教学目的与用途

1. 适用课程。本案例主要适用于中央财经大学公共管理硕士（MPA）必修课城市规划与管理的课堂教学讨论。

2. 教学目的：一方面是让学员能够依托政策分析理论框架，从政策文件体系（实施方案和暂行办法等）及政策实施结果中识别政策要素，如政策目标、政策实施的相关人员（角色）、资源投入以及相关的成果、结果、影响等，进而分析政策要素之间的关系，如问题和政策目标的相关性，政策的高效性、有效性，如何进行政策分析和政策（绩效）评估。另一方面是向学员介绍以传统村落为代表的历史文化遗产保护政策的价值观，即遗产利用不是为了经营开发，而是为了科学保护遗产的"活态"，并介绍政策设计和实施中可能遇到的问题，以及理性面对问题的解决思路。

二、讨论问题

1. 根据案例正文，"百千工程"及其后的"古建工程"的拟解决问题、政策目标、政策实施的相关人员（角色）以及资源投入、成果、结果、影响分别是什么？

2. 根据政策分析和评估理论框架见图5-7，这些政策要素之间的关系是什么？

3. 如果您是古民居产权人，潜在经营人，村委会、县、乡、镇管理人员，以及黄山市政府、国家住房和城乡建设部、国家文物局、文化和旅游部、财政部的工作人员，您希望政策下一步进行什么样的修订？请选择一个角色进行阐述。

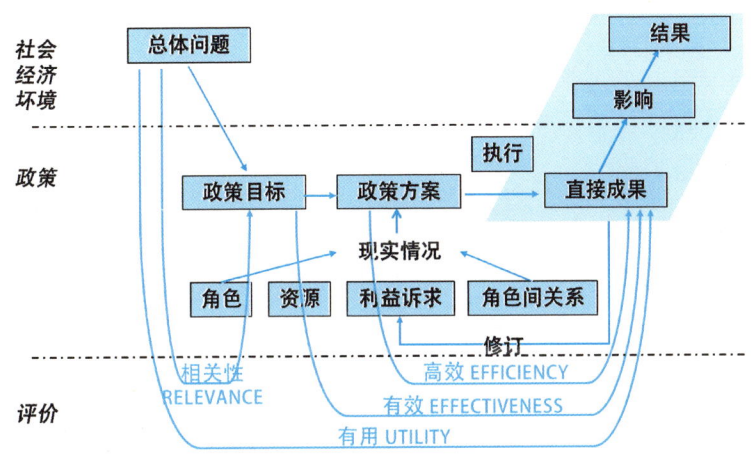

图 5-7　政策分析和评估理论框架

图片来源：作者自绘。

三、分析思路

在引介案例之前，先介绍政策分析和评估的理论框架（见图 5-7），之后请学员按照理论框架，结合案例识别政策要素和要素间关系，完成讨论问题 1 和 2，这两部分相当于框架性的讨论。讨论问题 3 是开放性讨论，希望学员选择一个利益相关者视角，从政策实践过程中呈现出来的问题和自己的政策预期、可投入资源，分别进行讨论。

四、理论依据与分析

任何政策设计都是基于对社会、经济、环境等"总体问题"的认识，提出"政策目标"并制定"政策方案"，包括"执行角色及其关系""可投入资源""角色的利益诉求"等要素。通过执行，形成了"直接成果"（Output），以及对社会、经济、环境产生了一系列"影响"（Impact）和"结果"（Outcome）。"直接成果""影响""结果"能否解决"总体问题"取决于不同政策要素间所建立的相互关系，例如总体问题与政策目标之间的"相关性"、政策方案转化为直接成果的"效率"（Efficiency）、政策目标与总体结果之间的"效果"（Effectiveness），以及总体问题与总体结果之间的"效用"（Utility）[①]。案例以此为分析框架，考察"百千工程"政策中各个要素及其之间形成的相互关系，并揭示造成政策执行"不到位"或者"走样"的具体原因。

五、关键要点

1. 在从政策文件和结果调研中识别政策要素时，要特别注意几对概念辨析：如"总体问题"和"政策目标"的区别；如各角色的政策追求以及能提供的资源，如县、乡、镇管理人员仅提供"行政资源"，不提供"政治资源"；再如"直接成果"（Output），以及对社会、经济、环境产生了一系列"影响"（Impact）和"结果"（Outcome）之间的概念区别，不要混淆。

2. 仔细辨析政策要素之前的关系，特别是效率、效果、效用怎么评价。

3. 从政策文本和实践过程中的问题，提炼政策角色的政策诉求、政策预期和可投入资源，进行阐述，模拟政策制定的听取意见过程。

六、课堂教学计划

课堂教学计划分为三个步骤：

第一步：案例导入和分组

把案例材料发给学员，进行简要介绍。讲解教学目的，回顾案例分析需要用到的理论框架。布置讨论问题，并解释分析思路和关键要点。根据班级人数分成4—6组。接下来请学员分组而坐。

第二步：分组研讨结合教师参与

用45分钟进行阅读，并分组讨论。期间教师参与每组讨论，确定在进行前两个问题的框架性讨论时，运用了正确的概念，并且小组能够有效组织讨论。在讨论中各组准备PPT，展示要点，因为形成书面的讨论成果能帮助组员认可或反驳观点。

第三步：成果汇报和总结

每组10分钟左右，用PPT展示讨论成果，不限汇报人数。最后，由教师进行10

---

① Dente，Bruno（2014），Understanding Policy Decisions，Springer International Publishing.

分钟左右的小结和点评。先总结每组针对前两个框架性问题讨论的要点异同，形成全班性的共识，再针对第三个问题进行点评。总结案例研讨的主要特点、主要观点以及有待进一步关注和研究的问题，提示分析问题的不同角度和方法。课后根据总结，记录前两个框架性问题的共识，汇集针对第三个问题的汇报观点，形成政策建议，并发给全体学员。

3. 基层治理

案例 6

网络经济模式下连云港市海头镇基层治理问题与对策[①][②]

[①] 本案例由中央财经大学政府管理学院全日制公共管理硕士（MPA）杨天波、甘意璇、汪喻晓、华婧岚和寇婕编写。本案例为真实案例，全部数据资料由小组成员实地调研或网络调研获取，未经掩饰处理。案例内容经作者整理并改编。案例中涉及的人物及单位均为真实名称。本案例仅供中央财经大学 MPA 教学之用，版权属于中央财经大学政府管理学院。

[②] 本案例基本素材来源于：(1) 国务院．乡村振兴战略规划（2018—2022 年）[Z]．2018 - 9 - 26；(2) 外国农业．浅谈国内外乡村振兴实践经验及启示 [EB/OL]．http：//www.360doc.com/content/19/1207/20/49586_878126655.shtml；(3) 戴维·奥斯本，特德·盖布勒．改革政府 [M]．上海：上海译文出版社，2006：70 - 95．

 **案例正文**

本教学案例以江苏省连云港市海头镇的网络直播经济发展历程为基础,通过构建"互联网+环境下基层多元协同治理框架",分析探讨乡村振兴背景下网络直播经济的机遇与挑战,使 MPA 学员更好地理解公共管理理论对于基层政府治理的重要性及其价值,掌握理论联系实际的问题分析及解决能力。

乡村振兴战略是近年来党和国家提出的一项重要议题,而基层政府治理作为我国国家社会治理的重要组成部分,治理水平的高低直接关系着我国乡村振兴战略能否有效实施。

海头镇政府积极响应落实国家发布的"互联网+"、乡村振兴发展战略发展网络直播经济,推动当地经济快速发展的同时也产生了行业不规范、发展不均衡、网络环境不可控、长效发展机制不明晰等一系列新问题。如何深化乡村振兴战略,实现乡村可持续发展成为当地政府亟须考虑的工作。

一、事件相关背景

自我国"互联网+"、乡村振兴系列政策发布以来,互联网与各种传统行业深度碰撞融合,发展出多元的技术和业务形态。在地方政府治理过程中,线上线下一体化的发展模式已经成为流行趋势,以网络为依托的移动终端为乡村振兴与创新创业提供了一个更加平等、便捷、多元的平台。网络直播经济便是在这样一个大背景下遍地开花式的迅速发展。截至 2019 年 6 月,我国网络直播用户规模达 4.33 亿,较 2018 年年底增长 3646 万,占网民整体的 50.7%。其中,真人秀直播、体育直播的用户规模分别为 2.05 亿、1.94 亿,分别占网民整体的 24.0%、22.7%,较 2018 年年底分别增加 4.3、1.5 个百分点;游戏直播、演唱会直播的用户规模分别为 2.43 亿、1.16 亿,分别占网民整体的 28.4%、13.6%,较 2018 年年底基本持平。与传统媒体相比,通过网络直播进行线上销售具有生产成本低、技术门槛低、传播速度快、变现速度快、社交能力强等众多传播优势。对于广大网民而言,网络直播平台不仅让他们自由展示自我,更激发了他们自由表达的欲望。

一场新冠肺炎疫情让"宅"成为绝大多数人的生活常态,依赖线下客源的企业和商家遭受巨大冲击,网络直播经济加速向我们走来。各行各业的工作人员包括导购、企业高管、健身教练、银行柜员甚至市长、县长等，纷纷变身主播登上屏幕，成为经济社会发展中的一道新风景。然而一场成功的直播卖货并非易事，需要多方合作才能完成。为了帮助线下商家更好地"云开市"，各大电商及短视频平台纷纷抛出橄榄枝。早在2020年2月10日，淘宝直播就宣布全国所有线下商户均可以零门槛入驻，并免费使用运营工具。数据表明每天到淘宝大学学习直播运营的新主播超过1万人。抖音、快手等平台也推出优惠举措，免费为所有线下企业及商家开设线上直播及销售服务，拉动各行业的直播电商业务。各大物流公司逐渐恢复运转，为"线上直播，线下物流配送"这一电商新业态提供了保障。

与此同时，网络直播经济也需加以管控。2020年1月，中国消费者协会发布的2019年十大消费维权舆情热点中，以"直播经济"为代表的消费新场景带来的维权挑战引人关注。一些商家或主播涉嫌夸大宣传推销，"名品"变赝品，"好货"变"水货"，误导了不少消费者。各大平台需重点完善内容审核及诚信评价机制，约束商家的行为；监管和执法部门应严格打击虚假宣传行为，提高欺诈成本，维护消费者合法权益；对商家和主播来说，诚信经营才能真正抓住网络直播经济的风口和红利，实现自身长久发展。从长远来看，随着5G、虚拟现实等新技术的不断成熟与发展，未来直播经济的价值有望进一步凸显。而疫情期间不少传统行业试水直播，不仅是防疫的权宜之计，更是朝着线上发展趋势迈进的重要步伐。在新的挑战下，各产业需积极拥抱变化，在实践中培育出符合产业发展的直播路径。

二、事件始末

（一）名不见经传的海边渔乡缘何声名鹊起？

海头镇是位于江苏省连云港市赣榆区的一个海边小镇，它有着东临黄海的地理优势，多条国道、省道、铁路都通过此地，交通便利。更重要的是，它拥有着长达约11.6公里丰富的海岸线，海头港连接着四海，海路运输也很便利。因此海产品的捕捞和销售是海头镇GDP总额的重要组成部分。在捕渔期，渔民便各自外出捕捞各式各样的海鲜，然后到海鲜市场上进行售卖。和其他的捕渔小镇一样，从前的海头镇村民满足于这种传统的销售模式，常年有货车从当地著名的苏鲁海鲜市场把海产品运往全国各地。海头镇虽然没有特别富裕，但也能自给自足，是一个名不见经传的海边渔乡。

随着互联网与各种传统行业深度碰撞融合，手机正成为农民手里的"新农具"，为农民创业致富提供了一个更加便捷、多元的平台。2015年，海头镇出现了第一批直播卖货自主创业的领头人。随着他们的成功，越来越多的渔民投身直播创业浪潮，年销量翻了十几倍甚至几十倍的渔民比比皆是。现在，海头镇有着大大小小两百余名主播，手机成为海头镇渔民手里不可或缺的"新渔具"。传统渔民开辟了销售海鲜的新渠道，他们做火了海鲜直播销售，将越来越多的海鲜产品售往全国各地。据统计，2018年，某直播平台播放量top10乡镇中，江苏连云港市赣榆区海头镇，点击量达165亿次，排名全国第一。海鲜直播让这个曾经默默无闻的海边渔乡的命运有了翻天覆地的变化。"直播网红镇"的名号频频攻占热搜榜单，2018年的快手视频点击量荣居榜首，且远远甩出榜单第二名近60亿次。2019年海头镇经营电商的商户超3000家，其中，年销售额突破千万元的商户高达22家，电商及相关产业的从业者超4000人，年交易额轻松突破18亿元。现在，忙碌的海头镇俨然成为全国乡镇的致富榜样。

（二）"一枝独秀"到"百花齐放"

鲁迅先生说："第一个吃螃蟹的人是很令人佩服的，不是真勇士，谁敢去吃它呢？"张延喜是海头镇前村一名普通的渔民，海上的日子总是枯燥乏味，为了打发自己的时间，他便利用在船上的空闲时刻记录海上见闻，还拍了一些图片和短视频，在一次偶然的契机下他发现了另一条销售海鲜的渠道——网络，用直播海鲜现做现吃的方法去吸引粉丝的关注然后在网上售卖。很快张延喜便陆续在快手、火山、微商等平台开通了账号，开启了他的创业之路。知易行难，刚开始的时候，所有的电销事务都是张延喜一个人在打理，由于技术的生疏和网店经营经验的匮乏，在那段日子里他工作得非常辛苦，常常是白天寄发快递，晚上进行直播和更新产品。但是不论多苦多累，张延喜都咬牙坚持，经过近一年的苦心经营，他的网店逐步走上正轨，成就了如今的网络海鲜知名品牌——"三子海鲜"。

"三子"火了，直播卖海鲜为人们打开了新天地，海头镇的许多村民也争先恐后地成了第一拨"赶潮人"。由于海鲜直播经济需要做一些像是打包发快递这类简单烦琐的工作，为当地村民提供了大量的就业机会，在直播卖货风靡之前，海头镇只有3名快递员，现在快递网点就增加了好几个，而且每个网点至少有快递员十几名，每天能发出快递几十万件。京东、顺丰等快递设置了海鲜市场揽收专点，并有专门的冷链物流区，以保证生鲜产品的及时发出。

另外，当地"网红"也会经常帮本土企业做宣传。连云港恺骐食品有限公司是一家于2017年5月应运而生的位于海头镇后海村的企业。它专注于售卖海鲜加工干制品和速冻海鲜熟制品，并且集海苔生产、加工为一体。它在快手上拥有自己的账号，粉丝近万人。著名主播"彩云海鲜"就曾通过快手直播，一下子帮恺骐食品公司卖出了一千多单海苔，还招揽了不少回头客，推广了公司的知名度。据恺骐食品有限公司总经理仲崇庆介绍，全县海鲜食品企业从2017年的十几家到现在的近百家，"网红"带货的功劳不容小觑。可以说现在的海头镇是一个全民从事海鲜直播的"网红小镇"。

（三）基层政府推动乡村振兴

海头镇"直播事业"的蓬勃发展离不开政府的鼎力相助。为响应国家"互联网+"、乡村振兴发展战略的号召，一直以来重视农业发展的海头镇政府组织群众积极响应"海鲜脱贫"政策。同时，海头镇政府大力发展电商经济，推进海头镇农业经济的产业结构优化转型，致力于培育中国海鲜电商第一镇。根据赣榆区政府电商办工作人员回忆，2019年10月份的时候，他们召开了关于中国农村电商的主题论坛。论坛邀请了北大光华管理学院的副院长朱利安教授，为村民们上了一课。电商作为扶贫的重要手段之一，很适合村民去做。电商对办公环境要求很低，只要有网有电脑有手机就行，而原产地直接供货是最好的一种方式，而这正是海头镇的供货优势。除了举办主题论坛外，海头镇政府还通过行业协会、群众座谈会等方式加强村民之间的相互沟通与学习，大家齐心协力把当地的海鲜电商市场做大做强做远。

电商大发展，产业创品牌。海头镇政府谨遵赣榆区政府"电商大发展、产业创品牌"的战略规划，积极推进"一园十企千户"部署，扩大规模、聚集资源、紧抓优势，以全力打造江苏省首家线上线下紧密融合、产业结构优化完善的海鲜电商产业园。现在政府的重点是致力于升级改造一期产业园，提升硬件设备，对电商服务中心进行改造，重新装修了"网红工作室"、电商展示厅、冷链服务区等。同时，政府正火热展开二期产业园的建设工作，依据创建电商一体化的产业园规划设计，积极落实流程、推进进度，争取早日完工，以便投入使用。

聚焦成功人士，号召创业浪潮。海头镇政府推行优惠政策，聚焦创业成功人士，掀起全民创业浪潮。政府着力打造创业平台，省级科技创业孵化中心的服务内容不断深入强化。2019年，政府提供专业培训、交流论坛百余次，帮助创业青年快速上手，规范电商商户操作手段。政府还积极搭建服务后台，成立电商协会，扩大电商队伍，让成员间互帮互助，同时设立行业准则，杜绝不良竞争，保证海头镇的电商经济快速而又健康发展。政府还给村民准备了充分的舞台以展示自身才华，例如举办了"网红才艺大赛""海鲜电商户评选"等活动，鼓励大家踊跃参与，也借此机会帮海头镇海产品提高知名度和辨识度。

推进品牌建设，促进电商转型。海头镇政府推进电商的品牌建设进度，针对海头镇海鲜特点开展商标设计，统一标识，规范包装。政府以"鲜美海头"的品牌口号宣传海头镇海鲜，帮助海头镇电商经济和谐统一发展。同时，政府引进"海腾鲜"电商团队,邀请快手运营团队进行视频拍摄和直播的相关技能培训,培养一批高质量"网红"队伍,推动海头镇从传统线下销售模式向电商化转型。

(四) 发展瓶颈凸显和天降重创

巴尔扎克说过,第一个把少女比作鲜花的人是天才,第二个把少女比作鲜花的人是庸才,第三个把少女比作鲜花的人是蠢材。当所有人都在效仿同一个成功模式之后,尤其在直播行业内,带来的不会再是成功而是观众的审美疲劳。现在我们拿起手机随手一搜索关键字"海鲜直播",可以看到基本相似的场景:手机画面里一位主播,一张桌子,桌上摆着一大盆海鲜。用心一些的主播可能会把身后背景布置得更精致有趣吸引人一些,还有一些主播选择把场地选在室外甚至野外等让人意想不到的地方。如此选择的原因就是让自己的网络直播间更加吸引粉丝,毕竟随着主播数量的大量增加,主播间对粉丝市场的竞争愈加激烈。更有甚者,有的主播为了出奇制胜,想出了一些不走寻常路的法子,比如向粉丝们展示还在扭动的活章鱼然后将其生吃,比如将活虾活蟹泡在酒里并生吃,名为品尝醉虾醉蟹,比如在完全达不到基本卫生要求的野外烹饪,还有主播让自家孩子现身直播间品尝海鲜并向屏幕前的粉丝请求双击点赞加关注。不少理性粉丝由于这样那样的辣眼睛行为选择"脱粉"。网络直播经济的发展瓶颈日益显著。

2020年春节新冠肺炎疫情全面爆发,对全国各行各业的影响极大,海头镇海鲜直播经济也不可避免地受到巨大冲击。通过海头镇镇长我们了解到在疫情暴发初期,赣榆最大的国际海鲜批发市场——苏鲁海产品综合批发市场已及时关闭,其他农产品市场也被通知歇业,以最大限度减少人员聚集和流动。当地直播行业无法正常进行,各基层村组要求大家减少和尽量不出门,实地直播暂停。可以说这场疫情使得赣榆区多镇的海鲜产业经济处于停滞状态,包括线上和线下,这对像海头镇这样的海鲜小镇来说绝对是一场重创。目前赣榆区各地已开始逐级逐步复工复产,这是一个好消息。大家都希望复工复产的目标不仅仅定在恢复到从前的水平,而是要实现食品安全卫生、物流运输、生产结构、道路交通、经营服务等诸多方面的升级,整体更上一层楼。

三、基层政府治理困境

本案例中,江苏省连云港市海头镇从默默无闻的小渔村成长为视频点击量全国第一的"网红"渔乡,历时3年。直播带货迅速提升了当地的经济水平,但如何实现乡村振兴,如何开拓出一条具有当地特色的乡村经济、社会、文化和环境良性互动的长效发展机制使基层政府陷入思考。对赣榆区以海头镇为典型的这些"直播村"来说，未来一方面面临的是疫情过后的恢复休整，要想再现往日辉煌还需要各基层政府和村民们的共同努力，在保障健康安全的大前提下开始复工复产；另一方面是转型升级问题，此次疫情的考验让广大人民群众愈加重视食品安全，对海鲜市场无疑也提出了更高的要求，能否在危机中找到先机，通过自身升级调整赢得市场信任是"直播村"们需要思考的大题。在做好食品安全保障的基础上，目前这种以产、销为主的产业链能否继续深化，发展出可赏可娱的旅游一条龙服务，也决定着这些村镇的发展高度。如果"直播村"能够转型升级成不仅仅活在镜头前还能切实触碰欣赏的有特色的旅游村镇，对当地的第三产业将会产生巨大的带动作用，对总体经济的辐射影响不可限量。这种前景的实现离不开基层政府积极探索多元共治治理和城乡综合长远规划，涉及当地基础设施建设、生态环境治理、文化意识培养、科学知识教育、企业培育和市场整治等多方面内容。

（一）治理困境之一：乡村治理主体单一，政府治理理念未转变

目前，海头镇治理的主体仍然是政府，传统的自上而下管理模式仍然存在，单一由政府控制的情况越来越不适应当地发展的需要。首先，政府各部门之间未能实现有效的跨部门合作，存在协调性不强、凝聚力低等特点。同时，企业、村民及社会组织等非政府主体力量薄弱，政府未能建成共谋发展的网络结构关系，即未搭建有效的制度性合作平台和协商沟通机制，未动员这些力量参与当地治理。由于互联网发展速度快，网络直播卖货产品可替代性强的特点，海头镇政府若想要寻求经济可持续发展，必须转变治理理念，以整体性治理理论为指导，构建由政府主导、多元主体协同治理的体制。

（二）治理困境之二：乡村治理法律法规不健全，监管工作不到位

海头镇为了实现乡村振兴，贯彻执行《中华人民共和国网络安全法》《网络表演经营活动管理办法》《互联网直播服务管理规定》等网络直播法律法规，以及《中华人民共和国海洋环境保护法》《防治海洋工程建设项目污染损害海洋环境管理条例》《江苏省海域使用管理条例》等海洋法律法规，但仍存在治理主体的界定、责任不明确，落实方案及监督监管机制不完善等缺点。在生态环境保护方面，海产品面临过度捕捞等问题，资源环境变为商品，会导致环境透支，造成不可逆转的伤害。在食品安全方面，由于当地海鲜产量供不应求，需大量从山东、大连、浙江、天津及国外进口，如果放松监管，不排除一些企业或个人为了追逐利益而对社会、对当地海鲜品牌保护

造成危害。法制建设不健全为生态环境保护、食品安全保障等提供了法外之地，易造成恶性循环。

（三）治理困境之三：社会力量总体参与治理积极性不高

政府治理经验不足，现有的治理理念落后于快速增长的经济速度。近年来，我国一直着力建设服务型政府，强调"从群众中来，到群众中去"。海头镇现在的治理主体仍是当地政府，且行政能力较弱，公信力不强，多元共建长效机制尚未建成。由于直播卖货存在随机性、分散性的特点，不好管理、难以有效收集到村民诉求等难题相继出现，政府和村民、企业之间及与其他社会组织之间联系不强，沟通渠道不畅通，存在信息不对称现象，进一步造成非政府组织和居民参与治理的积极性不高，未能实现与多方合作共同治理，共谋长效发展。想要走可持续发展道路，个人、社区、企业和政府等主体均需要参与其中，仅靠一方努力难以获得长效发展。非政府组织是海头镇发展至关重要的主体，但目前海头镇大部分居民参与当地治理的意愿不高，直播卖货在村民看来是个人行为，只求自家发展且只追求经济发展，部分村民口袋富了但思想未富，对品牌建设等可持续发展措施不重视，精神文明建设水平较低导致海头镇社会力量总体参与治理积极性不高。

（四）治理困境之四：海头镇商业模式简单化

海头镇除了基础农业经济、轻工业外，以海洋经济发展为主，但海洋经济的风险性不可忽略。远洋捕捞、批发贩运、深度加工等，一旦某一环节发生意外，当地经济将受到巨大影响。网络卖货开始之初是村民个人的行为，这种自发产生的经济运营模式获得成功并不断壮大，这是当地政府没有预料到的，体现出政府对新兴事物不敏感的问题。随着直播卖货的成果和乡村振兴战略的深入推进，对海头镇政府提出了更高的要求。现存基础设施建设滞后于当地发展需要、打包用地难、产业结构单一、对当地品牌建设缺失、商业模式简单化等问题慢慢显露出来。想要实现可持续发展，产业结构转型升级，海头镇需合理规划出一条产、销、赏、娱一体化的旅游经济发展道路。

（五）治理困境之五：危机管理体系不健全

新冠肺炎疫情来势汹汹，对我国经济社会的不利影响也在逐步扩大。海头镇经济发展遭遇重创，经济活动受到疫情的限制而被迫收缩，经济增速迅速下滑。面对重大疫情，政府没有完备的措施应对危机。新冠肺炎疫情具有突发性、不确定性、破坏性强等特点，暴露出当地政府监测预警机制不完善，工作人员对预警流程、预警的重要性等存在偏差且公共部门之间通力合作弱、办事效率低、缺乏专业的应急队伍等问题。目前，整个疫情尚未结束，海头镇政府的反应速度、应对能力以及后续复工计划极大地影响着村镇疫情期间和后续经济发展状况，基层政府的危机管理体系在此次突发事件中受到重大考验。

四、尾声

党的十九大提出实施乡村振兴战略，是以习近平同志为核心的党中央着眼党和国家事业全局，深刻把握现代化建设规律和城乡关系变化特征，顺应亿万农民对美好生活的向往，对"三农"工作作出的重大决策部署，是决胜全面建成小康社会、全面建设社会主义现代化国家的重大历史任务。互联网发展日新月异，开放、自由、平等的特点决定了依托电商发展经济的道路是具有巨大机遇和挑战的。如今海头镇直播卖货已小有成就，如何构建互联网环境下乡村发展的长效机制，探索出一套基于多元主体、多层次化的治理方法与技术互动共联的治理模式是我们当下最值得思考的问题。未来的"网红直播村"将何去何从？未来的"海鲜直播经济"又将何去何从？

附录：

1. 海头镇基层政府简介

海头镇是江苏省重点镇，位于江苏省连云港市赣榆区境内东北部，海州湾西岸。全镇行政区域84平方公里，耕地面积2944公顷，辖29个行政村，246个村民小组，8.2万人口，总户数2.49万户。

近年来连云港赣榆区海头镇政府致力于围绕"生态化工业、工厂化农业、海景化城镇、人文化城乡"这一总体定位，紧扣"做强百亿酒精产业，做大两个现代农业圈，做实五个中心社区，做靓三张特色名片"的发展思路，全力实现"建设全省领先、国内一流的生物科技基地、商贸物流中心、现代农业龙头、城市海景花园"的发展目标。

连云港市赣榆区农业农村局，是连云港市赣榆区人民政府工作部门。区农业农村局贯彻落实中央关于"三农"工作的方针政策和省市区委的决策部署，在履行职责过程中坚持和加强党对"三农"工作的集中统一领导。近年来，连云港市赣榆区农业农村局致力于实施乡村振兴战略，深化农业供给侧结构性改革，提升农业发展质量，扎实推进美丽乡村建设，推动农业全面升级、农村全面进步、农民全面发展，加快实现农业农村现代化。同时，加强农产品质量安全和相关农业生产资料、农业投入品的监督管理，坚持最严谨的标准、最严格的监管、最严厉的处罚、最严肃的问责，严防、严管、严控质量安全风险。该局加强对行业内交叉重复及性质相同、用途相近的农业投资项目的统筹整合，进一步加强对农业投资项目的监管，切实提升国家支农政策效果和资金使用效益。

2. 海头镇主要人物简介

张延喜：快手"吃螃蟹"第一人。海头镇海前村人，祖辈都是渔民。在如今的大小网红心中，他有着"海头第一人"的称号。2015年2月，常年出海的他因为把随手拍的渔民生活传到网上开始受到关注。创立的"三子海鲜"成为网络上知名的海鲜品牌。至2018年，"三子海鲜"已有粉丝50万人，通过网络年销售额达1200万元，利润200万元，从刚开始的一个人发展到现有员工10人。

仲崇庆：现任海头镇电商协会会长，恺骐食品有限公司总经理。

案例使用说明

一、教学目的与用途

1. 适用对象。本案例主要适用于中央财经大学公共管理硕士（MPA）的课堂教学讨论。

2. 教学目的：一是让学员了解海鲜直播经济的产生及发展历程；二是通过对乡村振兴背景下基层政府面临的治理困境及原因分析，探讨当前基层政府如何跟进技术与社会的发展，及时有效地改善治理方式，提升治理水平，以实现乡村经济、社会、文化和环境的良性互动及长效发展。

二、讨论问题

1. 你对海鲜直播这一网络经济运行模式的态度是支持、部分支持，还是反对？为什么？

2. 你认为在本案例中基层政府治理有哪些好的做法和存在哪些突出的问题？原因是什么？

3. 如果你是海头镇政府领导班子的一员，对于未来构建海头镇经济长效发展机制有什么建议？

三、分析思路

本案例涉及乡村振兴和基层政府治理这两大重要的课题。从"互联网+"视角出发，通过整体性治理理论、多元协同治理理论等理论研究，重新审视基层政府面临的治理困境，针对实地调研收集的现实问题，对基层政府如何跟进技术与社会的发展，及时有效地改善治理方式，提升治理水平提出可行建议。学员通过案例材料的阅读理解，对该事件会有自己的判断和分析思路，教师在讨论过程中，不必强加此分析思路，但是可以进行适当的逻辑引导。

四、理论依据与分析

本案例分析中主要涉及的理论是公共管理理论中的整体性治理理论、多元协同治理理论和4R危机管理理论。理论分析部分可对这三大理论的基本内涵进行阐述，并对其如何应用到本案例分析中进行讨论。通过"互联网+环境下基层多元协同治理框架"的构建，对于基层政府在当前治理过程中存在的问题提出可行性的建议。

五、关键要点

1. 网络直播经济未来的发展趋势是什么？
2. 基层政府在当前治理过程中存在的主要问题是什么，以及针对这些问题如何采取行之有效的应对措施？（可通过整体性治理理论、多元协同治理理论、4R危机管理理论以及其他管理学理论展开论述）
3. 推进乡村振兴战略实施、提高基层政府治理水平的关键点是什么？

六、课堂教学计划

1. 课前把案例材料发给学员，要求学员用30分钟左右的时间认真阅读，并思考相关问题。
2. 课堂教学计划分为三个步骤：

第一步：全班集中，案例导入。在学员上课前通读案例的基础上，利用5—8分钟时间，请2—3位学员在案例讨论前用几句话高度概括案例的主要内容，目的是帮助学员迅速集中注意力,进入讨论状态。

第二步:分组研讨,案例展开。根据对案例的阅读和理解,按照支持、反对、部分支持部分反对3种意见对学员进行分组。3组学员汇集后,选出1名成员作为小组负责人及发言代表,利用15分钟左右的时间组织分组研讨,汇总组内成员的观点。研讨时,可以参考以下几个问题来总结各组的讨论意见。

(1)你认为网络直播经济未来的发展趋势是怎样?原因有哪些?

(2)本案例中基层政府治理主要存在哪些问题?原因是什么?

(3)结合管理学的相关知识理论,针对这些问题提出自己的改善意见。

(4)如果你是海头镇政府领导班子的一员,对于未来推动乡村振兴战略实施、构建海头镇基层治理长效发展机制有什么建议?

第三步:公开辩论,案例分析。在3组集体研讨结束之后,进入第三步,以公开辩论的方式进行案例分析。每组的发言人首先上台向全班报告本组的主要研讨观点,每组时间控制在8分钟。如果发言人未用完规定的时间,其所在组的其他成员还可以对发言人的观点进行补充。各组发言结束后,学员可以自由发言,就其所支持的一方进行观点交锋和辩论,时间为20分钟。最后,由教师进行10分钟左右的小结和点评。总结案例研讨的主要特点、主要观点以及有待进一步关注和研究的问题,提示分析问题的不同角度和方法。

案例 7

临沂市党建引领的基层新活力[1]

---

[1] 本案例由中央财经大学政府管理学院于鹏教授和中央财经大学政府管理学院硕士研究生葛晓琳撰写。

 **案例正文**

本案例描述了山东省临沂市的基层党建之路，示范引领促全面扎实推进基层组织建设的新活力。加强基层党建工作是夯实党的领导的强基固本之策，也是国家治理能力和治理体系现代化的题中应有之义，更是实现民族复兴的活力来源。通过加大城市社区组建力度、开展党建引领沂蒙红色物业发展工作、做优做实"双报到"机制、抓乡促村推动党建整体提升等举措，努力实现基层党建工作的科学化、规范化和制度化，并且取得了新成效。临沂市基层党建引领基层治理的体制机制，激发了基层的活力。

党中央高度重视基层的党建工作，习近平总书记在2018年7月举行的全国组织工作会议上强调指出："我们树立大抓基层鲜明导向，持续整顿软弱涣散基层党组织，推动基层党组织全面进步、全面过硬。""要加强企业、农村、机关、事业单位、社区等各领域党建工作，推动基层党组织全面进步、全面过硬。"[①] 总书记两次用"全面进步、全面过硬"强调基层党建工作，可见基层党建工作对于激发基层组织建设活力、推动基层党组织展现新作为的重要作用。治国安邦重在基层，管党治党重在基础。

临沂是革命老区、红色热土，革命战争年代诞生的沂蒙精神，是党和国家的宝贵精神财富。市直机关工委在市委的正确领导下，大力发扬沂蒙精神，激活广大党员血脉中的红色基因，把精神的力量变成"担当作为、狠抓落实"的行动，强化系统联动，推动全市机关党建工作高质量发展，创造出了一批好经验、好做法、好成果，部分案例成为全省乃至全国机关党建的亮点，为大美新临沂实现"走在前列"凝聚起磅礴力量。全市机关党建工作缘何能走在前列？如何开展创新性党建活动？怎样开展才能引领基层治理？

一、临沂市的基层党建工作综述

（一）齐抓共管：从"独角戏"到"大合唱"

临沂市委高度重视机关党建工作，2016年明确提出机关党建"要全面创新、全面

---

① 习近平. 在全国组织工作会议上的讲话[J]. 当代党员, 2018 (9): 4–11.

加强，走在全省、全国前列，走出具有沂蒙特色的机关党建工作新路子"。此后的3年间，市委主要领导对机关党建工作批示22次。市委的全力支持，推动形成了大抓机关党建的浓厚氛围。

2016年，市委出台《关于加强和改进市直机关党建工作的意见》，解决了机关党建抓什么、怎么抓、谁来抓、如何考核奖惩等问题，着力理顺长期制约党建工作的体制不顺问题，特别明确了市直机关工委对县区机关工委的指导关系，全市机关党建工作形成了上下左右"一盘棋"，解决了长期困扰机关党建工作的管理体制不顺的问题，在机关党务干部配备、责任制考核等方面也都实现了突破。成立了由市委副书记任组长的市直机关党建工作领导小组。

2018年，市委特别将机关党建列为市委书记抓基层党建突破项目，以开展"机关党建系统推进年"活动为抓手，构建起市县区组织部门牵头、机关工委主抓、部门单位具体落实的系统党建工作格局。

随之，一场史无前例的全市机关党建工作现场交流推进会召开。说它史无前例，是因为规格最高、规模最大——市委书记全程参加观摩并讲话，全市县区委书记、组织部长、机关工委书记和市直部门党组（党委）书记全部参加，再次凸显了狠抓机关党建工作的坚定决心。各县区和市直部门按照市委要求，普遍成立机关党建工作领导小组、理顺机关党建体制、配强机关党建工作力量，形成了市委高度重视、部门主动落实、市县整体联动的运行机制，营造了重视党建、大抓党建的浓厚氛围。

（二）夯实基础：从"灯下黑"到"百花齐放"

党支部是党的全部工作和战斗力的基础。事实上，几年前，机关党支部存在虚化、弱化、边缘化等问题，直接导致机关党建"灯下黑"现象突出，严重影响了基层党组织战斗堡垒作用的发挥。

破解"灯下黑"，加强支部建设是着力点。两份文件——《关于加强市直机关党支部标准化建设的意见》和二是制定《临沂市机关党支部运行规范（试行）》，全面明确了机关支部建设的"临沂标准"。文件对组织生活、党日活动、品牌建设等7个方面的基本要求、基本程序和具体工作流程提出了82条要求。省委组织部转发全省。为推动支部标准化建设深入开展，组织召开全市机关党支部标准化建设现场推进会，推广了5个单位的典型经验，观摩了原市公路局党建工作现场，充分发挥了典型的示范带动作用。在加强日常督导、定期进行调度的基础上，上年借鉴巡察的办法，集中利用2个月时间，分两批对市直125个部门支部标准化建设情况进行全覆盖督查。对发现的1360多个问题盯住不放，逐个单位建立问题清单，结合年底现场考核开展"回头看",着力抓好问题整改,推动市直机关支部标准化建设水平全面提升。

支部标准化建设,解决了"不会干"的问题;支部工作法的创建,则解决了支部建设"无特色"问题。自2016年7月以来,组织开展了机关"优秀支部工作法"创建活动,提出用3年时间,实现市直部门绝大多数基层支部都有"特色工作法"的目标。

支部工作好不好,关键看支部书记强不强。针对一些部门支部书记认为支部工作虚、业务工作忙、党建压力大而不愿干问题,从2017年开始创新开展党支部书记向所在支部全体党员和上级机关党组织分别述职并接受评议的"双向述职评议"考核,对市直部门"双向述职评议"结果排名第一和倒数第一的支部由市直机关工委建立台账,作为评选先进党支部和整治后进党支部的依据,强化了支部书记的角色意识和责任意识。

在此基础上,市直机关工委会同市委组织部下发《关于加强全市机关党支部书记队伍建设的意见》,进一步明确党支部书记人选条件、考核办法和考核结果运用,提出对兼任党支部书记年度考核优秀的中层正职,优先提拔使用,着力增强支部书记岗位吸引力。对全市加强支部建设的做法,今年中央和国家机关工委机关刊物《旗帜》创刊号予以刊发。

(三)激发动力:从"不愿干"到"担当奉献"

思想有方向,工作有动力。针对一些党员先进性平时"看不出来"的问题,大力实施固本工程、先锋工程,使之成为激发党员模范带头作用、强化党员主动担当意识的重要抓手。

严格组织生活,强化党性观念。2016年10月,结合对省委巡视组反馈"'三会一课'制度坚持不够,领导干部参加双重组织生活制度落实不力"问题的整改,下发《关于严格市直机关党内组织生活制度的意见》,对党支部"三会一课"、组织生活会、主题党日等从时间、内容、程序等方面都提出了明确要求;总结推广10种"主题党日"模式,引导基层党支部把理论学习、党性锻炼与业务能力提升紧密结合,增强吸引力和实效性;实行市直部门党员领导干部参加组织生活情况报备制度,每年汇总通报,纳入对市直部门党建考核的内容,形成严肃认真开展组织生活的新常态。严肃认真的组织生活、形式多样的"主题党日"活动,从根本上增强了党员的党性观念和先锋意识。

定期开展党性体检,画"三张像"。从2016年起,着眼解决党员教育管理方面存在的先锋形象难彰显、民主评议无依据、党内监督缺抓手等问题,每年组织开展一次

"党员画像"活动,以支部为单位组织党员画好优秀党员、不合格党员和自己形象"三张像",引导广大党员深入检查自己、科学评价自己、不断改进自己,形成了党员"党性体检"的长效机制。

这一做法,被中组部《组工信息》刊发,被评为第四届"全国基层党建创新优秀案例"和"党建创新成果展示百优案例"。《唤醒党性、激活初心——临沂创新开展"党员画像"主题实践活动》专题片,被中国干部网络学院浦东分院列入基层党建网络学习案例。

实行积分管理,激励党员奉献担当。先后组织开展了"寻闪光足迹、讲奉献故事"层层宣讲和学习丁薛祥同志《新时代大力弘扬共产党人的奉献精神》"主题党日"等活动,在全市机关营造了"奉献幸福、担当光荣"的浓厚氛围。将党员自觉履行义务、立足岗位奉献等情况,以看得见、能衡量的硬指标来约束和评价。对市直机关积分排名靠前党员进行通报表扬;将积分结果按照20%的比例计入本人年度考核成绩,形成了激励奉献的长效机制,解决了"党员干与不干、干多干少、干好干不好一个样"的问题。

(四)深度融合:从"两张皮"到"同频共振"

服务全市中心工作,是机关党建工作的核心任务,也是衡量机关党建工作成效的根本标准。然而,机关党建与业务"两张皮"问题是长期存在的老大难问题。

"'两张皮'是机关党建的顽疾。临沂市在解决'两张皮'问题上做得真、做得实、效果好。"2017年10月,时任《紫光阁》杂志社副社长李兴辉到临沂调研机关党建工作时如是说。又好又实地解决"两张皮"问题的背后,是市直机关工委出实招、出妙招、出绝招,推动党建与业务融合发展的生动写照。

推广典型带动。2017年3月,市直机关工委用心挖掘、总结、推广党建与业务深度融合发展的"临沂经验、费县模式"。这一模式指的是,费县卫计局实施的"全员亮诺兑诺、全员履职纪实、全员量化考核"管理制度,有效实现了以党建为引领,推动业务高质量发展,成为全省机关党建工作的一大亮点。截至目前,全国、全省各地来临沂、费县参观学习已经突破了5万人次。

创新活动载体。开展"富民兴临我有责、我为发展解难题"主题实践活动,引导党员增强"临沂发展我发展、我与临沂共荣辱"的使命感和责任感,立足岗位做奉献,奋勇争先创一流,在推进全市重点工作和部门中心工作中出主意、解难题、办实事,建功立业有作为。

活动开展以来,市直33929名党员干部共查摆问题102299条,解决难题和办成实事 102341 件，成为推动党建工作统领发展、引领发展、促进发展的有效载体。而今，党建与业务融合发展进入了"深水期"，需要解决的都是"硬骨头"。系列富有成效的举措，让机关各基层党组织和党员"聚是一团火、散是满天星"，在各项工作中切实发挥好表率、示范和引领、带动作用。

二、临沂市城乡基层党建的具体实践

2019 年，在临沂市市委、市政府的坚强领导和市直部门单位的大力支持下，临沂市认真贯彻落实中央和省市委决策部署，以党建为统领扎实推进落实"1358"工作举措，认真落实全面从严治党责任，努力实现基层党建工作的科学化、规范化和制度化，基层党组织服务改革、服务发展、服务民生、服务群众、服务党员的能力和水平得到进一步提高，党的建设各项工作取得了新成效。

（一）城市基层的做法

临沂市以"强弱项、补短板"为目标，整合资源力量，加快新兴领域党建突破，推动基层党建工作全面过硬。首先在城市基层，一是直面基层社区难题，加大新建城市社区组建力度。围绕商住小区组织建设不规范、区域内党建条块分割难题，牵头成立由组织、民政、住建等部门负责同志组成的新建城市社区工作推进专班，深入摸底各商住小区居民、党员、党组织书记人选等情况，及时协调解决工作服务用房、资金扶持等问题，新建城市社区 10 个。同时，加快"两委"班子配备，发挥社区党组织核心作用，全面推进建立社区党组织领导下的居委会、业委会、物业服务企业"四位一体"工作机制。二是扎实开展党建引领沂蒙红色物业发展工作。围绕物业管理不到位、服务质量不高等问题，按照"条块结合"原则，发挥物业行业党总支的行业管理作用，加快党组织覆盖，其中建立单独支部 5 家，积极打造红色物业。三是做优做实"双报到"机制。党员双报到指的是党员到所在社区和居住地区报到。党员双报到要求市县机关、企事业单位党组织工作人员到所在地社区报到，实行共同建设社区；在职党员到居住地社区报到，组织开展志愿服务。双报到要求在职党员在工作以外的时间发挥作用，对社区管理负责任，直接服务社区和群众。围绕区域党组织共驻共建意识不强、参与社区党建工作热情和积极性不高的问题，牵头成立"双报到"工作办公室，建立活动清单，构建党建共建工作新格局。四是推动区直机关"1+7"帮服行动向纵深发展。围绕机关党建"灯下黑"、党的工作与中心大局"两张皮"难题，以党建为统领推进区直机关"1+7"帮服行动，将解决审批难、创业难、提升难、融资难、用工难、政策落地难、薄弱村居增收难等"七难"问题作为着力点，建立诉求集中分析研判、帮服对象评价、月通报、抽查、约谈等5个推进机制。

以上工作最终取得了良好的工作成效，城市基层社区党建管理的相关经验做法被《领导科学报》《山东组工信息》刊发，承接了全市园区党建暨全面推行党代表任期制工作研讨班现场观摩。各个单位到社区开展主题党日学习活动286场次、讲专题党课98场；建立项目清单，研究确定并公示共驻共建项目161个，新建社区文体广场13个，新建图书站、阅览室等功能室18个，共驻共建格局基本形成；建立治理清单，列出物业服务、综治管理等治理任务67项，帮助社区解决问题417个；建立服务清单，组建健康义诊、法律咨询等服务队，为群众法律法规咨询、身体常规检查1600余人次，走访慰问困难下岗失业人员、贫困学生残疾人260余人次。在推动区直机关"1+7"帮服行动中，区直机关各帮服单位共为企业村居解决实际问题143条，用党员干部的辛苦指数换来了群众的幸福指数和企业、村居的发展指数。

（二）农村基层的做法

在农村基层，抓乡促村推动党建整体提升。一是大力实施"双60"提升工程。年初倒排60个后进村和60个经济薄弱村纳入转化提升范畴，制定出台"双60"提升工程实施方案，在此基础上筛选排查20个软弱涣散村纳入省市备案，进行集中攻坚。在后进村整顿方面，区里组织开展为期3天的重点村村干部专题培训班，组织到先进县区学习观摩。继续完善"3+1"合力攻坚机制，推广后进村整顿提升"1135"工作法，严格落实"五个一"工作措施，组织区级领导对全区405个自然村进行"村村到"走访调研。在发展集体经济方面，成立"清零攻坚行动"办公室，印发《"一清三建"实施方案》，进一步探索村企合作联建、村镇产业同建、"红筹股份"等方式，拓宽集体经济发展路径。二是从严加强村干部队伍管理。制定《河东区村主职干部专业化管理实施办法（试行）》，实行工作履职"五项考核"、工作成效"两级评价"、结果运用"四个定性"，确定村党组织书记纳入专业化管理，并报市委组织部备案。开展村党组织书记选配试点工作；出台《从严管理村干部若干规定》，清理问题村干部，新增2200万元用于全区所有村干部绩效考核奖励报酬，并设立村党组织书记抓党建绩效报酬，专项奖励村党组织书记。

在农村基层培育特色亮点的党建工作中，组织实施后进村、集体经济薄弱村"双60"提升工程，销号省市备案后进村18个，所有行政村集体经营性收入均超过3万元。创新村干部管理，推行"五考两评四定"考核机制。创新"五联"园区党建模式，动态调整"两新"组织党组织星级90家，承接全市工作研讨班现场观摩。

(三)"红色物业"特色基层党建的具体开展

1. 总体要求

坚持以社区党组织为领导核心,全面加强物业服务企业和业委会党建工作,将"红色物业"融入社区治理,着力整治物业信访投诉问题较多、矛盾纠纷尖锐对立、群众反映强烈甚至引发影响社会稳定事件等问题,化解居民与物业突出矛盾,建立社区党组织领导下的社区居民委员会、业主委员会、物业服务企业共商事务、协调互通的治理模式。

2. 主要任务

(1) 加强党的组织和工作覆盖。实现党的组织应建尽建。把物业服务企业和业委会党建工作全面纳入基层党组织建设体系,通过发展党员、引导物业服务企业积极招聘党员员工、选派党建指导员等方式,加强社区物业党建联建,延伸党的工作手臂。党员3人以上的,全部单独建立党支部;党员2人的,由社区党组织选派党建指导员建立党支部;党员1人的,建立联合党支部;暂无党员的,由社区党组织选派党建指导员,指导开展党的工作。

全面实行"双向进入、交叉任职"。实行物业服务企业、业委会和社区"两委"成员"双向进入、交叉任职",积极推荐符合条件的社区"两委"成员、网格长、优秀党员业主等通过法定程序担任业主委员会成员或物业服务企业义务质量总监,吸纳优秀物业服务企业党员负责人、业委会党员委员担任街道、社区党组织兼职委员。积极引导物业服务企业和业委会将党建工作总体要求写入企业章程。

建立健全社区党组织参与决策和监督机制。强化社区党组织对物业服务企业和业委会决策事项的参与,尤其是涉及物业服务收费、项目开发、资金使用、公共设施修缮等重大事项的决策实施,党组织要参与讨论研究,并进行全程监督。

(2) 建立"月月说事"社区治理联席会议制度。建立协调机制。社区党组织牵头,在区域党建共同体联席会议的基础上,建立由社区居委会、物业服务企业、业委会、社会组织、社工机构、共建单位、驻区单位等共同参加的社区治理联席会议制度。联席会议根据工作需要随时召开,每月至少召开1次,原则上在每月上旬召开,由社区党组织书记主持,社区居委会主任、各物业服务企业主要负责人、各小区业委会主任、各小区部分居民代表、各基本网格网格长参加,共建单位、驻区单位、社会组织和社工机构代表根据会议内容列席,参加人数根据小区数量灵活掌握。

明确议事规则。联席会议由社区派专人做好记录并建档,议事内容主要包括:研究区域党建问题;听取上月各小区物业服务情况报告,汇总收集物业服务企业、业委会、居民代表、网格长反映的问题建议并研究解决办法；共同分析小区内存在的主要矛盾和不和谐因素，特别是安全生产方面存在的隐患和四类风险（暴力恐怖事件隐患、群体性事件隐患、个人极端事件隐患、安全事故隐患）；听取物业服务企业对内部重大人事、经营策略变化、涉及广大业主利益的管理方式改变、小区改造等重大事项的报告；对小区内有违背管理规约的个别业主进行诚恳交流和劝阻，制止问题发生；调解物业管理矛盾纠纷；需要协调的其他事宜。会后，物业服务企业要主动认领物业问题清单，制定任务清单上报社区，对上月问题和任务已解决完成的，由社区及时纳入成效清单，做好备案。

构建掌上社区。社区党组织牵头，以小区（规模较大的小区可以分为一期二期、东区西区等不同组团、片区）为单位建立物业服务微信群，已有微信群的可在原群基础上完善，达到500人上限后，建立新群。群主须由社区"两委"成员担任，吸纳社区全体工作人员、社区民警、本小区网格员、物业工作人员、业委会成员、常住人口家庭每户至少一名家庭成员加入（无法使用智能手机的老人、残疾人等特殊群体除外），对日常物业问题及居民意见进行经常性沟通，形成及时发现问题、解决问题的沟通机制。

（3）完善物业服务监督评价机制。成立监督小组。建立社区物业联合监督小组，社区党组织书记任组长，居委会主任任副组长，各物业服务企业代表、小区业委会主任担任小组成员。物业联合监督小组定期行使监督职能，每月现场巡查、季度总结通报、年底综合评比。

现场巡查评比。每月联席会议召开后，物业联合监督小组要实地到各小区开展巡查，检验工作成效并进行现场打分，对问题整改不彻底、出现问题反弹、工作成效不明显的及时反馈，对新发现的问题，及时纳入清单整改。

加强结果运用。每季度召开总结会议，对3个月以来发现的问题进行汇总梳理，对取得成效进行阶段性总结。年底开展综合评比，在结合日常表现的基础上，由物业联合监督小组对各物业服务企业服务情况进行打分，评定等次，结果作为物业服务企业信用评分评级、物业服务质量考核的重要依据。

三、临沂市基层党建工作的启示

党建引领基层活力，必须培育特色亮点。在创建过程中注重挖掘特色、发现亮点、总结经验，确保党建信息化示范点具有前瞻性、代表性和方向性。结合当地特色开展党建活动，山东临沂是沂蒙精神发源地、红色基因富集区。2013年11月，习近平总书记视察临沂,就弘扬沂蒙精神发表重要论述,特别强调"沂蒙精神与延安精神、井冈山精神、西柏坡精神一样,是党和国家的宝贵精神财富,要不断结合新的时代条件发扬光大"。临沂市党组织沿着习近平总书记指引的方向坚定前行,结合当地时代和精神特色开展党建活动,党建引领沂蒙红色物业发展工作,按照"条块结合"原则,发挥物业行业党总支的行业管理作用,积极打造红色物业,使红色基因焕发新时代光彩,让革命老区绽放现代化英姿。

党建引领基层活力,必须强化人才支撑。"功以才成,业由才广"。习近平总书记强调,要把人力资本开发放在首要位置,强化乡村振兴人才支撑。临沂开展基层党组织梯级达标创优行动,制定梯级创建方案和工作标准,力争60%以上的党组织达到"四星级"以上标准。开展党员队伍提质增效行动,严格落实党员积分量化管理制度,这些措施给我们的启示就是基层党组织干部尤其是村党组织书记,承担着基层党建、带领干部群众推动村经济发展的重任,要建立健全村干部激励约束机制,对村干部实行量化考核,狠抓制度落实,有效解决村干部队伍能力不够足、干劲不够大等问题,增强村干部岗位吸引力,激发干事创业的活力。充分调动各级党委组织部门积极主动性,发挥牵头抓总作用,统筹协调各方力量,充分整合各类资源,形成多元参与、共建共享的工作格局。要鼓励各基层党组织结合本地区、本单位、本系统特点和实际,逐级创建,大胆创新,不断拓宽创建思路,提升创建成效。

党建引领基层活力,必须统筹城乡共同进步。要坚持重点突破、过程管理,形成各级党组织共谋一盘棋的工作合力。要突出城市社区和农村基层不同工作重点,结合脱贫攻坚、乡村振兴、服务发展等工作,丰富党建的内容和方式,制定"个性化"工作清单。比如临沂在加快推动农村基层党建基础上,积极探索网格党建、邻里党建工作,打造两处示范片区,不断提升城市社区治理水平。

附录:

1. 山东省临沂市简介

临沂,是山东省地级市,国务院批复确定的中国鲁东南地区中心城市,具有滨水特色的现代工贸城市和商贸物流中心。截至2018年,全市下辖3个区、9个县,总面积17191.2平方千米,建成区面积231.0平方千米,常住人口1062.4万人,城镇人口547.56万人,城镇化率51.54%。临沂位于山东省东南部,地近黄海,地处长三角经济圈与环渤海经临沂双岭、蒙山高架路枢纽济圈结合点,位于鲁南临港产业带、海洋产业联动发展示范基地、东陇海国家级重点开发区域。城市东连日照,西接枣庄、济宁、泰安,北靠淄博、潍坊,南邻江苏。地跨北纬34°22′—36°13′,东经117°24′—

119°11′之间，南北最大长距 228 千米，东西最大宽度 161 千米。

临沂是著名的商贸名城和物流之都，是全国重要的物流周转中心和商贸批发中心，也是山东省地区中心城市。临沂是全国综合运输示范城市、商贸服务型国家物流枢纽。兖石、胶新铁路形成十字交叉，京沪、日东、青兰、长深、临枣 5 条高速公路纵横交错，高速公路、公路通车里程分别达 516 千米、2.4 万千米，均居山东省前列；市区距岚山、日照、连云港三大港口均在 120 千米左右，距青岛港 150 千米；临沂机场为国家二级机场。

临沂因临沂河得名，古为琅琊、沂州。虞夏时禹划九州，沂蒙为徐州。西周并入青州，建城鄫都。春秋时筑启阳城。秦属琅琊郡。西汉设徐州刺史部，治郯县。东汉改琅琊郡为琅琊国，建都开阳城。北周改置北徐州为沂州。隋置临沂县。清为沂州府。近代中国共产党在临沂地区创建沂蒙革命根据地，成立中共山东省委、山东省政府、山东军区以及中共中央华东局、华东军区。1994 年改临沂地区为地级临沂市。

临沂素以山水沂蒙著称，泰沂山脉和蒙山为骨架构成沂蒙山区为世界地质公园，北部峰峦起伏、谷壑幽深，有蒙山、沂山、文峰山以及 72 崮等众多风景名胜；南部为临郯苍冲积平原，一派田园风光。临沂的旅游特色是：以蒙山为代表的自然风光游，以汉晋文化为代表的人文历史游，以革命根据地为代表的红色游，以汤头温泉为代表的古典风格的汤泉游，以水城商都为代表的都市游。2016 年，临沂接待游客 6180.8 万人次，实现旅游消费总额 631.4 亿元，分别同比增长 9.1% 和 14.1%。截至 2018 年 12 月，临沂市市国家 A 级旅游景区总数达到 195 家，其中 5A 级 1 家，4A 级 27 家，3A 级 68 家，2A 级 99 家。临沂有蒙山、岱崮、王羲之故居、竹泉村、汤头温泉、地下大峡谷等景点，有曾子、荀子、诸葛亮、王羲之、颜真卿、萧道成等历史名人。获评中国物流之都、中国食品之都、中国板材之都、中国工程机械名城、中国会展名城、中国十佳生态宜居典范城市、中国最具投资价值十大城市、世界滑水之城、联合国绿色工业平台和全国文明城市等称号。

2. 沂蒙精神的内涵

沂蒙精神是党的初心和使命的集中体现，沂蒙精神蕴含着坚定信念、革命到底的内在品格，沂蒙精神蕴含着党为人民谋幸福、人民坚定跟党走的价值追求。沂蒙精神就是革命战争年代中国共产党在领导人民群众实现民族独立、人民解放和国家富强的初心和使命中，党与人民群众水乳交融、生死与共铸就的"爱党爱军、开拓奋进、艰苦创业、无私奉献"的伟大革命精神。进入新时代，我们党不忘初心、牢记使命，必须传承红色基因，彰显"水乳交融、生死与共"的时代价值。在中国特色社会主义新时代，弘扬沂蒙精神对践行党的初心和使命，推动中国特色社会主义不断发展，实现社会主义现代化，实现中华民族伟大复兴中国梦，具有重大现实意义。

沂蒙精神孕育形成于中国共产党实现初心和使命的革命实践。早在1927年，沂蒙地区就建立了党组织，广泛地宣传马克思列宁主义，宣传党的理论、路线、方针和政策，领导开展工农运动。在土地革命战争时期，沂蒙地区党组织发动的四次大暴动，沉重地打击了国民党的反革命气焰，彰显了中国共产党领导人民群众不畏强敌、不畏生死、不畏艰险实现民族独立、人民解放和国家富强、人民幸福的初心和使命。

"奉献精神"是沂蒙精神的灵魂，展示了沂蒙人民所具有的立场坚定、方向明确、追求执着的崇高政治信仰。在中国共产党的领导下，沂蒙人民经过长期战争考验，从亲身经历中体验到了党的英明伟大，形成了坚定的爱党爱军的奉献精神，并将这种发自内心的爱转化为实际行动。在革命战争年代，英雄的沂蒙人民不仅用红薯、煎饼、小米，甚至奶水养育了几十万人民军队，而且为人民战争的胜利献出了自己的热血和青春。"红嫂""沂蒙六姐妹""孟良崮战役"等故事，至今家喻户晓、妇孺皆知。他们所展示的崇高品格和博大胸怀正是对党、对人民子弟兵的无限热爱和对共产主义理想信念的不懈追求的真实写照。在社会主义现代化建设和改革开放的新时期，沂蒙人民奉献精神的政治信仰更突出地表现为坚持党的基本理论、基本路线不动摇，他们对党无限忠诚，积极响应党的号召，时刻听从党的召唤，自觉与党中央保持高度一致，坚定不移地按照党所指引的方向奋勇前进；他们对共产主义信念无比坚定，不论国际风云如何变幻，党和国家遇到什么困难，始终坚信只有社会主义才能救中国，共产主义一定会实现。奉献精神成了一代又一代沂蒙人民坚定不移的思想规范和自觉行动，是沂蒙人民政治本色的根本体现。

"开拓奋进"的奋斗精神是沂蒙精神的永恒主题，概括了沂蒙人民追求进步、改革创新、敢为人先的先进思想意识。沂蒙精神能够在社会发展的各个历史阶段永葆生机和活力，就在于沂蒙人民能够始终站在时代前列，不断地开拓创新，不安于现状，不墨守成规，敢于走前人没走过的路，这也是沂蒙人的重要特点和秉性。正是这种秉性，使沂蒙儿女在翻身求解放、求自由中不断地求索，勇于接受新思想、新文化，敢于冒极大的风险支持革命、参加革命。也正是这种秉性，使沂蒙人民在改革开放中敢于革故鼎新，敢为人先，勇于走在时代潮流的前头。今天临沂的不断发展就是沂蒙人民开拓奋进的结果。临沂并不是处于改革开放前沿的先进地区，但是沂蒙人民就是靠着这种开拓奋进的劲头，实现了历史性的跨越，取得了举世瞩目的辉煌成就，成为众多革命老区中经济发展的佼佼者。可以说，沂蒙精神的可贵之处就在于它把继承优良传统与发扬时代精神统一起来，把革命进取精神转化为新思想、新观念，走出了一条改革创新的成功之路。

案例使用说明

一、教学目的与用途

1. 适用对象。本案例主要适用于公共管理相关课程。
2. 教学目标。本案例是一篇介绍党建引领基层治理的典型教学案例,其教学目的在于使学生在国家治理能力和治理体系现代化背景下,对于党建引领基层组织建设具有更贴切的认识和思考,提升公共管理领域学生的党性修养。

二、讨论问题

1. 临沂市的基层党建工作中有哪几点创新,这些创新对于基层治理有什么借鉴意义。
2. 谈谈你对临沂市基层党建整体工作思路,大致可以分为哪几个方面,对其中涉及的战略目标规划、人力资源管理、绩效考核与评价等内容对于基层党建的正向作用发表你的看法。
3. 在临沂市对于城市基层和农村基层的党建举措中,你认为还存在不足的地方,应该如何改进。
4. 查阅其他典型城市的基层党建工作,与临沂市目前的基层党建工作对比,谈谈你从中收到的启发。

三、分析思路

本案例涉及基层党建这个重要的课题。基层党组织是执政党的工作基础,是现代化的重要保证,创新基层党建工作方式方法研究也具有重要意义。对该案例的分析,也可以考虑从工作思路、具体开展、创新实践、借鉴意义等角度入手。学员通过案例材料的阅读理解,对该事件会有自己的判断和分析思路,教师在讨论过程中,不必强加此分析思路,但是可以进行适当的逻辑引导。

四、关键要点

1. 临沂市基层党建工作结合当地特色亮点的创新是什么?

2. 党建引领的基层治理要注重从哪几个角度开展工作？

3. 深入思考当前的党建工作中还存在什么不足，应该如何改进？

五、课堂教学计划

1. 课前把案例材料发给学员，要求学员用 30 分钟左右的时间认真阅读，并思考相关问题。

2. 课堂教学计划分为三个步骤：

第一步：全班集中，案例导入。在学员上课前通读案例的基础上，利用 5—8 分钟时间，请 2—3 位学员在案例讨论前用几句话高度概括案例的主要内容，目的是帮助学员迅速集中注意力，进入讨论状态。

第二步：分组研讨，案例展开。根据对案例的阅读和理解，按照支持、反对、部分支持部分反对 3 种意见对学员进行分组。3 组学员汇集后，选出 1 名成员作为小组负责人及发言代表，利用 15 分钟左右的时间组织分组研讨，汇总组内成员的观点。研讨时，可以参考以下几个问题来总结各组的讨论意见。

（1）在本案例中，临沂市在开展基层党建工作的时候，顶层设计的整体目标是什么？

（2）针对市委出台的相关工作文件，城市社区基层和农村基层所落实的具体措施包括什么，创新点有哪些？

（3）你认为临沂市基层党建工作成效如何？对于基层治理中面临的一些问题是否能提供借鉴？

（4）如果你是基层党建的负责具体落实工作人员，你认为目前临沂市基层党建工作中是否还存在什么问题？

第三步：公开辩论，案例分析。在 3 组集体研讨结束之后，进入第三步，以公开辩论的方式进行案例分析。每组的发言人首先上台向全班报告本组的主要研讨观点，每组时间控制在 8 分钟。如果发言人未用完规定的时间，其所在组的其他成员还可以对发言人的观点进行补充。各组发言结束后，学员可以自由发言，就其所支持的一方进行观点交锋和辩论，时间为 20 分钟。最后，由教师进行 10 分钟左右的小结和点评。总结案例研讨的主要特点、主要观点以及有待进一步关注和研究的问题，提示分析问题的不同角度和方法。

4. 公共政策

案例 8

全球化时代的公共科技政策学习与政策制定[①]

——来自国家自然科学基金资助与管理绩效国际评估的经验

---

① 本案例由中央财经大学政府管理学院副教授张剑、教授姜玲编写。

案例8：全球化时代的公共科技政策学习与政策制定——来自国家自然科学基金资助与管理绩效国际评估的经验

 **案例正文**

随着《国家自然科学基金条例》《中央级民口科技计划（基金）经费绩效考评管理暂行办法》的出台，为响应科学基金发展内在需求以及我国公共支出管理改革趋势，科学基金资助与管理绩效国际评估（以下简称"科学基金国际评估"）工作于2010年年初由财政部和国家自然科学基金委员会（以下简称"基金委"）联合委托启动，旨在以国际视野对中国自然科学基金设立25周年以来的资助和管理活动进行系统审视。那么，科学基金国际评估是如何进行方案设计和组织实施的？哪些主体通过何种方式参与其中？这项综合性科技绩效评估活动对于新时代公共科技政策制定具有什么样的影响和价值？

选择科学基金国际评估为案例，主要原因在于其通过明暗两条线将政策学习、政策知识流动以及政策制定串联交织起来。一方面，科学基金国际评估作为一项政策学习工具，生动展现了政策学习这一复杂动态的系统性过程中多元参与者之间的互动关系，能够帮助我们更好地把握政策学习的内涵及机制。另一方面，科学基金国际评估背后存在一条"暗线"——政策知识的跨国流动，为我们系统了解全球化时代政策制定的新特征及其内在运行逻辑提供了绝佳样本。其实，回顾现代公共科技政策的发展历程不难发现，政策与知识间的互动学习与共同演化一直是该领域发展的重要特征。同时，国际化的政策监测与评估活动为不同国家决策群体间的交流互动提供了机会，极大地促进了政策知识的共同生产与传播扩散[1]。而知识全球化时代的到来与信息通信技术的快速发展使得这一趋势愈加明显，来自国际社会的信息、理念与经验等知识性因素在各国科技创新政策制定中发挥着越来越重要的作用[2]。出于这些认识，本案例从多元参与者的视角出发，以学习者为中心，考察"明线"国际评估中的政策学习过程和"暗线"内在政策知识的跨国流动机制，进而展现全球化时代公共科技政策制定的关键特征及运行逻辑。

---

[1] Mytelka L K, Smith K. Policy learning and innovation theory: An interactive and co-evolving process [J]. Research Policy, 2002, 31 (8-9): 1467-1479.

[2] 冯锋，程溪. 全球化视域下中国政策转移的反思与建构 [J]. 公共管理学报, 2009, 6 (3): 26-31.

一、案例背景：科学基金国际评估组织架构与评估过程

2011年，在国家自然科学基金委员会成立25周年之际，我国迄今为止规模最大的综合性科技绩效评估——科学基金资助与管理绩效国际评估顺利完成。本次评估是对我国自然科学基金实施的资助与管理绩效进行高质量、高效益、综合性、系统性评估，在我国基金资助管理中尚属首次。对于树立科技界的绩效理念、改进和完善科技决策机制、优化科技资源配置、落实科学基金国际化战略、强化国家科技宏观管理具有重要的意义，也为在其他部门和领域开展绩效评价提供了重要的示范，积累了有益的经验。

评估由财政部和国家自然科学基金委联合委托，其主要的组织架构如图8-1所示。

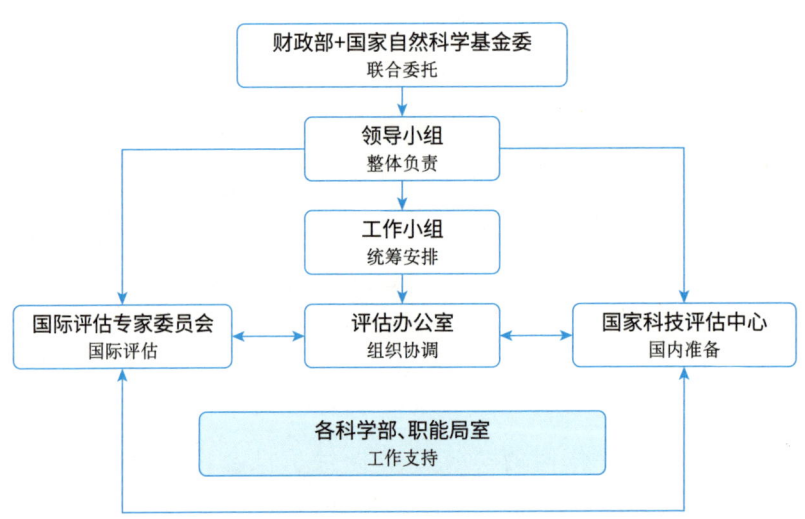

图8-1 科学基金资助与管理绩效国际评估工作的组织架构

注：单向箭头表示委托/领导关系，双向箭头表示业务关系。

具体而言，联合委托方对该项工作高度重视，在评估伊始便成立了由基金委和财政部领导担任组长的领导小组，对评估工作进行整体负责与战略把控。鉴于评估所涉及的业务之广泛，在领导小组下设立工作小组对评估进行统筹协调，工作小组下设评估办公室，由基金委计划局及相关局室人员等组成，具体负责评估工作的组织协调。为了保证评估的独立性、客观性与公正性，此次国际评估采取了"国内准

备、国际评估"① 的组织模式（见图8-2）：国家科技评估中心作为第三方评估机构负责设计总体评估方案并具体推进评估活动的开展，在基金委的配合下独立准备评估所需证据材料；国际评估专家委员会②由国内外战略科学家组成，以国内准备的证据材料为评估基础，独立开展评估工作并得出评估结论。

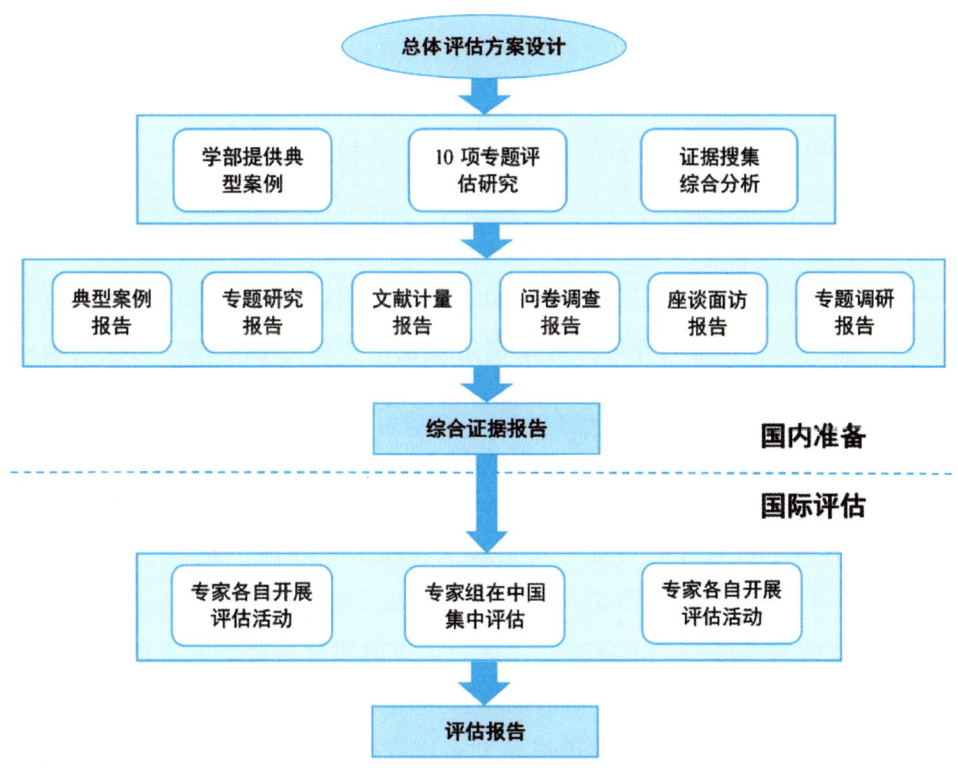

图8-2 科学基金资助与管理绩效国际评估组织模式

总体而言，科学基金资助与管理绩效国际评估项目从事前战略研究到评估实施完成前后历时长达4年，历经考察决策（2008年度）——情况调研、模式探索；研究设计（2009年度）——研究方法、研究计划；评估实施（2010年2月—2011年6月）——路线确定、汇报总结；结果使用（2011年7月至今）——评估报告、行动对策4个阶段，根据评估结论和建议，基金委采取了设立优秀青年科学基金项目、延长面上项目资助周期、限制申请量过快增长、修订项目资助经费管理办法等重要改革措

---

① 国内准备：国内专业评估机构负责本次评估的设计和实施，并为国际评估专家委员会准备评估所需的证据；国际评估：国内外科学家组成的国际评估专家委员会在证据的基础上，结合自己的观察和国际比较，提出评估结论和建议。
② 国家评估专家委员会（IEC）共包含13名国内外专家，分别来自中国（5名）、美国（3名）、英国（2名）、德国（1名）、日本（1名）和澳大利亚（1名）。

施。评估工作实现了预期目标,为国家财政资金资助科技研发活动中各项评估工作的开展提供了借鉴;同时,通过制度安排,保证委托方不干预、提供资料支持,实施过程中允许收集信息、自主选择调研对象、独立形成评估意见、专业机构与高层专家直接互动等,保证了评估的独立性,也成为国际最佳实践;此外,该项工作也进一步扩大了中国在国际上的科学政策影响力,评估报告[①]与系列评论文章[②]在国内外政策实践界与学术界引发众多反响。

二、案例切入:多元参与者视角下的政策学习

随着心理学、认知科学等分析视角在社会科学研究中应用的蓬勃兴起,"作为社会学习的政策制定"(Policymaking as Social Learning)这一观点自 20 世纪 70 年代起被广泛接受[③],社会学习也逐渐发展为政策制定理论的重要知识基础,当代政策科学研究中对政策学习(Policy Learning)的兴趣日益增长[④]。过去几十年间,大量的研究关注经验、信息、理念等知识学习要素在政策制定与政策变迁过程中所发挥的作用,政策知识(Policy Knowledge)已成为当前该领域重要的研究关注点[⑤][⑥]。

对于评估作为学习来源的讨论发轫于政策研究从"理性—客观主义模型"(Rational – objectivist Model)到"争论—主观主义方法"(Argumentative – subjectivist Approach)的范式转型,对于"完全理性"这一论点的质疑使得研究者们更加重视反馈与经验在政策制定中的作用,而评估活动不仅可以帮助组织从已实施的政策,特别是"政策失败"(Policy Failure)中获得指导未来政策制定的经验,并且在这一过程中通过更为多元的主体参与增强政策制定的科学性与民主性,从而更好地推动政策议程的设置并改善政策执行的绩效[⑦]。随着 20 世纪 90 年代以来循证政策(Evidence – based Policy)在政策制定与学术研究中的兴起与流行,评估在这样的背景下被一些学者视

---

① 科学基金国际评估报告提供基于证据的评估发现、评估结论及建议。国际评估专家委员会在评估证据的基础上,结合自己的观察和判断,形成评估发现、评估结论和相关建议,并独立完成评估报告。
② 参见 Science 社论文章 "China's Science Funding"。
③ Hall P A. Policy paradigms, social learning, and the state: the case of economic policymaking in Britain [J]. Comparative politics, 1993: 275 – 296.
④ Dunlop C A, Radaelli C M. Systematising policy learning: From monolith to dimensions [J]. Political studies, 2013, 61 (3): 599 – 619.
⑤ Daviter F. The political use of knowledge in the policy process [J]. Policy Sciences, 2015, 48 (4): 491 – 505.
⑥ Moyson S, Scholten P, Weible C M. Policy learning and policy change: Theorizing their relations from different perspectives [J]. Policy and Society, 2017, 36 (2): 161 – 177.
⑦ May P J. Policy learning and failure [J]. Journal of Public Policy, 1992, 12 (4): 331 – 354.

为可靠的证据来源,一些学者认为通过评估所实现的"自反性社会学习"(Reflexive Social Learning)在当代互动型社会治理中的基础性支撑作用日益突出①。

现有研究习惯于将通过评估活动所获得的政策知识视为对于"过去经验"的反思,也就是说,研究者们更相信这些政策知识是由评估的项目内容(特定的项目、政策或计划等)而不是其他因素所决定,并且在更大程度上将评估视为一个由内源性因素(Endogenous Factors)所驱动的学习过程②。然而,这一隐形的前提性假设使得研究人员忽视了外源性因素(Exogenous Factors)影响评估活动政策知识生产的可能性,从而导致现有的分析框架很难为国际评估等具有特殊外部行动者参与的评估活动提供一个完整、系统的理论解释。这一理论缺失在对发展中国家通过国际评估进行政策学习的研究中将表现得更为紧迫,正如有研究所指出的,话语权在"落后"国家和"先进"国家之间并不对等③。在这样的情况下,来自"先进"国家的国际评估专家们为"落后"国家的政策制定所带来的不仅仅是其专业化的政策知识,更可能包括其他尚未厘清的因素。

总体而言,政策学习是一个复杂动态的系统性过程,本案例在借鉴政策学习领域现有研究④⑤⑥的基础上,考虑到分析国际评估案例的适用性,发展了一个以学习者为中心的子问题分析框架。具体而言,这一框架共包括4个子问题,每个子问题的含义如表8-1所示。

表8-1　　　　　　　　以学习者为中心的子问题框架

子问题	含义
Who learn	哪些是学习者?
Why do they study	他们为何学习?

---

① Sanderson I. Evaluation, policy learning and evidence-based policy making [J]. Public Administration, 2002, 80 (1): 1-22.

② Dolowitz D, Marsh D. Who learns what from whom: a review of the policy transfer literature [J]. Political studies, 1996, 44 (2): 343-357.

③ 王程韡,李振国. 我们是否需要一种"需求侧创新政策"——来自"先进"国家的经验 [J]. 科学学研究, 2016, 34 (12): 1789-1799.

④ Bennett C J, Howlett M. The lessons of learning: Reconciling theories of policy learning and policy change [J]. Policy Sciences, 1992, 25 (3): 275-294.

⑤ Dunlop C A, Radaelli C M. Systematising policy learning: From monolith to dimensions [J]. Political Studies, 2013, 61 (3): 599-619.

⑥ Moyson S, Scholten P, Weible C M. Policy learning and policy change: Theorizing their relations from different perspectives [J]. Policy and Society, Routledge, 2017, 36 (2): 161-177.

续表

子问题	含义
What do they learn	他们学习什么？
How do they learn	他们如何学习？

（一）谁在学习：多层次学习者

识别案例中学习者的前提是发现案例中的多元参与者，也就是那些潜在的学习者。现有研究对评估过程中 4 类主要参与者进行了大致区分[①]：第一类参与者是"项目单位"（Program Unit），也就是行政层面项目被评价内容的责任单位；第二类参与者是"组织利益相关者"（Organizational Stakeholders），这一类参与者通常位于组织结构的较高位置，负责监督和控制评估工作；第三类参与者是"外部利益相关者"（External Stakeholders），是一类更为广泛的社会和政治参与者，与以"项目单位"和"组织利益相关者"为主体的评估组织紧密相关；第四类参与者是"外部评价者"（External Evaluators），也就是项目聘请的评估顾问和学术专家。

科学基金国际评估的主要工作重点在于对中国自然科学基金设立 25 周年以来的资助和管理活动进行评价与分析，作为其官方管理机构，基金委扮演着无可置疑的"项目单位"角色[②]；而财政部作为此次科学基金国际评估的联合委托方，财政科技经费管理在其法定的管理职责之内，在案例中的行为模式更多表现出"组织利益相关者"的特点；与一些欧盟评估案例中欧洲议会的角色[③]相似，作为财政部与基金委上级机构的国务院在科学基金国际评估中发挥着"外部利益相关者"的作用，国务院领导人温家宝总理、李克强副总理与刘延东国务委员先后对评估工作作出重要批示，对相关工作的顺利推进产生了重要的影响；正如案例背景所介绍的，在本案例中，"外部评价者"主要由来自国际评估专家委员会[④]与国家科技评估中心[⑤]的两类行动者组成，通过"国内准备、国际评估"的方式开展系列的评估工作。

鉴于评估项目的实践导向性，一般认为以"项目单位"与"组织利益相关者"为

[①] Eser T W, Nussmueller E. Mid – term Evaluations of Community Initiatives under European Union Structural Funds: a process between accounting and common learning [J]. Regional Studies, 2006, 40 (2): 249 – 258.

[②] 国家自然科学基金委员会具体负责按照评估计划安排提供相关信息和资料，参加座谈会和接受面访，各科学部根据评估设计的要求，准备评估案例。

[③] Borrás S, Højlund S. Evaluation and policy learning: The learners' perspective [J]. European Journal of Political Research, 2015, 54 (1): 99 – 120.

[④] 国际评估专家委员会具体负责根据评估任务大纲，实施相关活动，完成评估报告。

[⑤] 国家科技评估中心具体负责评估的设计实施，为国际评估专家委员会准备评估证据。

主体的评估组织将更有可能学习到"量身定做"的政策知识，这与本案例所观察到的现象基本一致：基金委与财政部是本次国际评估活动中收获最大的学习者群体。在评估活动结束后的一系列政策实践中均有反映，如基金委设立优秀青年基金项目与青年—面上连续资助项目、财政部优化对财政科技经费的管理方式等改革举措的出台。然而，"外部评价者"同样在评估活动中开展了自觉或不自觉的学习活动，来自国外的评估专家们通过参与此次科学基金国际评估活动同样加深了对中国基础科学资助与管理领域的认识，或会借此影响其他国家或地区的政策制定；以国家科技评估中心为代表的中方"外部评价者"同样通过此次国际评估活动加深了对科学基金资助工作的认识，通过与包括国际专家组、优秀学者、政府官员等多元主体的紧密互动积累了丰富的评估实务与国际合作经验。基于对上述问题的分析，可以得出这样的判断：科学基金国际评估是一个系统学习的过程，来自多个层次的学习者通过围绕核心的评估框架展开持续的对话，从而推动了基于"过程导向"与"结果导向"的学习共同发生。

（二）为何学习："外部利益相关者"的推力与拉力

如前文所述，基金委与财政部是案例中最为活跃的学习者群体。然而，公共部门自我学习的积极性长久以来一直受到研究人员的质疑，为何案例中的两个机构的表现如此"反常"？通过对收集的案例材料进行回顾性分析发现，"外部利益相关者"在促进"项目单位"与"组织利益相关者"的政策学习中扮演了重要角色。具体来看，国务院在促进财政部和国家自然科学基金委主动利用国际评估活动进行政策学习的进程中发挥了关键作用，这一作用机制主要包括推力与拉力两个维度。

第一，履责合规的推力。在《国务院办公厅转发财政部科技部关于改进和加强中央财政科技经费管理若干意见的通知》（国办发〔2006〕56号）出台后，财政部于2007年8月发布《中央级民口科技计划（基金）经费绩效考评管理暂行办法》（财教〔2007〕145号），要求对中央各类民口科技计划、科学基金和相关科技专项的项目、课题的绩效目标的实现程度及其经费执行结果进行综合性考核与评价，也就是说，财政部对于科学基金国际评估工作的重视源于上级部门对改进和加强中央财政科技经费管理的要求；与之相似，2007年2月国务院颁布《国家自然科学基金条例》，其中第五章第三十一条要求"基金管理机构应当定期对基金资助工作进行评估，公布评估报告，并将评估报告作为制定基金发展规划和年度基金项目指南的依据"，国际自然科学基金委在这样的政策背景下必须通过开展评估活动对过往科学基金资助的经验与成效进行系统梳理。

第二，能力优化的拉力。对于财政部与基金委而言，推力仅仅是促使其进行政策学习的一方面因素。国务院等上级部门的重视使得评估活动的各方主体对于此次评估都寄予很大的政策期望,开展此次国际评估活动"不仅有利于完善科学基金的管理,提高财政科技经费使用效益,同时也向社会公众开辟了一条了解科学工作的途径,并将为其他单位开展绩效考评树立典范",对于行动者而言,这一能力优化预期在政策学习中的拉动作用也非常明显。

(三) 学习什么:政策知识与合法性

评估报告是科学基金国际评估的重要成果载体,也是这一学习过程中所产生的政策知识的集中体现。在严格遵循循证方法的基础上,国际评估专家组提出了若干具有针对性的政策建议。在 Whiteman[1] 和 Daviter[2] 工作的基础上,本案例利用"概念知识"(Conceptual Knowledge)与"具体知识"(Concrete Knowledge)两个核心概念对此进行讨论。一方面,国际评估专家基于对总体评估证据的把握,提出了一系列具有战略性的核心观点,例如,国际评估专家组认为,中国要提高原始创新能力,必须在财政科技支出中提高基础研究所占的比重,而且更多的经费应该通过科学基金进行分配;科学基金在支持国际科学合作交流方面取得了重要成就,但对国际科学资源的利用还不够充分,要使迅速成长的中国科学界真正融入全球科学体系,科学基金必须发挥更重要的作用。这些战略性的核心观点可以称之为"概念知识",学习者很难在短时间内通过某一具体的项目去进行操作执行,但是很明显对于宏观层面的科技战略规划与政策体系建设具有重要的指导性意义。另一方面,国际评估专家结合自身专业经验与他国经验,同样提出了一些十分具体的改革措施,例如,国际评估专家组认为,基金委应该延长面上项目资助周期、提高资助强度;设立"中国首席"项目(效仿"加拿大研究首席"的模式),为具有潜力的年轻研究者提供多年持续支持;建立常态绩效评估机制对各类项目开展定期评估等。这些"具体知识"很快就应用到了下一阶段基于国际评估的改革调整之中,直接影响了"项目单位"的政策制定过程。

然而,除了传统的政策知识这一概念之外,在科学基金国际评估这一学习过程中,国家评估专家组为本国的学习者们带来了其他方面的影响。一份工作文件显示,"即使基金委内部在观点或认识方面与国际专家有相当部分是共同的,但国际专家的认定更增加了改革的决心和信心",也就是说,国际评估专家组在一些方面为进一步的改革提供了合法性(Legitimacy)。评估活动中国际专家的身份具有多重属性,一方面他们是具有丰富专业知识的评估专家,另一方面他们也是具有"光环"的国际权威。对

---

[1] Whiteman D. Reaffirming the importance of strategic use: A two-dimensional perspective on policy analysis in Congress [J]. Knowledge, 1985, 6 (3): 203-224.

[2] Daviter F. The political use of knowledge in the policy process [J]. Policy Sciences, 2015, 48 (4): 491-505.

这一特征的认识有助于研究者理解为什么国际专家的肯定会增强基金委内部改革的决心，或者说，有助于研究者理解为什么国际专家能够实现合法性的授予，而这也正是国际评估与其他评估活动的一个重要区别所在。

（四）如何学习：非正式学习

根据一些学者通过以学习者对学习目标/产出和学习内容/手段的控制程度为维度进行划分的方式①，Dunlop 和 Radaelli 将政策学习分为 4 类："自主学习"（Self-directed Learning）、"非正式学习"（Informal Learning）、"正式学习"（Formal Learning）和"不正式学习"（Non-formal Learning）②。具体来说：第一，"自主学习"是一种由学习者自我驱动的学习方式，这一学习过程不受任何限制，可以从各种来源寻求知识；第二，"非正式学习"是将学习者看作是有任务意识的，尽管学习者对于学习目标/产出的控制程度不高，但学习者能控制自己的学习内容和学习方式，外部既定的政策目标会限制学习者的资源选择；第三，"正式学习"是指那些学习目标/产出与学习内容/手段都不能被学习者自我控制的学习活动，学习者们在此过程中基本没有能动性；第四，"不正式学习"是指那些虽然学习者不能控制自己的学习内容和学习方式，但对于学习目标与学习产出具有较好的控制能力的学习活动。

科学基金国际评估作为一种既定的项目形式，显然已经被给定了核心的评估目标，即"总结经验与成效，评估和分析运行状况、发现问题和不足，进一步明确发展和完善科学基金制的着力点，不断提高科学基金管理水平和资助效益"，然而，通过设计评估方案与框架，学习者们可以对学习内容/方式具有一个较好的把握。某种程度上看，学习的来源如何取决于如何构建学习问题，正如前文所述，本次国际评估的考察决策和研究设计阶段长达两年，期间通过国外机构考察③、举办"双清论坛"④、开展绩效评估方案设计研究（见图 8-3）、举办国际学术研讨会⑤等多种方式听取各方意

---

① Mocker D W, Spear G E. Lifelong learning: Formal, nonformal, informal, and self-directed [M]. Columbus, OH: ERIC Clearinghouse on Adult, Career, and Vocational Education, 1982.

② Dunlop C A, Radaelli C M. Systematising policy learning: From monolith to dimensions [J]. Political Studies, 2013, 61 (3): 599-619.

③ 2008 年，科学基金国际评估考察团出访美国、日本和德国，对美国科学基金会（NSF）、美国国立卫生研究院（NIH）、日本学术振兴会（JSPS）和德意志研究联合会（DFG）进行考察。

④ 2008 年 10 月 15—16 日，国家自然科学基金委员会计划局和政策局举办了主题为"科学基金资助与管理绩效评估"的双清论坛，围绕科技机构、计划、项目的绩效评估理论和实践进行研讨，为科学基金资助和管理绩效国际评估方案的设计奠定了思想基础。

⑤ 2009 年 8 月 15—16 日在西安召开科学基金资助与管理绩效评估国际研讨会，旨在交流探讨科学领域绩效管理的国际经验与有效方法，征求国际绩效评估专家及资助机构绩效官员对我国科学基金资助与管理绩效国际评估方案的意见和建议。

见，同时在部委内部举办多次工作会议进行研商，以制定出一个科学有效、平衡稳妥的评估方案。当然，随着科学基金国际评估在2010年2月的正式实施，评估方案与框架也在学习者的努力下进行持续的动态调整，以更好地实现既定的评估目标。

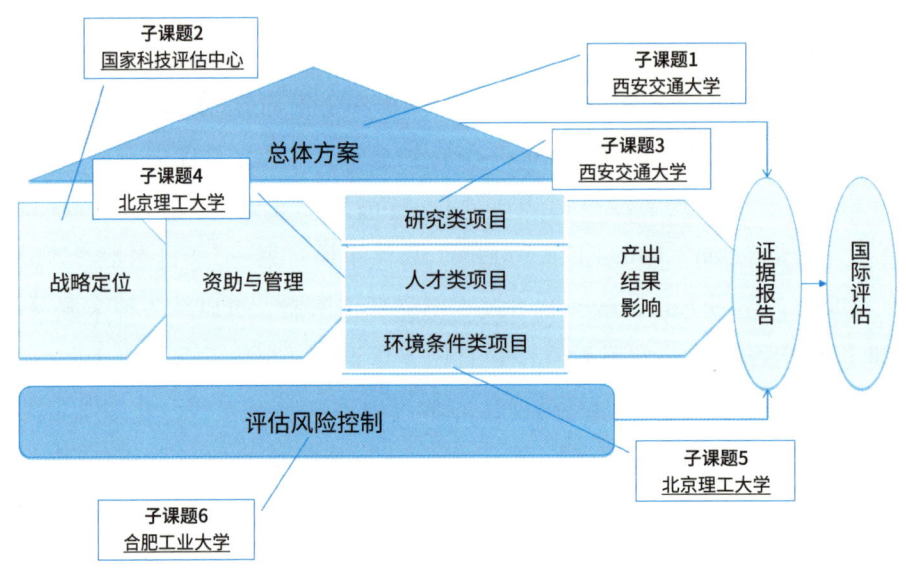

图 8-3　基于绩效形成机理的方案设计研究①

三、案例总结：新时代中国公共科技政策制定的启发

本案例通过对科学基金国际评估这一事件进行"解剖麻雀"，揭示了国际评估项目作为政策学习工具的系统机制（见图8-4），指出多元参与者在这一复杂活动中所扮演的重要角色，并以学习者为中心深入讨论了国际评估学习过程中的关键理论问题。正如研究所指出的，国际评估活动的意义不仅在于对本国过往政策实施经验进行反思性学习从而得到内源性知识，更在于其将一系列外源性因素引入到本国的政策制定体系中。全球化时代各国科技政策制定的确面临这样的冲击，大量正式或非正式的国际交往活动推动了知识和信息跨边界的传播。基于此，当前的科技政策制定必须采取更为开放、更为包容的态度，积极融入全球政策网络之中。通过设计更多类似于国际评估的政策学习工具，促进外源性知识在本国政策制定体系的进一步应用。

---

① 2010年2月至2011年7月由国家评估中心作为第三方咨询机构牵头组织实施，多家单位共同参与专题研究（6个课题），涉及4个评估阶段、11个评估步骤、31个评估动作，最终形成了基于证据的因素分析、基于国际经验的方案设计。

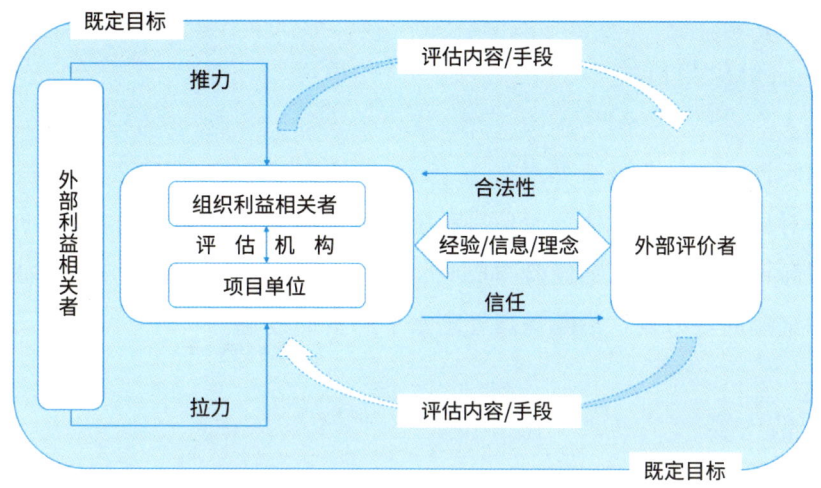

图 8-4 国际评估项目的政策学习机制

此外,对这一类政策学习是否会在评估结果应用时"水土不服"的讨论也从未停止。就科学基金国际评估而言,尽管通过"国内准备、国际评估"的组织方式开展,国际评估专家组中也有一部分的中方代表,但为了保证评估活动的独立性、客观性与公正性,国际专家的实质性意见均得到最大程度的表达,《科学基金资助与管理绩效国际评估报告》的撰写工作同样由国际评估专家委员会全权负责,国家科技评估中心仅负责协助翻译报告的中文版本。在这样的背景下,对后学习时期的政策知识本土化进行更进一步的讨论将是十分必要的。例如,针对国际评估专家组对于加强对青年科研人员资助的建议,国家自然科学基金委通过设立优秀青年科学基金、启动青年基金—面上项目连续资助机制等资助工具改革的举措进行回应,这些改革举措的实际效果仍有待进一步考察。

附录 1:

国家自然科学基金资助与管理绩效国际评估实施方案

国家自然科学基金资助与管理绩效国际评估是对科学基金 25 年资助和管理活动进行的系统性、综合性评价。

国际评估实施方案包括 4 项评估内容、10 项评估议题;4 个评估阶段、12 个评估步骤、31 个评估动作。

一、评估对象与目的

本次国际评估的对象是自然科学基金 25 年的资助和管理活动,不是具体项目评估,也不是对机构本身的评估,而是对科学基金资助与管理绩效的综合评价。

本次国际评估目的:总结经验与成效,评估和分析运行状况,进一步明确发展和完善科学基金制的着力点,不断提高管理水平和资助效益。

二、评估内容

本次绩效评估以科学基金过去和未来面临的战略性、总体性问题为线索,内容涵盖战略定位、资助绩效、管理绩效和影响 4 方面,包括以下 10 项议题:

议题 1 科学基金在国家创新体系中的定位。
议题 2 科学基金的资助战略。
议题 3 科学基金在促进原始创新方面的绩效。
议题 4 科学基金在促进学科发展方面的绩效。
议题 5 科学基金在培养创新人才方面的绩效。
议题 6 科学基金为解决国家需求提供基础支撑作用的绩效。
议题 7 科学基金管理模式。
议题 8 科学基金资助工具。
议题 9 科学基金同行评议。
议题 10 科学基金的影响和社会声誉。

三、组织实施

本次国际评估采取"国内准备、国际评估"的组织模式,委托国内专业科技评估机构为国际评估提供技术准备和支持,聘请国际评估专家委员会得出评估结论。

委托方:由财政部和国家自然科学基金委员会联合委托。

评估领导小组:由财政部、基金委领导组成,全面指导评估工作,确定并聘请国内评估机构和国际评估专家委员会,审批绩效评估方案,听取绩效评估工作汇报,负责评估过程中重大事宜决策等。

评估工作小组:由基金委领导、各局(室)和科学部领导、财政部教科文司相关领导等组成,负责评估工作的统筹协调。

评估办公室:由计划局及相关局室人员等组成,具体负责评估工作的组织实施。

国内评估机构:国家科技评估中心,负责整个评估活动的组织实施。职责包括准备评估材料、与国际专家委员会业务沟通、评估技术支持、编写总结报告等。

国际评估专家委员会:由国内外知名科学家、国外知名科学基金组织领导人和对中国科技政策有深入研究的国际专家组成,人数在15名左右。国际专家委员会主席:Dick Zare教授,原美国科学理事会主席,现斯坦福大学化学系主任;副主席:Ernst-Ludwig Winnacker教授,原德国科学基金会(DFG)主席。

基金委各科学部:提供评估所需资料、典型案例,协助国内评估机构和国际评估专家委员会开展评估活动。

四、实施计划

本次评估计划从2010年3月开始,到2011年年底结束,进程分为4个阶段,即启动阶段、国内准备阶段、国际评估阶段、报告提交和小结阶段。

启动阶段(2010年2—3月):
步骤1:建立国际评估组织架构(2010年2—3月)
步骤2:召开国际评估启动会(2010年5月前)
国内准备阶段(2010年3月—2011年3月):
步骤3:编写工作手册和国际评估任务大纲(2010年3—6月)
步骤4:专题评估分析(2010年3月—2011年3月)
步骤5:收集评估信息(2010年3月—2010年10月)
步骤6:编写绩效评估国内准备报告(2010年9月—2011年3月)
步骤7:成立国际评估专家委员会(2011年3月前)
国际评估阶段(2011年3月—2011年12月):
步骤8:国际评估专家评估和研究工作(2011年4—5月)
步骤9:国际评估专家在中国开展评估活动(2011年6月)
步骤10:编写国际评估报告(2011年7—10月)
步骤11:向领导小组汇报(2011年11月)
报告发布阶段(2011年12月):
步骤12:批准、发布国际评估报告(2011年12月)

附录 2：

国家自然科学基金资助与管理绩效国际评估报告（摘要）

"实施科学基金制是中国科技体制改革的成功探索，在 25 年的发展历程中，国家自然科学基金发挥了重要而积极的作用。"

——国务委员刘延东于 2010 年 12 月 17 日在中南海会见国际评估专家委员会全体成员时的讲话。

背景

经国务院批准，国家自然科学基金委员会（NSFC）于 1986 年 2 月 14 日成立，其主要任务为：

（1）引导、协调和资助基础研究与应用基础研究；

（2）发现和培养科学人才；

（3）促进科学技术进步；

（4）推动中国经济与社会发展。

2011 年，国家自然科学基金委员会（简称基金委）成立 25 周年。为客观地评估基金委成立以来的绩效并为其未来发展建言献策，基金委和财政部邀请国内外知名专家，成立了国际评估专家委员会（IEC）（成员名单见后文列表）。

国际评估专家委员会独立开展了细致而有序的工作。基金委对国际评估专家委员会的工作给予了全力配合，同时努力避免影响评估专家的意见。国际评估专家委员会也要感谢陈兆莹研究员领导的国家科技评估中心团队，他们付出了极大的心血与努力，搜集和整理材料，为本报告提供了基础证据。我们还要特别感谢参与座谈并提供信息的科研与管理人员，以及参与国家科技评估中心组织的问卷调查、面访、座谈会、实地考察的相关人员。

取得的成就

大量证据表明，中国的创新体系取得了长足进步。今天，中国拥有最庞大的科技人员队伍；中国对科学技术的大力投入使其成为世界科学界的重要贡献者。

国际评估专家委员会坚定支持中国国家自然科学基金会的定位，即自然科学基金委员会的主要职责是支持基础研究。我们认为，基金委为中国在科技领域的快速进步作出了重要贡献。基金委所发挥的作用是中国科技进步的关键因素之一。中国科研人员发表或合作发表的文章数量和质量都在迅速提高。2009 年，在中国大陆科研人员发表的科学引文索引（ISI）收录的论文中，38.5% 的论文获得过科学基金的资助。这些获资助的论文平均引用率高于中国平均水平。基金委还建立起独具特色的同行评议体系，并按照国际最佳实践来运行。科学基金在资助自由申请研究项目方面发挥了独特作用，从而极大地推动了科学文化的发展。在促进青年科学家职业发展方面，科学基金也发挥了至关重要的作用。而且，它还推动中国与国际科学界建立起重要联系。中国科技实力的壮大让世界为之瞩目，科学基金在这一发展过程中发挥了积极作用，以上仅列举了几个例子。

这些成就的取得要归功于：（1）始终遵循最佳实践原则；（2）高瞻远瞩和富于创新的历届领导；（3）忠于职守、专业素质高的员工队伍；（4）在科学基金项目管理和监督过程中建立的内部检查和制衡机制；（5）创造性地设立了支持前沿科学研究和促进中国经济与社会发展的资助工具。

建议

尽管科学基金设立以来的一些做法一直行之有效，但必须对其加以改进，以适应科学与社会发展的新需求。在报告正文中，我们提出了许多可能的改进建议，以提高科学基金的绩效。在此，我们仅列出了最为突出的几点：

1. 调整资助机制，以反映中国科学研究的发展变化。我们非常关注科学基金不断攀升的申请量。去年的申请量为 11.9 万余份，今年（2011 年）已经上升到 14.8 万份，这一数字高于全世界其他任何一个科学基金组织的申请量。我们建议增加基金委工作人员数量。必须认识到，基金委工作人员具有双重角色，一是要具备很高的科学知识水平；二是要承担管理复杂项目的重要而特殊的责任。因此，我们也建议改进基金委的岗位设置，并相应地提高工资，以保证项目申请得到最佳处理，并提高工作人员的独立性。

2. 我们还建议提高项目的资助强度，延长资助期限；允许资助强度和资助期限在一定范围内变动；每年集中受理 2 次申请，但同一份或类似申请在 12 个月内仅能递交一次。

3. 一个相关的问题是如何对项目申请进行评审与管理。我们建议扩大评审组的专家范围，增加具有良好学术声誉的青年科学家和可说中文的海外科学家。我们还建议调整评审组的结构，以更好地支持交叉学科研究项目，如为此类项目设立（临时和/或长期）特别评审组、减少评审组数量、增加来自其他学科的评审专家数量，以及建立内部协调机制等。

4. 我们高兴地看到，基金委在确保公正和减少评审过程中的不当影响方面做出了很大努力，并取得了成效。我们认为，基金委需要更加注意保护评审过程的保密性，更加注意避免实际的或潜在的利益冲突。

5. 我们也呼吁基金委扩大国际合作，如成立一个国际咨询委员会（IAC），与外国合作伙伴共同资助更多的合作研究项目，资助更多外国学者访问中国科研机构。这必然要求为基金委工作人员,包括高层领导,创造更多出国访问的条件,以履行推动中国基础科学发展的重要职责。我们还鼓励扩展现有国际合作与交流项目的资助范围,支持包括研究生在内的青年科研人员到国外访问,同时支持他们的外国同行来华工作。

6. 我们建议允许基金委提高项目经费中人员费的比例,用以支持包括研究生在内的各级科研人员。"一刀切"的方式已经不适于资助日益复杂的科学研究。目前,人员费在项目经费中的比例限制在15%,我们认为应当取消这一规定。这一调整应与其他国家研究资助机构的做法接轨。

7. 我们还建议在项目经费使用方面给予受资助者更大的灵活性,允许他们重新调整预算来研发和(或)购买中小型固定仪器设备。

8. 我们认为,科学前沿蕴含在创新和高风险性研究中,应该对这类项目给予更多支持,尤其是要资助初出茅庐的科研人员开展这类研究。因此,我们建议为有科研潜力的青年研究人员设立一个新的项目类型,申请资格应根据获得博士学位后的工作年限,而非生理年龄来确定。我们还建议为开拓性的高风险研究项目拨出专项资金,可能的话,成立专门评审组来管理。

我们还有许多其他建议,但上述几点尤其突出,值得特别关注。当然,我们必须强调需要持续增加基础研究的投入,尤其要增加对科学基金的投入。从绝对意义上讲,增加基础研究投入是必要的,但更重要的是,相对于其他类型的研究,更要增加对好奇心驱动的基础研究的资助,以发展中国的科学文化和增强中国的创新能力。

中国仅用25年便建成了当前的科学基金体系,这是一个令人惊叹的成就。我们很高兴参加本次评估,这也是首次对科学基金开展的此类评估。基金委已经是一个充满活力的成功机构,希望本次评估能帮助其今后更加有效地履行重要职责。

(国家自然科学基金资助与管理绩效国际评估报告的目录,见图8-5)。

1. 概述、评估发现与建议
   1.1 引言
   1.2 评估发现和建议
       1.2.1 战略定位——评估发现和建议
       1.2.2 绩效——评估发现和建议
       1.2.3 国际合作——评估发现和建议
       1.2.4 资助工具——评估发现和建议
       1.2.5 管理——评估发现和建议
2. 科学基金在中国国家创新体系中的战略定位
   2.1 基础研究的重要性
   2.2 科学基金的独特作用
   2.3 科学基金在基础研究资助格局中的份额应该增加
   2.4 科学基金的战略角色和资助导向
3. 绩效
   3.1 中国的科学论文
   3.2 学科发展
   3.3 交叉学科
4. 扩大国际合作与交流
   4.1 国际合作
   4.2 科学基金的国际合作
   4.3 基金委对国际科学共同体的使用
5. 资助工具
   5.1 科学基金的资助格局
   5.2 人才培养
   5.3 面上项目
6. 管理
   6.1 组织与治理
   6.2 项目资助与管理
   6.3 管理人员与工作强度
7. 结论
附件1 名词解释
附件2 国家自然科学基金资助与管理绩效国际评估国际评估专家委员会评估任务大纲
附件3 科学基金的资助工具

图 8-5　国家自然科学基金资助与管理绩效国际评估报告目录

案例使用说明

一、课前准备

提前一周将案例、思考题及相关材料布置给学生预习和准备，要求学生熟悉政策制定过程、政策学习相关理论与方法，关注和了解国家自然科学基金发展历程以及科学基金资助与管理绩效国际评估案例的内容，并结合所学专业知识对案例后的思考题形成自己的独立见解。

教师准备好教学课件、讲义等相关教学资料，并就分组讨论、情景模拟、课堂陈述、启发互动式教学、实践教学等教学方法的综合应用做好各方面的准备。

二、适用对象

本案例主要适用于公共政策分析、公共管理、公共部门绩效管理、公共科技政策课程，也适用于政府组织与治理等课程。

教学对象为公共管理硕士（MPA）、行政管理专业研究生和行政管理专业高年级本科生。

三、教学目标

本案例一方面通过对科学基金国际评估全过程的展现帮助学生从整体上形成对政策过程的框架性认知，另一方面旨在从政策学习的理论视角出发，通过对多元参与者政策学习过程的梳理剖析，帮助学生系统了解和掌握基于政策学习的公共政策制定过程，同时围绕政策学习背后的政策知识流动机制，引导学生思考其在公共政策制定中发挥的作用以及不同时期的作用差异，尤其是在百年未有之大变局、新科技革命与产业变革开启的态势下，在国际国内治理环境发生深刻变革的背景下，如何提高政策制定的科学性、有效性。

具体的教学目标主要有：

1. 通过案例再现科学基金国际评估从事前战略研究到评估实施完成整个过程中考察决策、研究设计、评估实施以及结果使用4个具体阶段的情况，让学生通过科学基金国际评估全过程能够基本了解什么是政策过程、政策过程的阶段以及不同阶段的任务和特点。

2. 重点关注公共政策制定过程，通过将科学基金国际评估视作公共科技政策制定过程中的一种政策学习工具，结合案例中涉及的主体以及各主体的角色功能定位，帮助学生理解政策学习过程及其背后的政策知识流动机制。

3. 通过案例引导学生思考政策知识流动在公共政策制定中发挥的作用以及不同时期可能存在的差异。尤其需要回答如何看待新型治理背景下多元参与者的政策学习，或者说其背后潜在的政策知识流动对相关公共政策制定的意义。

四、启发思考题

1. 科学基金资助与管理绩效评估为什么要采用"国内准备、国际评估"的组织模式？此种模式相比国内评估有哪些优势？

2. 科学基金国际评估中的政策学习是如何实现的？哪些主体参与了这个过程？各扮演了什么样的角色？

3. 潜在的政策知识跨国流动对公共科技政策的制定有什么作用？在实现国家治理体系和治理能力现代化，打造新一轮科技革命"引领者优势"的发展背景下，其对于我国科技政策的制定而言具有哪些现实意义？

五、教学内容及要点分析

（一）教学内容

本案例的设置主要针对公共政策过程理论的学习，尤其是公共政策的制定。通过科学基金国际评估这一政策学习工具，生动展现政策学习过程以及多元参与者之间的互动关系，并深入剖析其背后的政策知识流动机制，把握政策知识流动在政策制定中的重要作用，从而为治理体系深刻变革环境下的公共政策制定提供新的思路和借鉴。

具体而言，本案例主要涉及以下教学内容：（1）公共政策中的价值理性和工具理性。（2）公共政策过程理论（公共政策制定）。（3）政策学习理论。（4）政府治理理论。

（二）要点分析

案例分析的基本思路是将案例相关情景材料通过教师事先设计好的提问逻辑引导和控制案例讨论过程。因此本案例分析设计的本质是提问逻辑的设计，案例的决策点是案例分析的关键路线，决策点后隐藏的决策知识要素和决策规则是教学目标。

本案例的主要决策点及其分析如下：

1. 科学基金资助与管理绩效评估为什么要采用"国内准备、国际评估"的组织模式？此种模式相比国内评估有哪些优势？

理论知识点：公共政策中的价值理性和工具理性。

德国社会学家马克思·韦伯在《社会学的基本概念》中率先提出并阐述了"工具

理性"与"价值理性"。在他看来,工具理性是指通过对周围环境和他人客观行为的期待所决定的行动,这种期待被当作达到行动者本人所追求的和经过理性计算目的的"条件"或"手段";而价值理性是指通过有意识地坚信某些特定行为的——伦理的、审美的、宗教的或其他形式的——自身价值,无论能否成功,纯粹由其信仰所决定的行动。简单来说,工具理性主要涉及效率问题,即如何通过工具的选择实现收益成本的最优化权衡。价值理性则侧重于信仰和理念,并据此进行目标的选择。

此部分中要介绍价值理性和工具理性是公共政策学科的重要哲学基础,而价值理性和工具理性体现在公共政策制定过程的各个阶段。以政治与行政二分为起点,公共行政诞生之初便蕴含着工具理性思维倾向。聚集于政策科学领域,政策科学的诞生一直伴随着工具理性与价值理性两种哲学思维的碰撞。实际上,我国的改革开放经历了从"效率优先兼顾公平"到"更加注重社会公平"的理念转变,这与西方现代化理论中的"工具理性"与"价值理性"的哲学思维相吻合。

分析科学基金资助与管理绩效评估为什么要采用"国内准备、国际评估"的组织模式这一问题,可以从公共政策"工具理性"和"价值理性"两方面进行思考。此次科学基金绩效评估具有两个目的:一是问责,从历史的维度对科学基金25年的资助与管理的绩效进行独立、客观和系统的评价,分析总结优势与不足;二是学习,以全球视野重新审视科学基金在中国国家创新体系中的战略定位,提高资助与管理的绩效。从"工具理性"的角度看,选择"国内准备、国际评估"的组织模式,以国内准备提供的充分可靠的证据为基础,依靠国际评估专家丰富的专业知识,在保证评估设计和实施符合国际规范的同时,提高了评估过程的效率以及评估结果的效用,从而实现科学基金自身发展和实施卓越管理的内在需求;从"价值理性"的角度看,选择"国内准备、国际评估"的组织模式,通过评估独立性原则保证了评估的客观性和公正性。具体而言,在制度安排上保证委托方不干预、提供资料支持,实施过程中允许收集信息、自主选择调研对象、独立形成评估意见、专业机构与高层专家直接互动等,保证了评估的独立性,也成为国际最佳实践。

2. 科学基金国际评估中的政策学习是如何实现的?哪些主体参与了这个过程?各扮演了什么样的角色?

理论知识点:公共政策过程理论、政策学习理论。

政策科学(Policy Science)起源于哈罗德·拉斯韦尔1951年出版的《政策科学:范围与方法的最近发展》一书,书中界定了政策科学的两个任务,分别指向政策过程(Policy Process)和政策的智力需求(Intelligence Needs)。对于这两项任务,拉斯韦尔将之概括为"政策过程的知识"(Knowledge of the Policy Process)和"政策过程中的知识"（Knowledge in the Policy Process）。其中，"政策过程的知识"关注一般政策过程，探讨政策过程的科学性；而"政策过程中的知识"关注政策的内容，探讨政策本身对于问题解决的有效性。在拉斯韦尔看来，这两种知识具有内在逻辑一致性，两者相互促进，共同推进政策本身的科学性，尤其是知识与政策的有效结合，使得知识真正服务于实践和问题解决。

从某种意义上说，后人提出的"政策决策阶段论"是"政策过程的知识"的延续，将政策过程划分为几个独立阶段的思路有助于理解各个阶段的特点，减少了政策过程研究的复杂性，有利于开展案例研究推动理论发展。而对于"政策过程中的知识"的关注则往往通过建立政策分析理论、工具与方法，为决策者提供有用的知识和信息，促进公共政策的科学化、民主化。就政策过程中的政策制定（Policy Formulation）而言，政策学习（Policy Learning）是获取"政策过程中的知识"的重要途径之一。在政策学习的过程中，决策者既可能对成功政策进行模仿、移植，也可能对产生负面影响的政策进行规避。

回答"科学基金国际评估中的政策学习是如何实现的"这一问题，一方面需要了解事件面貌，厘清各环节涉及的主体以及各主体相应的职责定位。另一方面，需要把握政策学习的内涵、运行逻辑及其在政策制定中的地位和作用。本案例中，科学基金国际评估本身包含了考察决策、研究设计、评估实施、结果使用4个主要阶段，通过事件的梳理，学生能够从整体上把握公共政策过程，同时对公共政策过程中各阶段的任务和特点形成基本的认知。而把科学基金国际评估置于科学基金资助与管理相关政策出台的背景下，其将成为政策制定过程中的一种政策学习工具，通过"国内准备、国际评估"的组织模式，评估领导小组、评估工作组和评估办公室、国际评估专家委员会、国家科技评估中心和国家自然科学基金委员会各司其职，形成了良好的协作机制，不仅对本国过往政策实施经验进行反思性学习从而得到内源性知识，更是成功将一系列外源性因素引入到本国的政策制定体系中。

3. 潜在的政策知识跨国流动对公共科技政策的制定有什么作用？在实现国家治理体系和治理能力现代化，打造新一轮科技革命"引领者优势"的发展背景下，其对于我国科技政策的制定而言具有哪些现实意义？

理论知识点：公共政策制定、政府治理理论。

西蒙教授在《管理行为》一书中提到，由于人知识的不完备性、预期的不确定性以及行为可行范围受到限制等因素，行为主体往往很难做出符合完全理性要求的最优化决策。而基于这一假定去研究公共政策的制定就需要遵循知识途径，改进公共政策制定过程的主要目的是发现并使用与公共问题解决相关的各种知识。从这个意义上说，政策知识在政策制定中发挥着重要作用，而通过政策知识的流动能够洞悉政策制定的内在逻辑。在本案例中，科学基金国际评估作为一项政策学习工具，背后暗含着政策知识的跨国流动机制。正如上文所提到的那样，决策是运用知识的认知活动，公共政策制定科学性、有效性的实现往往需要依靠各种知识的运用，这也是回答"潜在的政策知识跨国流动对公共科技政策的制定有什么作用"这一问题的出发点所在。

回答第二个问题，首先需要理解政府治理逻辑。从一般意义上讲，政府治理是指政府行政系统作为治理主体，对社会公共事务的治理；就其治理对象和基本内容而言，包含着政府对于自身、对于市场及对于社会实施的公共管理活动。而公共政策的制定和执行是实现政府治理的重要手段。更进一步看，公共政策的制定是由潜在的政策知识所驱动的。在"知识不完备"的假定下，政策知识是政策制定中不可或缺的关键要素，但由于不同时期政策知识本身以及知识互动的特点存在差异导致其对政策制定影响的特征有所不同。在国际国内环境复杂多变的全球化发展背景下，实现国家治理体系和治理能力现代化，打造新一轮科技革命"引领者优势"等发展目标对政策制定的科学性、有效性提出了新的要求。与此同时，伴随着新一轮科技革命的纵深演进和科学范式的变革，知识的内涵、形式和边界也正发生变化。因此，通过科学基金国际评估案例考察政策知识跨国流动对公共科技政策制定的作用，有利于把握新型治理体系下政策知识在政策制定中的定位以及政策知识对新时期政策制定的作用机制。

六、教学安排

（一）案例引入（15分钟）

首先通过多媒体，以图片、视频、文字资料等形式，导入科学基金资助与管理绩效国际评估案例。教师进一步向学生介绍科学基金国际评估从事前战略研究到评估实施完成整个过程中考察决策、研究设计、评估实施以及结果使用4个阶段的情况，在讲述过程中引导学生深入了解事态的发展情况并进入情境。

（二）角色分析（15分钟）

将学生分成若干个组，分别代表科学基金国际评估项目单位、组织利益相关者、外部利益相关者、外部评价者等角色，分析各自角色的知识结构、利益诉求以及在科学基金国际评估中的主要任务，有意识地引导学生感悟其所扮演角色的主要任务和功能定位。

（三）分组讨论（40分钟）

将不同角色的学生重新划入新的小组，围绕案例中的思考题进行讨论，引导学生在讨论过程中进入自己所代表的角色与小组成员进行博弈辩论。在讨论过程中，引导学生开展对政策学习过程、政策知识跨国流动机制以及全球化时代公共科技政策制定的关键特征等问题的讨论。15分钟时间用于小组总结陈述。

（四）教师总结（20分钟）

教师针对学生分组辩论的情况予以点评，并对案例的关键要点进行重点分析。注意启发学生进一步思考新时代如何实现公共政策制定的科学性、公正性和有效性。

（五）课后作业

布置学生查询国内外政策学习相关案例，结合所学理论知识进行思考，完成3000字左右的案例分析报告。

七、补充材料及其他

课堂教学采用计算机处理文字、图像、图形的多媒体教学。在教学时间和教学经费允许的情况下，建议安排实践教学环节，带领学生与科学基金国际评估的参与人员进行座谈，深入探讨政策学习过程及其对科学基金相关政策制定的影响。

案例 9

"南京幼童饿死"事件再反思：
事实无人抚养儿童分类保障制度的构建[①]

---

① 本案例由华东理工大学社会与公共管理学院社会学专业博士研究生张肖蒙编写。

 案例正文

本案例首先回顾了"南京幼童饿死"事件的始末,接着反思了事件暴露的问题,最后对我国事实无人抚养儿童分类保障制度的演进历程进行了描述。为了避免儿童福利领域类似恶性事件的再发生、改善事实无人抚养儿童的生存状态,案例对我国事实无人抚养儿童分类保障制度的构建进行探讨,以促进新时代儿童福利工作的创新。

一、引言

事实无人抚养儿童是指父母双方均符合重残、重病、服刑在押、强制隔离戒毒、被执行其他限制人身自由的措施、失联情形之一的儿童;或者父母一方死亡或失踪,另一方符合重残、重病、服刑在押、强制隔离戒毒、被执行其他限制人身自由的措施、失联情形之一的儿童[1]。2010年11月16日,国务院办公厅发布的《关于加强孤儿保障工作的意见》标志着全国儿童福利元年与儿童福利时代的来临[2]。此后,浙江、安徽、重庆等地的民政部门结合当地实际,为探索中国特色儿童福利制度积累了宝贵经验。然而儿童福利工作的推进并不顺利,2013年发生的"南京幼童饿死"事件给儿童福利工作带来拷问:事实无人抚养儿童谁来养?养育事实无人抚养儿童的法规政策支撑在哪里?难道因为缺少法规政策的支撑,这些孩子就该不管不问吗?事件的恶劣性引起了社会各界的广泛关注,也将我国落后的儿童观念、薄弱的儿童法规政策以及不完善的儿童福利服务递送体系等问题暴露于灯光之下,引起了业内人士的广泛讨论。

二、"南京幼童饿死"事件回顾

(一)事件始末

2013年6月21日,南京市江宁区一个单元楼里年仅3岁的姐姐和1岁的妹妹被民警发现饿死家中,事件一经报道,举国震惊。幼儿的父亲李某,28岁,事发时因涉毒被判刑半年,正在监狱服刑;母亲乐某,22岁,有吸毒史,事发一年前曾被警方查

---

[1] 关于进一步加强事实无人抚养儿童保障工作的意见. http://xxgk.mca.gov.cn:8081/n1360/159474.html.
[2] 刘继同. 中国儿童福利时代的战略构想[J]. 学海, 2012 (2): 50-58.

获，但因哺乳期免于刑罚。二人是同居关系，3岁的姐姐是乐某与前男友所生，1岁的妹妹是二人所生，因为二人未婚，两个幼儿均没有户口。事发前，作为幼儿唯一法定监护人的乐某，不是像其他母亲一样对幼儿照顾有加，而是经常将孩子单独锁在家中，自己则外出不归，有时长达四五天。据邻居讲述，没有自理能力的幼儿经常因为饥饿难耐从屋内拍门求救，生存状况恶劣。

据邻居讲述，2013年3月的一天，3岁的大女儿光着脚、满身大便、赤裸着上身在寒冷的天气中跑到小区大院里被邻居发现，热心邻居给孩子买来吃的并第一时间到乐某家中照看了已经奄奄一息的小女儿后选择报警，最终民警将孩子交还给母亲乐某①。乐某并没有因此痛改前非对孩子悉心照料，而是吸取"教训"，在最后一次出门时，为了防止大女儿再次跑出家门，将两个女儿放在没有窗户的卧室内，并将尿不湿夹在门缝里，以防大女儿再次跑出去，但这一做法同时也堵住了孩子求生的大门。2013年9月，南京市中级人民法院对案件作出宣判，被告人乐某故意杀人罪成立，然而此时的乐某再次怀孕，最终法院判处乐某无期徒刑，剥夺政治权利终身。

（二）各方作为

在惨痛的事实面前，不禁有人提出疑问：母亲乐某视养育如儿戏、对孩子疏于照顾，她的亲属、所在居委会、民警以及邻居等相关方给予了孩子什么样的支持呢？

1. 亲属

两位幼童的父亲李某，早年父母双亡，李某本人小学未毕业，9岁开始抽烟，沾上毒品后，除了其80多岁的外婆，其他亲属均不与之往来，李某曾遭遇车祸，之后便不能干重活。

母亲乐某，她的母亲18岁时非婚生下她后便失去联系，乐某由奶奶带大，奶奶去世前告诉乐某她的妈妈还活着，但联系微弱，乐某是文盲，只上了几天小学。

二人的原生家庭残破，乐某表示，她管自己都费劲，哪有精力管孩子。二人的孩子生下来，李某80多岁的外婆帮忙照顾了不少。乐某曾委托外婆帮忙照看两个孩子，但外婆年事已高，也是当地有名的困难户：老伴偏瘫多年、痴呆的女儿一直由她照顾。如若照顾两个重外孙女，实在力不从心，就没有答应。就这样，在李某服刑后，两个孩子只能由"管自己都费劲"的乐某照顾，亲属能提供的支持十分有限。

2. 居委会、民警和邻居

李某服刑后，因为有两个年幼的女儿，李家成了居委会重点帮扶的对象。据说乐

---

① 柴会群. 南京饿死女童的最后一百天［N］. 南方周末，2013-06-27.

某之前从不洗衣服，居委会便出资为李家购买洗衣机、更换水龙头。3月份大女儿跑出来后，居委会更是加大了"救助力度"，每月给李家提供800元左右的救济款，由对接的民警负责发放给乐某。为了防止乐某乱花，民警通常一周给一次、每次数额不多，想通过这样的方式保证乐某不脱离自己的视线、督促她照顾孩子。

两个幼儿在家，经常因为饿肚子在屋内哭喊拍门，惹得楼下邻居心疼，偶尔给孩子送点吃的，尤其是大女儿跑出去后，楼下邻居更是嘱咐乐某"以后出去时不要反锁门，这样娃娃们饿了，我们可以送点吃的上去"。乐某说"阿姨，我怕大女儿再跑出来，我给你一把钥匙吧"，楼下邻居接过了钥匙。之后邻居们以拿钥匙的邻居为中转站，时常给两个孩子送点吃的，但乐某依然不常回家，邻居无法承担意外的风险及责任，便把钥匙还给了乐某。

李某入狱后，最先对两个幼儿生存风险引起警觉的是他78岁孤身一人生活的奶奶。虽然与孙子断绝往来多年，但听说重孙女从家里跑出去后，奶奶十分不放心，便请求居委会做做好事、把两个娃娃送到福利院，给她们一条活命，居委会回复：她们有老子有娘，福利院不收。奶奶辩解道：她们是有老子有娘，但老子关在牢里、娘不管，这不和没老子没娘一个样？

最终，在亲属、居委会、民警和邻居各方都作出了职责内最大的努力后，拯救李氏姐妹的机会却被一次次错过。警察将侥幸逃脱的姐姐还给常不归家的母亲、担不起风险的热心邻居退还了钥匙、居委会以不符合政策为由拒绝将幼儿送往福利院，悲剧就这样发生在了这对看起来有父母、实际却无人抚养的姐妹身上。

三、事件暴露的问题

回顾整个事件，当家庭不能满足儿童成长的基本需要时，尤其是父母不具备抚养儿童的能力、造成儿童事实上无人抚养时，本该为儿童生存兜底的国家却未能托底。我国传统文化烙印极深的儿童观仍然占据主流、保护事实无人抚养儿童的法规政策可操作性不强以及事实无人抚养儿童的服务递送体系不完善等，共同造成了公权力对事实无人抚养儿童的弱干预甚至不干预，导致救助南京姐妹的机会一次次被错过。

（一）占据主流的传统社会儿童观

我国几千年的封建统治形成了传统社会的儿童观，这种儿童观随着文化的代代传承，深深烙印于中国文化。传统社会儿童观认为，儿童是传宗接代和养老的工具、是父母的私有财产，如何抚育儿童是父母的私事，外力不应过多干预。儿童不是作为独立的权利主体而存在，而是属于父母的。正所谓"清官难断家务事"，只要儿童性命无忧，父母对儿童的其他行为公权力无权干涉。这种文化传统一方面导致大众对公权力不干预弱势儿童保护习以为常，认为是父母的无能导致孩子生存状况的恶劣，和国家没有太大关系；另一方面也导致儿童在遭受伤害时无法得到有效的行政干预和法律保护，造成公权力对儿童福利服务递送的长期缺失。

《联合国儿童权利宣言》所代表的现代社会儿童观认为，儿童是权利主体，是一个全方位不断发展的人，享有生存权、保护权、发展权和参与权，应该尊重儿童的独特性和主动性。同时提出儿童是需要保护的弱势群体、是国家未来重要的人力资本，全社会都应该为儿童的健康成长保驾护航。

社会的变迁使现代社会儿童观的认同度越来越高，但传统社会儿童观仍然深深扎根于中国文化的土壤并占据主流，导致对儿童的司法保护、社会保护和行政保护不足，也是导致相关人员和部门在"南京幼童饿死"事件中退避的主要原因。

（二）缺乏可操作性的法规政策

事实无人抚养儿童面临的首要问题是监护问题。儿童由于身体和智力的发育尚未完成，必须由父母或其他成年人监护才能健康成长，而事实无人抚养儿童的亲生父母由于各种现实困境，无法履行监护职责，妥善处理事实无人抚养儿童的监护问题成为改善其生存状况的第一步。

目前，我国的《儿童福利法》尚未出台，与事实无人抚养儿童监护相关的法律法规主要集中在《民法通则》《民通意见》《婚姻法》及《未成年人保护法》，其中涉及监护问题的相关法律规定，主要体现在对监护人职责的规定和对监护人违反监护职责应承担责任的规定上，虽然有法可循，但操作性不强。

1. 亲权法规不完善

亲权，是指父母对未成年子女在人身和财产方面的管教和保护的权利和义务。我国现行法律并无亲权这一概念，《民法通则》《未成年人保护法》及《婚姻法》等关于父母对未成年子女权利义务的规定是框架性的笼统概括，在应对日益复杂多样的亲子关系时缺少可操作性，针对事实无人抚养儿童这一父母监护缺失的未成年群体，亲权更是无从谈起。当儿童遇到乐某这样的母亲使生命遭受严重威胁时，现有法律规定却不能为儿童的生命保驾护航，导致亲权职责无人履行。

2. 监护法规不成熟

南京姐妹在饿死前，其生存困境多方人员都了然于心，却不能出面对两名幼童进行保护，缘于母亲乐某才是两名幼童的法定监护人，强制剥夺乐某的监护权缺少法律依据，致使悲剧发生。虽然《民法通则》第十八条、《民通意见》第二十条及《未成年人保护法》第五十三条规定，"人民法院可以根据有关人员或单位的申请撤销监护人的资格，依法另行指定监护人"，另行指定的监护人范围依据《民法通则》第十六条规定"包括未成年人的祖父母、外祖父母，兄、姐以及关系密切的其他亲属、朋友。如果没有前述人员，则由未成年人父母所在单位或未成年人住所地的居民委员会、村民委员会或者民政部门担任监护人"。而"南京幼童饿死"事件中，从事件相关方的回应可以看到，上述规定在现实情境中缺乏可操作性，执行困难。另外，监护作为一种重要权利，由"有关人员或单位"提起诉讼的规定应当细化并强制，否则可能存在监护人侵犯儿童权益，但没有相关人员或单位提出诉讼的现实情况。

（三）不完善的服务递送体系

根据制度理论，组织架构和资源配备共同构成制度的服务递送体系。事发时，我国事实无人抚养儿童的服务递送体系几乎处于空白状态，无论是法律规定还是政策文件，对此类儿童的监护均处于制度盲区。与我国形成鲜明对比的是，日韩欧美等国家的儿童福利制度已较为完善，尤其是欧美，不仅形成了包含事实无人抚养儿童的困境儿童分类保障制度，而且普惠型的儿童福利制度也得到了良好的执行，政府为每位儿童发放津贴，保障儿童的基本生活。而我国针对弱势儿童的分类保障制度仍处于起步和摸索阶段，事实无人抚养儿童的服务递送体系存在诸多问题。

1. 有待改进的行政管理架构

事实无人抚养儿童的最高级别政府主管部门是民政部，而事实无人抚养儿童分类保障制度的构建需要多个行政部门共同发力，但民政部没有统领其他行政部门的权力；国务院妇女儿童工作委员会和未成年人保护委员会，这两个部门作为未成年人保护的综合协调机构，不是负责执行政策的独立行政部门。这些导致对事实无人抚养儿童的保护无法形成合力、限制了对事实无人抚养儿童的保护力度和保护效果。

2. 亟待补充的资源配备

得到满足成长所需的照护是事实无人抚养儿童的第一需求，而要满足这一需求，则需要一定的人财物配备。首先，需要依据法规为事实无人抚养儿童寻找有照护能力的监护人，而目前实现这一目标仍有一些现实层面的困难；其次，应向事实无人抚养儿童发放基本生活补贴、加强其医疗康复保障并完善教育资助救助，而目前该部分财政投入依然不足；最后，应充分发挥专业社会组织的力量，为事实无人抚养儿童提供专业服务。但目前我国有关社会组织管理的政策法规体系和评估监控体系尚未健全，社会组织的发展依然面临福利机制融入障碍、融资困难、人才缺失、专业化不足等一系列的问题，难以对政府提供的服务进行有效补充。

四、制度的演进

"南京幼童饿死"事件是我国儿童福利领域的一次大地震，事件的发生使行政和司法主管部门对现有"粗线条、框架式"的儿童保护制度进行了深刻反思，并发现现有儿童保护制度已无法满足新时代儿童福利的需求，聚焦对弱势儿童进行分类保障成为必然趋势。南京幼童所代表的事实无人抚养儿童走进了行政及司法主管部门的视野。

2019年1月25日，民政部"三定"公布，增设"儿童福利司"，负责拟订儿童福利、孤弃儿童保障、儿童收养、儿童救助保护政策、标准，健全农村留守儿童关爱服务体系和困境儿童保障制度，指导儿童福利、收养登记、救助保护机构管理工作[①]。这是民政部首次单独就儿童福利设立相关司局，主管儿童事务的行政部门级别从之前的儿童福利处提升至儿童福利司，是儿童福利领域一件具有里程碑意义的重大历史事件，体现了党中央、国务院对儿童工作的高度重视，也是党中央、国务院在科学研判中国儿童工作的形势和条件后作出的一个重要决断，展示了党和政府探索和建立适合中国国情的儿童福利制度的决心和魄力。2019年7月10日，儿童福利司推出了成立以来的第一件重大成果：民政部、最高人民法院、最高人民检察院、教育部、公安部、财政部等12部门联合出台《关于进一步加强事实无人抚养儿童保障工作的意见》（以下简称《意见》），包含明确保障对象、规范认定流程、突出保障重点、强化保障措施四方面主要内容，该《意见》定于2020年1月1日全面实施，将为事实无人抚养儿童的健康成长提供保障。

五、结尾

"南京幼童饿死"事件是我国儿童福利制度推进历程中不可磨灭的伤痛。放眼全球，无论是日本的"西巢鸭弃婴事件"，还是美国的"神父性侵儿童事件"，全世界儿童福利制度的推进历程中，都流淌着儿童的鲜血。如何避免恶性事件的再发生、切实改善事实无人抚养儿童的生存状况、设计出适合中国国情的事实无人抚养儿童分类保障制度，还需要公共管理学界继续探讨。

---

① 《民政部职能配置、内设机构和人员编制规定》。

案例 9：" 南京幼童饿死" 事件再反思：事实无人抚养儿童分类保障制度的构建

📈 案例使用说明

一、教学目的与用途

1. 适用课程。本案例主要适用于社会保障理论与政策课程，也适用于公共政策分析等课程。
2. 适用对象。公共管理硕士（MPA）。
3. 教学目标。引导学生运用社会保障的理论方法，在制度理论的框架指导下，对案例中主要探讨的事实无人抚养儿童的分类保障进行制度设计。

二、启发思考题

1. 在案例所述的幼童饿死前，你认为可以采取哪些措施避免事件的发生？
2. 你认为哪些儿童是困境儿童？你了解的我国关于困境儿童的法规政策有哪些？
3. 适合我国国情的事实无人抚养儿童分类保障制度设计最重要的是什么？如何设计？应包含哪些内容？

三、分析思路

首先应该对我国的儿童福利政策及制度有基本了解，聚焦弱势儿童的救助及保护政策，联系我国实际，对现实状况中复杂的困境儿童分类进行梳理，明确为何事实无人抚养儿童会成为关注的焦点，进而思考如何建立事实无人抚养儿童分类保障制度。

四、理论依据与分析

应用制度理论进行框架指导，明确制度设计的四要素。
社会保障对特殊群体的政策设计。

五、关键点

明确事实无人抚养儿童保障工作的意义。

针对事实无人抚养儿童这一特殊群体进行制度设计的全面分析。

六、建议课堂计划

1. 引入案例（5分钟）。
2. 分组讨论（20分钟）。
3. 案例点评（15分钟）。
4. 案例总结（10分钟）。

5. 数字治理

案例 10

区块链技术在电子政务中的应用展望[①]

——以"湖州掌上通"为例

[①] 本案例由中央财经大学政府管理学院副教授张相林和北京师范大学政府管理学院人力资源管理专业博士研究生葛晓琳共同编写。

案例正文

本案例以政府传统的电子政务工作存在的主要问题为切入点，探讨在当今数字化、网络化的大背景下，政府机构日常办公、信息收集与发布、公共管理等事务实现电子化的过程中引入区块链技术的场景。本案例列举了目前在区块链电子政务领域的应用案例，通过介绍区块链技术的内涵，希望利用其去中心化、去信任、透明可信、防篡改可追溯、安全可靠等特性，结合区块链发展浪潮，探讨区块链技术在电子政务中的应用前景和优势，直面机会和挑战，推进电子政务更上一层楼，让政府更好地提高办公效率、加快建设服务型政府、提供更优质的公共服务。

一、传统电子政务存在的局限性

传统的电子政务建设主要包括电子化内部办公和对外服务的程序、系统、过程和界面。通过信息通信技术手段的密集性和战略性应用组织公共管理的方式，旨在提高效率、增强政府的透明度、改善财政约束、改进公共政策的质量和决策的科学性，建立良好的政府之间、政府与社会、社区之间以及政府与公民之间的关系，提高公共服务的质量，赢得广泛的社会参与度。电子政务虽是提高政府公共服务行之有效的手段，但仍存在一些局限。

（一）横向各部门间缺乏互通渠道

各部门业务对接上，缺乏统一的标准操作流程，政策制定部门与实操部门对业务标准化流程的理解存在偏差，政策不匹配，政策制定相对滞后。电子政务的建设需要管委会各个部门间进行相互协调配合，从而处理大量为公众服务的事项，这种交互式的办公需要一个互联互通的电子平台，同步传递信息到各个不同部门。而现在大部分的电子政务平台都是单一传递信息的，公民的诉求只能反馈给某一个部门或者某几个部门，但是部门相互之间的处理却是封闭的。政府各个部门之间的业务差别很大，要实现互联互通非常复杂，而且要经过层层审核和批准，才允许将信息进行披露和交换。部门之间沟通的障碍与电子政务的便捷性和公开透明性是相悖的。

（二）公众参与程度低

政府网站上大多是一些介绍和宣传的静态内容，检索能力不强，很多民众在该网站查询信息的过程都十分麻烦，缺乏和用户的交流沟通手段。政府与上网公民之间缺乏互动性、回应性，在沟通的及时性和顺畅性方面与民众的期望还有很大的差距。政府网站仅仅局限于把一些法律、法规、政策、条文从纸上搬到网上，公开的信息数量少，网站的信息也多是一些新闻报道，内容平淡重复，实用信息很少，质量低，信息陈旧，不能及时更新。网页与网页之间的连接渠道少，各级政府的电子政务还没有形成网络。公众大多还是需要通过线下政务中心大厅的业务咨询完成业务处理。

（三）安全问题缺乏正确认识

这是电子政务建设过程中面临的一个十分紧迫、重要的问题。电子政务的建设过程需要相应的技术支持。政府网站等电子政务平台等都需要科学、完整、高效的安全保障体系。首先，目前政府网络和信息安全制度不健全，政府安全意识薄弱，整体防护能力不高。缺乏国家统一指导和规范，管理问题突出。其次，在电子政务平台上没有相应的技术规范和技术管理人才，应急处理突发事件能力不够强。最后，电子政务的安全基础性工作进程缓慢，没有相应的及时的系统更新和维护，更多还是注重对于政府网站的报道的更新，若在系统内进行政府投资项目或者公民个人政务服务的申报，这样的安全环境则无法保证信息的安全性，这属于政府网站与政府日常业务的脱节。

二、区块链技术与电子政务结合的应用

（一）区块链技术的内涵

区块链拥有分布式账本、无信任系统、共识机制和智能合约等核心技术，天然地具备去中心化、去信任、透明可信、防篡改可追溯、安全可靠等特性，近年来被广泛应用于货币、金融和政府治理领域。

第一，分布式账本。分布式账本指的是交易记账由分布在不同地方的多个节点共同完成，而且每一个节点记录的是完整的账目，因此它们都可以参与监督交易合法性，同时也可以共同为其作证。与传统的分布式存储有所不同，区块链的分布式存储的独特性主要体现在两个方面：一是区块链每个节点都按照块链式结构存储完整的数据；

二是区块链每个节点存储都是独立的、地位等同的,依靠共识机制保证存储的一致性①。它的优点是可以保障数据安全。这种安全性建立在区块链的节点冗余之上,因为冗余可以将一个节点的信息复制到其他所有节点,通过去中心的方式使政务在单个节点出现故障时仍能保证数据完整,平稳运行②。

第二,无信任系统。无信任系统并不意味着不需要信任,而是说区块链共识机制、智能合约、加密算法、时间戳等技术省去了可信赖的第三方充当中介或公证人的需要。信任系统可分为三类:声誉、政府和信任机器。在人口较少的社区,人的声誉是信任的担保。在人口较多的社会,国家、政府和公共机构就成为权威的信任担保人。从历史上看,如果国家维持了社会信任也就维持了自身权威,实现了治理;如果国家无法维持社会信任,那么国家就会崩塌,其统治权力也会被取代。因此,现代社会政府治理的根本是确保人对人的信任以及人对政府的信任,从信任中获取共识和执政合法性。而区块链的出现则有可能将确保信任的责任或功能从政府等第三方机构转移到技术,使人们之间的互动由技术来调解,使社会事务实现由信任人、信任政府向信仟技术、信任数学的转变③。

第三,共识机制。共识机制就是所有记账节点之间怎么达成共识,去认定一个记录的有效性,这既是认定的手段,也是防止篡改的手段。区块链提出了4种不同的共识机制,适用于不同的应用场景,在效率和安全性之间取得平衡。区块链的共识机制具备"少数服从多数"以及"人人平等"的特点,其中"少数服从多数"并不完全指节点个数,也可以是计算能力、股权数或者其他的计算机可以比较的特征量。"人人平等"是当节点满足条件时,所有节点都有权优先提出共识结果、直接被其他节点认同后并最后有可能成为最终共识结果。以比特币为例,采用的是工作量证明,只有在控制了全网超过51%的记账节点的情况下,才有可能伪造出一条不存在的记录。当加入区块链的节点足够多的时候,这基本上不可能,从而杜绝了造假的可能④。

第四,智能合约。智能合约与社会契约类似,都是为了让事务在某种程度上达成一致。只不过智能合约是在区块链上存储、验证和执行的代码,由多方协定或者单方

---

① 阿迪瓦特·德什潘德,凯瑟琳·斯图尔特,路易斯·列皮特,等. 理解分布式账本技术/区块链——挑战、机遇和未来标准[J]. 信息安全与通信保密,2017(12):22-31.
② Marcella Atzori. Blockchain Technology and Decentralized Governance: Is the State Still Necessary? [J]. Social Science Electronic Publishing, 2016, 6 (1).
③ Rozas D, Tenorio-Fornés, Antonio, Díaz-Molina, Silvia, et al. When Ostrom Meets Blockchain: Exploring the Potentials of Blockchain for Commons Governance [J]. SSRN Electronic Journal, 2018.
④ 朱岩,甘国华,邓迪,等. 区块链关键技术中的安全性研究[J]. 信息安全研究,2016,2(12):1090-1097.

部署和使用。当协定达成，外部触发器满足智能合约中的编码条件时，协议就会被记录到分布账本之中，并自动执行。换句话说，条件一旦触发，智能合约便可在没有人工干预的情况下执行指令，并且所有的执行过程都会被信息块记录①。因此，将区块链智能合约技术应用到政府治理，可以大大缩短政务处理时间，提高政务执行效率。

同时，区块链的非对称加密技术，由于其对账户信息高度加密，即使存储在区块链上的信息是公开的，也难以破解。这样的核心技术为政务数据提供了安全保障。这些区块链的核心技术对于在政府部门电子政务的建设过程是极具应用前景的。

(二) 区块链电子政务领域的案例应用

现在正处于区块链发展的 3.0 时代，而不是仅仅局限于单纯的数字货币。2016 年 10 月，工业和信息化部出台了我国第一份关于区块链技术应用的官方文件《中国区块链技术与应用发展白皮书》，将区块链定位为提升社会治理水平的有效技术手段。2019 年 10 月，习近平总书记在主持中共中央政治局第十八次集体学习时特别指出，全球主要国家都在发展区块链技术，我们也要探索"区块链+"在民生领域的运用，为人民群众提供更加智能、更加便捷、更加优质的公共服务；要探索利用区块链数据共享模式，实现政务数据跨部门、跨区域共同维护和利用，促进业务协同办理，深化"最多跑一次"改革，为人民群众带来更好的政务服务体验②。

我国各级政府也在积极响应号召，目前有许多区块链技术在电子政务领域的应用案例。2019 年 4 月 15 日，北京市海淀区推出"不动产登记+用电过户"同步办理的新举措，让市民和企业办理不动产登记时，可以一并办理用电过户，省时又省力。通过流程优化创新和区块链技术的应用，打通政务服务与公共服务两个领域，在以二手房交易为主题的服务事项中，把涉及该主题的各项服务联动办理，让办事群众"只需跑一次"。这种将政务服务与公共服务联动办理的做法，在北京尚属首例③。2019 年 4 月 22 日，"区块链+AI"平台办理的企业营业执照在广州市黄埔区政务服务大厅也顺利发出。这是黄埔区试点上线"商事服务区块链平台"的"功劳"。平台利用 AI 技术，将企业开办各环节由原来的 140 多个"填报项"压缩至 20 多个"填选项"，信息填报量减少约 85%；利用区块链技术，并通过对接公安部的身份认证平台（CTID），

---

① Rowan van Pelt. Blockchain Governance: A Framework for Analysis and Comparison [A]. Department of Information and Computing Sciences, Utrecht University, 2019.
② 习近平在中央政治局第十八次集体学习时的讲话. [EB/OL]. http://www.xinhuanet.com/.
③ 海淀区借助区块链技术促进"一网通办". [EB/OL]. http://www.xinhuanet.com/fortune/2019－04/15/c_1210108976.htm.

建立可信的数字身份信用体系,提高电子数据使用效率,实现身份信息"一次认证,全网通办",同时"信息共享、监管有据、执法留痕"[1]。2019年4月24日,浙江省湖州市推出全市统一城市服务APP——"湖州掌上通"。通过人脸识别登录即可享用智慧医疗服务、智慧停车服务、悦读湖图、涉企政策服务、社保查询服务、新闻公告、一键智慧游、公积金查询服务和气象服务等。利用APP建设方自主研发的大数据、人工智能、区块链、深度学习等先进技术,在满足市民各项服务需求的基础上,构建APP集智能标签、智能提醒、智能问答、关联推荐于一体的智能服务体系[2]。2019年12月9日上午,深圳市统一政务服务APP"i深圳"正式上线区块链电子证照应用平台。在电子证照应用中引入区块链技术,可以借助区块链的多中心化同步记账、身份认证、数据加密和数据不可篡改等特征,确保电子证照信息可信任且可追溯,让政务服务各参与主体共同建设、共同维护、共同监督,从而满足公众的知情权、监督权,增强电子证照的安全性与可信度,提高办事效率。目前,"i深圳"已实现了居民身份证、居民户口簿等24类常用电子证照上链,支持在线授权他人用证、线下大厅窗口授权用证办事等多种用证形式,线下办事授权用证支持无犯罪记录证明、生育登记等100余项高频政务服务事项[3]。

三、区块链技术应用于电子政务的优势

(一)有利于提高政府服务效率

区块链技术的"去中心化"标志着将政府各部门间的常见的业务审批同步到区块链中的综合信息数据平台上。开发区管委会业务涉及的各个部门都可以同步看到信息,同时还保证了数据的真实性和可靠性,减少了业务信息在部门之间传递的时间浪费与人力物力冗余,在区块链技术构筑的这个平台上可以实现多个部门的同步办理,而不需要在不同部门之间辗转,实现快速审批,互联互通办理。应用区块链技术,则可以从底层建设支持"一站式"政务服务平台的建设要求:一方面,区块链技术中的P2P技术和共识机制,能够在不同主体之间构建一个点对点的分布式对等网络,在这个去中心化的"自组织"网络中,政府各部门在公共治理体系中处于相对平等的地

---

[1] 全国首创"区块链+AI"商事服务新模式在广州施行. [EB/OL]. http://www.sohu.com/a/309708975_737107.

[2] 浙江湖州全力打造城市服务爆款应用——湖州掌上通. [EB/OL]. http://unn.people.com.cn/n1/2019/0423/c14717-31045390.html.

[3] 深圳市统一政务服务APP"i深圳"正式上线区块链电子证照应用平台. [EB/OL]. http://www.01caijing.com/finds/details/253956.htm.

位,治理体系呈现分布式结构。同时,在这个相对平等的区块链平台,政府各部门之间可以实现快速的信息传递与沟通,直接进行点对点的信息传递,而不需要结果层层审批,这可以使政府组织结构更加扁平化、信息传递更加及时有效、工作效率更高。另一方面,可以对行政审批过程中的数据进行动态收集。利用区块链的共识机制,可以将这些数据转变成个体身份记录,从而赋予每个机构、每个公民相应的身份认证,政府审批从条件审批转化成表现审批,大大压缩了政府的自由裁量权,使得政府的服务更加公平、公正[①]。

(二) 有利于社会信用体系的构建

区块链技术保证整个社会信用体系的建立,公民在信用体系中会得到验证身份的唯一性和可保障性,同样会大大促进公民对于政府活动的参与程度。这个信用体系中有关于个人信用情况、基本信息等,成为在整个社会网络中的个人独有的记录,政府在处理政务时,完全可以依靠区块链中全面、可靠的信息作为依据。区块链中哈希值校验、时间戳等严格界定了区块的次序,保障了区块信息的不可篡改和伪造。因此区块链技术可以用来确定身份。比如,政府机构在颁发不可伪造的证明如执照、证书或许可证时,可以采用区块链技术保证其唯一性。公众以个人身份参加社会活动时,如选举投票、民主评议等活动,也可以使用区块链技术进行自我保护。除此之外,进行信用相关信息验证时,借由区块链访问可以快速地证明信用信息的有效性和真实性,避免了传统的通过线下方式进行整个流程,减少了不必要的损耗[②]。

(三) 有利于保障数据信息安全

政府的电子政务平台作为存储大量政务数据的集中式中心,很容易受到网络攻击,一旦出现信息安全问题,后果将不堪设想。而区块链技术由于其全节点的数据存储和区块的冗余可以保障数据的安全。它也可以将数据存储在全球任一节点,减少数据窃取的可能性。加之每个节点都有自己的数据管理密钥,这使得政务数据的管理和维护变得更加安全。区块链的非对称加密技术可以为政府信息提供一个更加安全可靠的保障,政府部门通过公钥和私钥的密码同时验证成功,才可以证明身份从而获得权限,消除了密码交换环节,加大了信息泄露的难度。区块链的条件准入特性赋予不同个体不同的信息利用权限,政府可以将更多的信息资源公布出来,使其更好地服务于

---

① 侯衡. 区块链技术在电子政务中的应用:优势、制约与发展 [J]. 电子政务,2018 (6):22-30.
② 王鹏,丁艺. 应用区块链技术促进政府治理模式创新 [J]. 电子政务,2017 (4):59-66.

社会①。

四、区块链技术在电子政务中的挑战

区块链在电子政务中的运用,对于实现政务数据跨部门、跨区域共同维护和利用,促进业务协同办理,保障电子政务平台的信息安全,更快更好地建设服务型政府具有重要意义。但是,目前区块链技术在电子政务领域的应用也正面临着一些挑战。

其一,投身于电子政务区块链领域的研发技术人员较少,大量的从业者集中于银行、货币、证券等商业领域。2019 年 11 月 4 日,智联招聘发布的《2019 年区块链人才供需与发展报告》数据显示,2019 年三季度,区块链求职人数是招聘人数的 7.12 倍。可见,盲目跟风现象依然存在,由于技术较新,历史沉淀少,拥有相应知识结构和工作经验的存量人才在现阶段依然凤毛麟角,人才培养和制定人才标准是下一个重要发力点。从行业分布看,2019 年三季度,互联网/电子商务和计算机软件行业对区块链人才的招聘需求占所有行业的比例分别为 37.14% 和 14.45%,占需求主流。随着区块链技术不断推进应用落地,为政府治理领域发展匹配专门的人才迫在眉睫,培养区块链产业人才已经成为各方共识②。

其二,伴随着区块链技术的发展,相应的监管措施和法律法规等配套的软建设也要提上日程。区块链技术保证了全部公民的信息和数据的透明真实,但是在遭遇泄露危机时应该如何及时作出处理等这些随之而来的敏感问题,都要求政府谨慎作为,在保护隐私、知识产权、数据安全等方面都应该及时出台法律规制措施。

综上,各级政府应该结合自身情况加快建设应用于电子政务中的区块链技术,同时,积极培养区块链技术的高端人才,加快立法监管的法律法规建设,从而为人民群众带来更好的政务服务体验。

 案例使用说明

一、教学目的与用途

1. 适用课程。主要适用于电子政务课程,也适用于公共管理学、大数据分析与公

---

① 侯衡. 区块链技术在电子政务中的应用:优势、制约与发展 [J]. 电子政务,2018 (6):22-30.
② 2019 年区块链人才供需与发展报告. [EB/OL]. https://blockchain.hexun.com/2019-11-01/199099350.html.

共管理等课程。

2. 适用对象：公共管理硕士（MPA）。

3. 教学目标。本案例首先引导学生思考传统的电子政务平台存在哪些局限性，通过列举目前几个省市对区块链技术与电子政务结合的应用，对政府内部办公和对外服务等电子政务平台的运作方式和业务特点进行简单的介绍，在区块链技术引领的新变革的时代背景下，如何探索将区块链技术应用到政府治理中，从而改善现有电子政务建设中的局限性，更好地提供公共服务，加快建设服务型政府。

二、启发思考题

1. 目前政府部门的电子政务平台的发展局限性具体体现在哪些方面？

2. 你认为现有的区块链技术是否能够实现应用在政府治理方面，尤其对于电子政务的建设具有何种优势？

3. 如果已将区块链技术应用于电子政务平台，应该如何完善相应的政策法规从而更好地构建一个应用环境？

4. 除了上述案例中提到的区块链技术的优点，你认为还可以从哪些方面进行区块链技术和电子政府的创新结合？

5. 如何更好地应对"区块链+电子政务"发展中所面临的挑战？

三、分析思路

从区块链技术去中心化、不可篡改、全程留痕、可以追溯、集体维护、公开透明等特点出发，思考区块链技术如何为政府部门的电子政务发展创造一个值得信任和高效服务的平台；分析传统的电子政务平台发展的局限性，随着时代的进步和区块链技术的不断深入应用，进而思考区块链技术在电子政务中应用的优势和面临的挑战。

四、理论依据与分析

分析本案例所需要的相关理论，主要包括区块链技术、电子政务、政府治理理论等。

五、关键点

1. 了解区块链技术的核心技术、特征以及应用领域。
2. 明确电子政务是处理与政府有关的公开事务、内部事务的综合政务管理系统，了解其概念和界定。
3. 我国目前电子政务发展的局限性。
4. 区块链技术的应用给电子政务未来发展带来的思考。

六、建议课堂计划

1. 引入案例（10分钟）

介绍传统的电子政务建设的局限性，并提出目前区块链技术蓬勃发展的时代趋势。

2. 导入相关理论（20分钟）

导入区块链技术、电子政务、政府治理等相关方面的理论，并阐明这些理论对于分析本案例的作用。结合国家对于区块链技术最新的指导意见，分析现有区块链电子政务领域案例应用，从而进一步思考与传统电子政务相比，应用区块链技术的优势和挑战，如何将区块链技术应用到政府部门的治理创新，实现政府的高效率。

3. 问题提出与分组讨论（30分钟）

提出以上列出的5道启发思考题，引导学生就问题进行思考和分组讨论。

4. 分组汇报（30分钟）

分组进行汇报，交流各组讨论的结果。

5. 案例点评（20分钟）

针对学生分组讨论的结果予以点评，并对案例的关键点进行重点分析。

6. 案例总结（10分钟）

总结案例，引发学生对区块链技术应用于电子政务场景下的优势和挑战的思考，开发学生对于政府治理模式的创新性思路。

案例 11

"智能+自助"开启基层"非接触式"办税服务新时代[1]

——以克东县税务局基层办税服务模式为例

---

[1] 本案例由中央财经大学政府管理学院2019级硕士研究生陈慧敏和付慧宇共同编写,案例指导教师为中央财经大学政府管理学院曹堂哲副教授。本案例的具体内容保证真实性,案例论述保证原创性。

案例11:"智能+自助"开启基层"非接触式"办税服务新时代——以克东县税务局基层办税服务模式为例

 **案例正文**

随着基层办税服务业务量呈井喷式增长,纳税服务对象的不断扩大,各地实体办税场所已不能很好地满足纳税人的需求,跑路远、耗时长、效率低成为纳税人的办事"堵点"和税务机关的服务"痛点"。为有效提升纳税服务工作效能,切实解决纳税人困难,将办税缴费业务需求与智能技术有效结合,积极推进"互联网+税务"智慧服务模式,拓宽办税"网路",逐步建立起手机传呼提醒、线上线下融合、前台后台贯通、规范高效的电子税务新生态,不断扩大纳税人"足不出户"办税范围。尤其新冠肺炎疫情发生以来,自助办税不仅使纳税人在线完成了相关的涉税事宜,更是避免了因接触式办税而产生的疫情风险。本案例以克东县税务局这一基层办税服务厅为例,揭示和分析自助办税、智慧办税的优势以及对未来基层办税模式的探索与思考。

随着"营改增"、征管体制改革的推进,以及社会保险费和非税收入征管职责划转到税务部门,这一系列的重大举措,充分体现了以人民为中心促进政府职能转变、优化营商环境、提升国家治理水平,也为推动高质量发展、深化"放管服"改革和进一步激发市场主体活力奠定了良好基础。社会保险费和非税收入征管职责划转涉及各级政府、多个部门以及十多亿缴费人,随之而来的是税务部门十分繁重的涉税业务量。基层办税服务厅作为税务部门纳税服务的最前线,与纳税人有最频繁、最深入的交流,基层办税服务厅的纳税服务问题成为纳税服务工作的核心任务。自助办税终端、电子税务局、个税自然人网厅等智慧办税的新体验模式应运而生,不仅使纳税人足不出户即可享受一站式办税,更为基层办税服务厅减去许多繁重的业务量。

一、"智慧办税"的起源

"这个小办税厅'麻雀虽小,五脏俱全',既能领用发票,又可以代开发票,还能打印个人所得税纳税记录。关键是就在我们办税服务厅里面,就像一个'办税便利店'嘛!"在1月份的"大征期"里,一个新设在办税服务厅里的微型自助办税服务终端,引起县内很多企业的关注。这个位于办税服务厅西北角、不到20平方米的自助办税服务厅里放满了崭新的智能票柜,自助办税终端一字排开,宣传栏摆放着各类涉税资料，里面还设立了导税员服务台。

这个自助办税便利厅是国家税务总局克东县税务局积极响应纳税人、缴费人的呼声，引入便利模式，推出智慧税务工作举措。自投入运行以来，已有80户次企业就近享受离厅式办税服务，累计领取发票4000余份、代开发票57份。同时已经引入远程咨询终端，实现"可看可听"的远程语音、视频税务咨询服务。

（1）体验之于纳税服务的意义。体验感的提升，能促进纳税服务满意度的提升。纳税服务工作的落实情况归根到底是看纳税人的获得感、满意度和税法遵从度。纳税服务作为一种无偿性公共服务，不同于商业服务。商业服务是为了营利而培养消费者对产品的忠诚度；纳税服务是为了让纳税人便捷高效低成本地依法纳税，提高纳税人的税法遵从度。当税务机关有意识地以多种便捷高效的纳税服务新体验作为道具来使纳税人融入其中时，体验感就出现了。如果给纳税人提供了愉悦而有价值的办税感受，他们会对纳税服务更满意、更愿意参与这一过程、更容易认同和接受纳税高效便捷的服务行为。在基层办税服务厅设立"自助办税便利店"正是应运而生，使纳税人在办税的过程中充分体验，让纳税人能享受自助办税的过程而乐意参与，使线上线下的办税、宣传咨询、培训等都给纳税人留下印象深刻的美好记忆，激发其对税务机关更多的满意和信任，进而产生更高的税法遵从意愿。

（2）提升纳税人的自助办税体验隐含着以纳税人为中心的服务价值理念。"坚持以人民为中心"的发展思想，对税务机关而言就是要树立以纳税人为中心的发展理念。从对50位纳税人满意度调查结果看，纳税人的期盼就是税收政策确定性再强一点，自助办税终端软件再稳定一点，网上可办理的业务再多一点。要有效解决这些纳税需求，只有坚持"以纳税人为中心"的发展理念，使税收工作的出发点和落脚点都是为了满足纳税人的期盼，树立纳税人至上的价值理念。关注体验就意味着税务机关不仅要提供高效便捷贴心的高质量服务，而且要注重纳税人的综合性感受。因此，对于纳税人的自助办税体验也要像对待具体的服务措施、服务品牌一样重视，切实以纳税人为中心，了解纳税人的人性化需求、个性化需求，真诚真心服务纳税人，让体验本身成为纳税服务的应有之义。

（3）持续提高纳税服务意识，积极响应纳税人的需求，创新纳税服务方式。办税服务厅为纳税人带来了线上线下、人工自助相互融合的纳税服务格局，切实提升了纳税人的办税体验。办税服务厅是为满足纳税人面对面办理涉税事项的需求而设立的，随着信息网络技术和新媒体在纳税服务中的应用，基层办税服务厅大力推行"网上办税自助办税为主、实体办税服务厅为辅"的模式。向纳税人提供优质高效的办税服务，基层办税服务厅把办税厅打造成集业务受理、咨询辅导、业务学习、综合体验为一体的多功能办税厅,带给纳税人丰富的体验。在1月份大征期,服务厅提供"导税员+二维码指引"的创新模式,给纳税人带来非常便利的办税体验;同时将自助办税体验区和24h自助办税区作为纳税人办理业务的主要区域,并将各类涉税辅导资料制作成PPT、视频等,为纳税人提供"下载式"体验服务,持续创新办税服务新方式。"24小时的自助办税服务区,为我们这些小门小户的纳税人提供了更多方便,年末结账开发票很集中,打印发票时发现家里发票量不够了,不管多晚来到税务局的自助区都能领到发票,真是太方便了",在办税服务厅里经常能听到纳税人这样夸赞24小时自助服务区。

(4)依托"互联网+"和微信办税,通过优化办税流程、提升服务质效、融合线上线下办税,让纳税人真正体验了"快捷感""方便感""获得感"。基层税务局依托PC电子税务局、自然人税务局、微信税务局、移动税务局等多元化互联网服务渠道,形成了由网上申报系统、网上办税服务厅、官方网站、手机办税、微信公众号等组成的网上办税环境,实现了适用于本地纳税人的报告类、申报类、发票类等多事项"一次不用跑"网上便捷办税模式。并且做到了电子税务局100%覆盖了纳税人依申请涉税事项,同时实行预约办税、邮寄办税、网上学堂等延伸服务,满足纳税人多元化办税需求。特别是全面施行数据化"管事"模式改革后,有事直接"上网办事",使纳税人实现了"足不出户,在家办税"的愿景,并且打通了优化服务"最后一公里",全力助推"放管服"改革。

(5)优化税收宣传辅导新体验。为确保各项减税降费政策的落地,积极为企业提供税收服务,精准解读各项新政策,并且通过电子税务局客户端和微信税务课堂及时推送给每一位纳税人,使纳税人第一时间了解减税降费的最新政策。同时设立了"专班统筹、专人辅导、专队跟进、专岗落实"全链条服务模式,构筑"人人会服务、人人能服务"的大服务格局,更多的纳税人切实享受到改革的红利,感受到更便捷、更优质、更暖心的办税新体验。并且举办了以"落实减税降费,促进经济高质量发展"为主题的"纳税服务体验日,我与税务零距离"活动,并将"最多跑一次"和"全程网上办"的相关政策融入其中,让纳税人体验一站式"套餐"服务的高效便捷,并将这一系列的活动内容通过微信税务课堂和纳税人移动税务局发送给纳税人,使每一位纳税人都能够体验智慧办税的便利。

二、智慧办税促使基层办税"自助化"

(一)"智"能终端打造服务"新引擎"

依托办税服务厅的自助体验区和 24 小时自助便利终端,以及配备的电子税务局体验终端、增值税专用发票自助认证、自助领用和自助代开等智能终端设备,全力打造了自助办税服务。在办税服务厅内纳税人通过身份识别,在自助办税设备上可自行办理申报缴税、领票开票、打印完税证明等涉税业务,大幅提高了办税效率。同时,纳税人只要在手机上下载一个"龙江税务"手机 APP,提前在手机上开好发票,再到大厅发票代开自助终端机前,扫一扫二维码,发票就开好了,还可同时完成缴税。通过税务自助终端机,让税务办理更方便,纳税人不用到窗口排队就能办理增值税专用发票代开业务。发票申领也非常方便,只要在网上或者现场完成已开发票的认证与申报,在自助终端插入税控盘,选择购买的发票种类与数量,机器就会"吐出"纳税人所需的发票。

(二)"慧"心服务提供办税"加速度"

通过举办专题的培训活动,向纳税人推介电子税务局便捷功能;在设置的电子税务局体验区配备了专业指导员为纳税人提供现场引导和辅导,不断提升网络办税业务占比。同时鼓励更多纳税人签订三方扣款协议,纳税人在家即可通过登录电子税务局平台,在线完成申报缴税,节省了纳税人的办税成本。同时办税服务厅充分利用纳税人微信群等最新的通信手段,加强与纳税人的交流沟通,及时与移动运营商合作推出短信包服务,加强对纳税人征期内的申报、缴税和日常税收风险等方面的通知提醒,在不断扩展线上业务时不仅使办税跑出了加速度,更使纳税服务产生了更多温度。同时为新办纳税人免费申领税务 UKey,税务 UKey 是电子发票公共服务平台的身份认证及信息加密设备,集增值税普通发票、电子普通发票等发票的开票、报税、查询、上传等多项功能为一体。纳税人填写开票信息自主开票后,电子发票立即发送至消费者邮箱中,真正实现发票即时开出、即时传送的办税"加速度"。

(三)"绘"出智慧服务"新税感"

通过与邮政部门签订合作协议,开通发票寄送服务,实现了纳税服务线上线下的有效融合,进一步使便利办税落地落实。发票寄送服务就是以互联网为媒介,以现代物流为渠道,纳税人通过电子税务局申请领用发票后,前台审核通过即可将空白发票通过 EMS 快递至纳税人手中。这一模式将"最多跑一次"升级为"一次都不跑",既为纳税人提供了便利,也有效分流了实体办税服务厅的业务量,更多地缓解了服务厅前台的压力。克东县税务局大力推行"网上办事+网下寄递"的办税模式,切实将税收业务深度延伸到群众"家门口",引导纳税人"多走网络、少走马路"。

三、智慧办税"疫情期间"显身手

新冠肺炎疫情防控期间,为进一步提高办事办税效率,保障纳税人健康安全,克东县税务局积极拓展"非接触式"办税缴费服务,大力探索推行纳税服务"不见面"模式,实行在岗人员轮流值班和居家办公,居家办公人员利用网络采用"一对一"方式辅导纳税人网上办理涉税业务事宜,通过持续优化服务,改进服务方式,做到"非必须,不进厅",通过采用电话、微信方式预约,错峰为纳税人办理业务。纳税人随时随地通过各类移动终端关注微信公众号,登记填写相关基础信息,一键提交审核;税务部门后台即时受理申请,审核通过后,便可将结果返回到纳税人终端操作界面;纳税人在自助办税终端即可轻松完成税务登记、税控设备发行、发票领购等业务,算上填写信息和局端审核环节,总用时不到半个小时,效率大幅提升约 60%。

(一)咨询方面采取的措施

对外公布的固定电话均呼叫转移到工作人员手机上,确保纳税人咨询电话都能及时接听及时解答。通过获得平台、微信群、QQ 群、短信、电话提醒等方式,引导纳税人智慧办税,向纳税人宣传"零上门"办税,持续推广电子发票。缴税费人在疫情期间通过黑龙江省电子税务局、发票申领邮寄等"非接触式"途径,"一次不用跑"即可办理缴税费业务,做到非必须、不窗口。除逾期申报、注销登记等少数业务确需到现场办理外,90% 以上的办税缴费事项均通过网上办理。通过防控新冠肺炎疫情税收优惠政策"一码全知道"二维码,缴税费人扫一扫便可了解税收优惠政策,全程无须触摸实物,切实保障了缴税费人和税务人员的健康安全。对于少量必须到办税服务厅现场办理的业务,实行预约办税、错峰办理,引导纳税人合理安排时间,提高效率,压缩接触时间,避免人员聚集到办税服务厅造成交叉感染,筑牢疫情防控工作的税务防线。

(二)预约办理的业务情况

开展电话预约、微信预约,截至 2 月 28 日,共预约办理代开发票 5 笔、税控盘清卡 8 笔、备案 1 笔、留底退税 1 笔、社保费业务 5 笔、发票发售 36 笔。

（三）容缺办理情况

1. 变更税务登记事项，网上申请或者微信联系变更，涉及需要公章的等疫情结束后再补齐。

2. 企业补缴社保费业务，因为不能网上申报办理，日常办理时需要缴费人带着资料到窗口申报交纳，疫情期间缴费人利用微信传递资料，窗口按照微信传递资料办理申报缴费事项。

（四）线上线下宣传和辅导情况

主要是微信宣传，电话联系，利用网络居家"一对一辅导"网上办理申报领购发票等涉税业务。截至 2 月 28 日辅导纳税人办理网上申报共计 38 人次。疫情防控工作开展以来，克东县税务局采取线上服务和线下预约服务的方式，为纳税人共办理业务 131 笔（网上申请代开发票、网上申请邮寄发票、清卡、社保费申报、房产税土地使用税刷卡、个人所得税重置密码、电子税务局开户、网上受理延期申报等），受理电话咨询 190 余次。

（五）"非接触式"办税情况

1. 纳税人通过电话或者微信联系核对好数据，窗口直接办理相关涉税业务。企业利用微信传递资料，窗口按照微信传递资料办理申报缴费，共办理 15 笔。

2. 采取线上申请，线下配送方式发售发票，纳税人网上通过电子税务局申请，窗口直接配送，截至 2 月 28 日，共配送发票 22 件，958 份，保证了纳税人足不出户就可以领到发票。

3. 通过线上审批，纳税人发票增量和发票审批流程，共计办理 5 笔；非接触式网上登记和纳税人信息变更业务，共计 3 笔。

克东县税务局通过"非接触式"服务、预约服务错峰服务、"一对一辅导"服务，既为纳税人办理了业务，又提供了贴心服务，避免了近距离接触。疫情发生以来，克东县税务局每天都对业务办理大厅和业务办理窗口进行消毒，对前来办理业务的纳税人进行体温测量，避免病毒传染的可能性。为了最大限度降低疫情传播风险，减少纳税人、缴费人上门办税次数，第一时间制定疫情防控期间纳税服务应急方案，为确保纳税人申报、复业工作的顺利进行，为企业复产复工创造良好的办税条件和办税环境，得到纳税人的一致好评。

四、智慧办税的展望

智慧办税由来已久，渐入常态。长期以来，税务部门不断地探索和改进纳税服务手段，先后经历了早期电话申报、银行卡申报到如今网上申报、掌上办税等多种方式的演变，在"网上办税"与"自助办税"的基础上进一步统合，为纳税人、缴费人提供了更加便捷和个性化的办税服务体验。

智慧办税日趋规范，便捷体验。疫情防控期间，国家税务总局为便利纳税人和缴费人、降低疫情传播风险，公布了190项网上办税事项清单，充分运用信息技术手段和税收大数据，大力推行"非接触式"办税，涵盖了网上申报纳税、发票申领、线上咨询和培训等事项，最大限度提升纳税人、缴费人满意度。

从体验的视角上，全新的智能化的办税服务可以在纳税服务场景、提供的纳税服务产品、纳税服务过程、纳税服务平台等方面进一步融入体验设计理念，以增强纳税人的情感体验、价值体验、教育体验，提升其满意度。

（一）倾入情感体验设计

纳税服务中每一个触点都与纳税服务场景、税务工作人员的努力密切关联，直接影响纳税人感官体验、情感体验，对满意度产生显著的正向影响。制度层面上，做到统一、规范。围绕税收治理体系和治理能力现代化建设的总体目标，做好电子税务局"非接触式"办税业务功能模块的规划，统筹做好与地方政务平台的数据口径对接和内部征管信息系统间的业务协调衔接。办理事项上，做到简化、明晰。按照"纳税人发起"和"税务机关发起"两个类别，梳理"非接触式"办税业务事项，制定"非接触式"办税事项清单，简化办理流程及资料，实现同一事项的办理标准、要求和渠道的统一，充分体现"非接触式"办税方便、快捷的优势。服务举措上，做到有序、创新。在整体框架下，有序探索各类个性化服务和政策落实举措，及时借鉴推广和固化各地优秀经验做法，推动实现跨区域"非接触式"办税。比如，可通过在平台中引入电子签章、电子档案等方式，实现审批、签章确认等全程线上办。基层办税服务厅作为接触式服务的物理环境，要按照"突出功能性，注重舒适感，提升满意度"的目标，做到硬件设施齐全，软件设计合理，借由环境设计让纳税人体验到税务机关的用心和服务的独到之处。

（二）设计更加合理的功能布局

注重提供满足多样化办税需要的服务，尤其要设计好种类齐全的办税体验区，为纳税人提供线上和移动终端的业务体验及办理；设计好提供 24 小时自助办税区，为纳税人提供全天候的税控发行、认证、报税、清卡、电子税务局申报、发票缴销、发票发售、普通发票网上开具等服务体验。一方面，税务事项从"非接触式"办理向"非接触式"分类分级管理延伸。积极建立从纳税人和缴费人自主办理到税务机关基础管理、风险管理、法律救济的全链条"非接触式"分类分级征管体系。建设线上包保服务平台，搭建税务人员与纳税人、缴费人的互动渠道。由税务部门主动在线发起，做到信息采集、日常管理、税源调查等基础事项"非接触式"管理；将风险管理系统发现的风险，通过网上约谈、视频核查等方式，实现风险管理事项"非接触式"应对；通过电子税务局和视频形式，实现处理处罚事项和听证等救济事项"非接触式"处置。另一方面，探索区块链技术在"非接触式"办税中的场景应用。借助区块链的分布式网络和全流程追溯等特性，探索以区块链电子发票为依托的"非接触式"服务管理方式，实现发票信息同步传递和可追溯。与市场监管、公安、银行等部门共同构建区域联盟链，拓展联合执法、税库银、出口退税、电子证照档案、纳税信用等多场景应用。

（三）注重服务过程融入"纳税人中心"理念

在接触式服务中，纳税人感受最为深刻的是税务工作人员的服务态度、专业素质、彼此之间的正常沟通等。树立"以纳税人为中心"的服务理念，就能从关怀和爱护纳税人角度，不断提高税务工作人员的综合素质，实现纳税服务由程式化向和谐化的转变，让纳税人体验到税务机关的亲情服务，体验愉快的、轻松的正面情感。同时服务事项顺势而动，实时动态调整"非接触式"办理事项，按征管事项、行业、类型等维度，按月或按季定期公开"非接触式"办理事项清单。宣传辅导借势而上，结合税收宣传月，及时开展"非接触式"办税宣传，不断拓展和深入推进"非接触式"办税的力度，找准纳税人、缴费人在办理流程和操作方面的盲区，加强与市场监管、银行等部门协作，找准企业开办等重点环节，通过网上直播、视频等形式开展广泛宣传。在线咨询全力而为，依托 5G 技术，应用和推广智能客服、在线咨询、视频解答等形式，实现即时、全程线上服务，提升纳税人、缴费人"非接触式"办税满意度。

五、尾声

目前，在所有涉税事项都能"一网打尽"的情况下，很多纳税人还是愿意上办税服务厅排队办理，其原因是纳税人反映"系统界面不够友好"。纳税人在网上办税操作中遇到问题，软件服务商不能及时解决；在操作中遇到政策问题或疑问，系统缺乏即时的提醒和指引，也缺乏有效互动。更有纳税人还反映，个人所得税申报系统和电子税务局登录烦琐，经常有卡顿发生。出现上述问题，必然降低纳税人的价值感知，影响其网上办税的良好体验。"互联网＋"时代的到来，不代表纳税服务将变成"冷冰冰"的人机互动，而更应注重"人"的体验。

与此同时要有更多精心的教育体验设计。教育体验即纳税人对税务机关为增进其个人认知、知识、技能而提供的税收宣传、培训辅导等产生的感受，这种教育体验会促使他们思考，并在内心产生责任和义务的情绪，这些情绪越强烈，纳税人对税务机关的整体印象就越好，税法遵从的质量就越高。税务机关要通过新闻媒体、互联网站、新兴自媒体等各种渠道，广泛、深入宣传税收的意义、纳税人的贡献、依法诚信纳税的公民精神。自助式智能化的智慧办税已经逐渐成为基层办税服务厅的办税常态，这种线上非接触式的办税方式正在走进纳税人的生活。

 案例使用说明

一、教学目的与用途

1. 适用对象。本案例主要适用于中央财经大学公共管理硕士（MPA）必修课的课堂教学讨论。

2. 教学目的：一是让学员了解智能办税的新体验方式的现状和存在的改进方向；二是通过对现行的基层办税模式的合理性和可行性的分析，探讨如何进一步提升自助办税模式，提升办税效率，合理利用人力资源。

二、讨论问题

1. 你如何看待现行的基层办税模式？

2. 克东县税务局的智慧办税模式是否普遍适用，有没有更好的改进方式？并说出原因。

3. 如果你是制定基层办税方案的纳税服务司司长，你将如何制定疫情防控期间的基层办税服务方案，助力企业复工复产。

三、分析思路

案例涉及基层办税的自助办税方式这个课题，本案例从以下 4 个方面进行了剖析：基层自助办税的起源、自助办税给基层税务带来的改变、自助办税在疫情期间发挥的优势以及自助办税的未来展望。因此对于本案例的分析，也可以考虑从这 4 个角度入手，学员通过案例材料的阅读理解，对这样一个课题会有自己的判断和分析思路，教师在讨论过程中，不必强加分析思路，但可以进行适当的逻辑引导。

四、理论依据和分析

本案例中涉及的理论依据主要集中在公共部门人力资源管理理论，其中宏观的人力资源管理，是政府的一项重要管理职能，是国家对人力资源整体的管理。相关理论在公共部门人力资源管理课程中已有专门的模块进行过学习和研究，本案例中涉及的主要是现行的基层办税服务方式的变革而带来的相应的政府部门人力资源配置的相关问题和变革。基层自助办税和智能化办税的兴起，带来了人力资源优化配置的课题，可以从公共部门人力资源的宏观和微观角度进行分析与探讨。

五、关键要点

1. 现行的基层办税方式改变的合理性和可行性基础是什么？
2. 智慧化办税兴起，对公共部门人力资源带来的新的挑战是什么？
3. 推进现行的智能化办税、非接触式办税的关键点是什么？

六、课堂教学计划

1. 课前把案例材料发给学员，要求学员用 30 分钟左右的时间认真阅读，并思考相关问题。

2. 课堂教学计划分为 3 个步骤：

第一步：全班集中，案例导入。在学员上课前通读案例的基础上，利用 5—8 分钟时间，请 2—3 位学员在案例讨论前用几句话高度概括案例的主要内容，目的是帮助学员迅速集中注意力，进入讨论状态。

第二步：分组研讨，案例展开。根据对案例的阅读和理解，按照支持、反对、部分支持部分反对 3 种意见对学员进行分组。3 组学员汇集后，选出 1 名成员作为小组负责人及发言代表，利用 15 分钟左右的时间组织分组研讨，汇总组内成员的观点。

第三步：公开辩论，案例分析。在 3 组集体研讨结束之后，进入第三步，以公开辩论的方式进行案例分析。每组的发言人首先上台向全班报告本组的主要研讨观点，每组时间控制在 8 分钟。如果发言人未用完规定的时间，其所在组的其他成员还可以对发言人的观点进行补充。各组发言结束后，学员可以自由发言，就其所支持的一方进行观点交锋和辩论，时间为 20 分钟。最后，由教师进行 10 分钟左右的小结和点评。总结案例研讨的主要特点、主要观点以及有待进一步关注和研究的问题，提示分析问题的不同角度和方法。

6. 公共部门人力资源管理

案例 12

北京市 CBD 国际商务人才的素质标准及其评价实践探索[①]

[①] 本案例由中央财经大学政府管理学院副教授张相林、北京师范大学政府管理学院人力资源管理博士研究生葛晓琳和广西大学行政管理硕士研究生陈凯丽共同编写。

 案例正文

本案例在介绍北京朝阳区 CBD 基本情况的基础上,梳理了目前 CBD 国际商务人才的素质标准、人才认定与评价的政策制度现状。结合目前国家治理体系现代化和人才评价的新思路,探讨国际商务人才认定与评价工作的新趋势,希望从中思考北京市 CBD 现有的人才认定和评价方法是否还能继续顺应时代的潮流,符合 CBD 新的战略发展。

一、背景介绍

近日,中国社会科学院城市发展与环境研究所、中国商务区联盟及社会科学文献出版社共同发布了《商务中心区蓝皮书:中国商务中心区发展报告 No.5(2019)》,将 CBD 分为世界级、洲际级、国家级、大区级、地区级和项目级共 6 个类别。国家级 CBD 经济辐射覆盖全国,目前仅有北京 CBD、上海陆家嘴 CBD、广州天河 CBD 是国务院批准的三大国家级 CBD[①]。

北京商务中心区(Beijing Central Business District),简称北京 CBD,涵盖西起东大桥路、东至东四环,南起通惠河、北至朝阳北路之间 7 平方公里的区域。北京 CBD 位于中心城区的朝阳区,根据《北京城市总体规划(2016—2035 年)》,朝阳区的功能定位是:东部、北部地区强化国际交往功能,建设成为国际一流的商务中心区、国际科技文化体育交流区、各类国际化社区的承载地;南部地区将传统工业区改造为文化创意与科技创新融合发展区。周围环境为 CBD 营造了良好的发展氛围。北京 CBD 集聚了惠普、三星、壳牌、丰田、通用、北京现代、德意志银行等众多世界 500 强企业中国总部,也是中央电视台、凤凰卫视、人民日报、北京电视台传媒企业的新址,是国内众多金融、保险、地产、网络等高端企业的所在地,还拥有众多微型信贷服务机构,是金融工具的汇集之处,代表着时尚的前沿。同时,北京 CBD 又是无数中小企业创业和成长的摇篮。从 330 米的北京最高楼——中国国际贸易中心第三期到世贸天阶的超大电子屏,从建外 SOHO 的白楼到万达广场、500 米高的中国尊。众多创意文化、物流、服务企业在这里启航[②]。

---

① 谁是中国最强 CBD? 新浪财经,2019-11-23.
② 朝阳区区位优势介绍. [EB/OL]. http://www.bjchy.gov.cn/business/tzhj/qwysh/.

这样的一个产业、机遇、创意集聚的商务中心，吸引了大量的优秀人才前来贡献自己的智慧和能力。北京CBD外籍人士集中，望京、麦子店、亚运村、三里屯、建外等街道均拥有国际化社区。朝阳区政府出台了《朝阳区关于率先打造一流营商环境的意见》，实施"三个一百"企业服务计划，推动10项外籍人才新政落地，外国人出入境服务大厅建成运营，望京国际人才社区加快构建，企业和人才发展环境进一步改善。为了更有针对性和高效地吸引人才，北京CBD仍在不断努力着。2009年10月，北京朝阳海外学人中心（Chaoyang Overseas Talent Center），又称"北京海外学人中心CBD分中心"成立了。海外学人中心以"汇聚海外人才，促进朝阳发展"为宗旨，依托政府政策支持，是朝阳区委、区政府直属的专门从事海外优秀人才引进、培养、开发、服务的人力资源平台和海外学人之家，是北京海外学人中心的重要分支机构，为朝阳区实现人才强区战略提供人才支撑，共促首都的繁荣与发展。中心的服务对象是留学归国人才、港澳台人才、外籍专家以及区内优秀人才。服务内容重点是为朝阳区引进区域经济社会发展所需的国际化人才和其他紧缺急需人才，配合做好国家、北京市及朝阳区有关高层次人才引进开发和政策宣传工作①。如图12-1所示。

图12-1　朝阳海外学人中心的主要业务

为进一步加快推进首都人才发展国际化、高端化、一体化进程，2014年4月，北京市人才工作领导小组于第一次领导小组会上决定在北京CBD探索建设国际高端商务人才发展区。同时，按照新时期首都城市战略定位要求，朝阳区委、区政府明确提出要打造全国一流的文化事业和文化产业中心，要建设具有国际影响力的中央商务区，要培育具有比较优势的科技产业。这些都需要完善机制、搭建平台、广聚人才，通过建设国际高端商务人才发展区，可以更好地发挥自身优势，用好现有资源，率先创造

---

① 关于北京朝阳海外学人中心．[EB/OL]．http：//www.tocbd.gov.cn/aboutUs/cotc.shtml.

条件、主动作为,更好地服务首都发展需要。北京市朝阳区国际高端商务人才发展中心(Beijing Chaoyang International Executive Business Talents Development Center)也由此成立了,这是朝阳区委、区政府设立的为国际高端商务人才发展提供支持和服务的机构,旨在吸引、聚集、培养国际高端商务人才,坚持政府引导、市场主导,以优化人才发展环境为重点,搭建人才发展平台,大力推进国际高端商务人才发展区建设,助力北京建设"世界高端人才聚集之都"[①]。如图 12 - 2 所示。

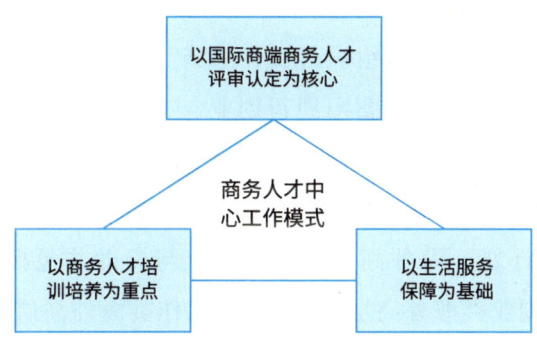

图 12 - 2　朝阳区国际高端商务人才发展中心的主要工作模式

二、北京 CBD 商务人才评定的现状

(一) 现有的国际商务人才的素质能力标准

目前,国际商务人才主要指"在商务领域、政府部门、企业、事业单位和社团组织及大专院校中,拥有一定国际商务知识和能力,能够熟练运用经贸政策法规、贸易惯例和规则,从事对外贸易、国际经济合作、国际商务运营工作及相关教学研究的人员"[②]。但是,在现有的规章制度中并没有对新型国际商务人才的素质能力有一个通用而准确的界定。部分研究文献中倾向于对国际商务人才的素质能力划分为专业素质能力和综合素质能力。专业素质能力包括跨文化沟通和适应能力、运用国际商务英语能力、应用国际经贸法律和惯例能力以及应用国内外经贸政策能力等[③]。综合素质能力则主要包括沟通能力、信息技术应用能力、协作能力、问题解决能力等[④]。结合当今新形势,这样的国际商务人才的能力素质标准还有待商榷。

---

① 关于北京市朝阳区国际高端商务人才发展中心. [EB/OL]. http://www.cbdtalents.gov.cn/.
② 肖芬,唐聘莉. 新常态下国际商务人才跨文化能力的培养路径 [J]. 学习与实践,2015 (6):114 - 119.
③ 刘继伟. 新型国际商务人才素质结构研究 [J]. 科教文汇 (上旬刊),2011 (9):202 - 204.
④ 张静,王劲羽,刘雪林. 国际商务人才培养规划中能力标准的细化分析 [J]. 中国成人教育,2009 (3):40 - 41.

(二) 北京 CBD 国家商务人才的评定现状

在国际人才的引进认定过程中,自中央到地方有着各种不同类型的政策和计划。目前,北京 CBD 主要有两个区级的人才计划——"凤凰计划"和国际高端商务人才评审认定,多年来为朝阳区吸引国内外众多顶尖人才发挥了重要的作用。

与中央的"千人计划"、北京市"海聚工程"一脉相承,"凤凰计划"是朝阳区委、区政府为了吸引和鼓励优秀海外学人来朝阳创业、工作而出台的区域人才政策,由北京朝阳海外学人中心具体负责组织落实和实施。为了鼓励和吸引上千名具有真才实学和发展潜力的优秀留学人员来朝阳创新创业,支持、鼓励非公有制企业和民办非企业单位开展引进海外高层次人才工作,每年会组织进行一次"凤凰计划"人才的认定,入选"凤凰计划"的人才和单位可以获得资金资助和政策支持,并获得相应的企业、人才服务。"凤凰计划"海外高层次人才认定与资助共包括 9 个申报项目,分别是:"战略科学家""创业类海外高层次人才""工作类海外高层次人才(全职)""工作类海外高层次人才(短期)""领军人才创新创业团队""青年项目""初创企业开办费""引进留学人员资助"和"引进海外高层次人才资助"。同一年度内,同一申报人仅可申报以下项目中的一项:创业类海外高层次人才、工作类海外高层次人才、青年项目(创业类)、青年项目(全职工作类)、初创企业开办费。具体的申报条件见表 12-1。

表 12-1 2019 年"凤凰计划"项目申报基本条件[①]

项目条件	战略科学家	创业类海外高层次人才	工作类海外高层次人才(全职)	工作类高层次人才(短期)	领军人才创新创业团队	青年项目(创业类、全职工作)	初创企业开办费	引进留学人员资助	引进海外高层次人才资助
申报单位		朝阳区工商注册且税务登记的企事业单位、民办非企业单位							
申报人		留学生、加入外国籍的出国留学人员以及其他外籍人士							
学历	按照"凤凰计划"战略科学家项目的实施细则	海外获得硕士及以上学位					海外获得学士以上学位	海外获得博士学位	海外获得硕士及以上学位
年龄							≤55 周岁	≤40 周岁	≤55 周岁
来朝阳工作时间		—					2018 年 1 月 1 日—2018 年 12 月 31 日	2018 年 1 月 1 日—2018 年 12 月 31 日	
工作经验		—	5 年以上(博士两年)	5 年以上(博士两年)	5 年以上(博士两年)				5 年以上(博士两年)

---

① 根据《朝阳区 2019 年"凤凰计划"海外高层次人才认定与资助申报公告》整理。

续表

项目条件	战略科学家	创业类海外高层次人才	工作类海外高层次人才（全职）	工作类高层次人才（短期）	领军人才创新创业团队	青年项目（创业类、全职工作）	初创企业开办费	引进留学人员资助	引进海外高层次人才资助
可获得支持（万元）	100/50	70	20	15	50	10	10	根据招聘人数确定	猎头服务费用的30%（≤20万元每年）

北京市朝阳区围绕首都"四个中心"战略定位，结合区域功能定位与产业规划，出台了"1+2"的高端商务人才政策体系，即：一个实施意见《北京商务中心区建设国际高端商务人才发展区的实施意见》，两个配套办法《朝阳区国际高端商务人才服务支持工作暂行办法》和《朝阳区商务人才培训工作暂行办法》，就高端商务人才引进、培育发展提出了具体政策，大力推进国际高端商务人才发展区建设。根据政策，设立了全国唯一一个以高端商务人才为目标群体的人才支持计划——国际高端商务人才评审认定。该计划具体的评审条件见表12-2，围绕现代服务、金融、高新技术、文化创意等朝阳区四大支柱产业，聚集六类重点商务人才，包括商务服务人才、国际贸易人才、国际金融人才、文化商务人才、科技商务人才、商务旅游人才，将商务人才划分为商务精英及青年英才两个梯次，确定对不同层次人才的工作重点。每年评定不超过70名的国际高端商务人才，其中20名"商务精英"，50名"青年英才"。对于被认定的国际高端商务人才，朝阳区将给予资金支持。给予商务精英30万元的支持资金，分三年拨付，每年10万元，给予青年英才一次性10万元非现金资助，用于青年英才个人职业发展和专业技能提升等方面。同时认定的人才可以享受到高质量培训服务，以及进京指标申报、APEC商务旅行卡、子女入学、医疗绿色通道等服务保障。截至目前，共举办了四次国际高端商务人才认定申报工作，通过申报、专家评审等多个环节，认定了271人次国际高端商务人才，这些人才全部来自区域四大支柱产业，是朝阳区各领域的领军人物和行业精英的代表。

表12-2　　　　　　　　国际高端商务人才评审认定的基本条件[①]

类别 条件	商务精英	青年英才
基本要求	具有国际化视野，熟悉本行业国际规则，行业内有较高知名度和影响力的领军人物	企业中层以上管理者

[①] 根据《关于开展朝阳区2019年国际高端商务人才认定申报工作的通知》整理。

续表

类别 条件	商务精英	青年英才
学位	硕士及以上	硕士及以上
年龄	55岁以下（包括55岁）	40岁以下（包括40岁）
本行业工作经历	5年以上	3年以上
其他条件 （具备之一即可）	高级管理层，行业高级职业资格	商业模式、经营管理、品牌推广等方面具有创新性，并获得显著经济效益或社会效益
	具有丰富的国际商务工作经验，在国际相关领域内主持过重大项目或在解决本行业关键性问题上取得创新性突破	行业公认的高级职业资格，同行业青年中业务水平处于领先地位、对行业发展有较大贡献
	商务领域内有较高研究水平，多次发表或出版在行业内具有较大影响力的研究成果	商务领域内撰写或出版过具有较高专业水平及重要应用价值的研究成果

从以上朝阳区两个主要的人才评定申报条件表格中可以看出，人才分类比较详细明确，并且在认定之后都有相应的资金支持，为人才的保持和后续发展提供了丰厚的待遇。但是，国际商务人才的认定还是以学历、年龄和行业资格作为基本的准入"门槛"，对于不符合基本条件的人群没有相应的破格录取条件；评审认定的主体单一，主要就是根据朝阳海外学人中心和国际高端商务人才发展中心的工作小组确定；评审条件的指标较少，评审的内容较为笼统。

三、我国人才评定政策新态势

我们党和国家一直在关注着人才对于国家和地区发展的重要作用。党的十九大报告指出，人才是实现民族振兴、赢得国际竞争主动的战略资源。这个定位是着眼于未来30年全面开启现代化建设新征程的战略安排，也就是强调这是一个长期的发展过程，不是朝夕之功。十九届中央委员会第四次会议上也提到：坚持德才兼备、选贤任能，聚天下英才而用之，培养造就更多更优秀人才的显著优势；尊重知识、尊重人才，加快人才制度和政策创新，支持各类人才为推进国家治理体系和治理能力现代化贡献智慧和力量[1]。我国在过去一年间也在不断探索改革和完善人才评定制度。"改革完善人才培养、使用、评价机制……善聚善用各类人才，中国创新一定能更好发展"等内

---

[1] 中国共产党第十九届中央委员会第四次全体会议公报. [EB/OL]. http://www.chinanews.com/gn/2019/10-31/8994802.shtml.

容,被写入了2019年的政府工作报告①。

首先,清理"四唯"(唯论文、唯职称、唯学历、唯奖项)就是其中之一。人才评价推行代表作评价制度,注重标志性成果的质量、贡献、影响。不能唯论文、唯职称、唯学历、唯奖项,应把学科影响力、成果原创性、转化效益作为重要评价指标,论文数量和影响因子仅作为参考。引进海外人才要加强对其海外教育和科研经历的调查验证,不把教育、工作背景简单等同于科研水平。使人才称号回归学术性、荣誉性本质,避免与物质利益简单、直接挂钩。加强顶层设计,统筹和精简"三评"工作,简化优化流程,为科研人员和机构松绑减负,并形成长效机制。聚焦人才评定工作中存在的突出问题,从破除体制机制障碍入手,找准突破口,更加注重质量、贡献、绩效,树立正确评价导向,增强针对性,突出实招硬招,提高改革的含金量和实效性②。

其次,坚持分类评价,引进多主体评价。针对自然科学、哲学社会科学、军事科学等不同学科门类特点,建立分类评价指标体系和评价程序规范。基础前沿研究突出原创导向,以同行评议为主;社会公益性研究突出需求导向,以行业用户和社会评价为主;应用技术开发和成果转化评价突出企业主体、市场导向,以用户评价、第三方评价和市场绩效为主。坚持客观公正的评价原则。客观、真实、准确反映不同评价对象的实际情况,推行同行评价,引入国际评价,进一步提高科技评价活动的公开性和开放性,保证评价工作的独立性和公正性,确保评价结果的科学性和客观性③。

最后,国家治理能力和治理体系现代化的提出要求开发人才的动态和柔性评定。其一,注重以需求为导向的动态评定过程。人才发展是一个不断适应和满足社会经济发展需求的持续储备、更新优秀人才的过程,只有通过有效的动态评定机制才能持续不断地保持和提升人才竞争优势。要紧密结合各地发展实际,坚持以用为本,精准引进急缺人才,按需培养创新人才,适时调整人才政策,结合各地不同发展阶段,进行动态管理,有进有出,保持人才发展与经济社会发展的有机融合,形成人才评价和认定的新机制。其二,要更加注重营造开放包容环境的柔性评定过程。国家治理能力和治理体系的现代化要求我们在人才的评定过程中也要实现现代化。全球人才的跨国流动极大地影响了经济的运行,人才供给的质量已经是决定全球化价值链提升的关键因素。《2017年国际移民报告》指出,全球目前共有2.58亿移民,比2000年增长了50%。移民占全球总人口比例也从2000年的2.8%增长到目前的3.4%,其中技术移

---

① 2019年政府工作报告. [EB/OL]. http://www.gov.cn/zhuanti/2019qglh/2019lhzfgzbg/index.htm.
② 关于开展清理"唯论文、唯职称、唯学历、唯奖项"(以下简称"四唯")专项行动的通知. [EB/OL]. http://www.moe.gov.cn/srcsite/A16/s7062/201811/t20181113_354444.html.
③ 关于深化项目评审、人才评价、机构评估改革的意见. [EB/OL]. http://dangjian.people.com.cn.

民约占70%，是人才流动的主体。他们的流动决定着技术、资本、管理的集聚水平，吸引和留住这些人才，也就意味着集聚和留住了能够突破现有发展模式、提供未来发展动力的潜在的资源，对未来发展具有重要意义。同时我们还要看到，随着信息技术的突飞猛进，未来的人才流动将不可避免地以柔性流动为主要形式，更多的是基于网络的或者虚拟技术的智慧、才能的流动，而不是人才自身的流动。关键是营造出更加开放包容的制度环境，提升国家或地区人才政策开放度和人才治理包容度。面对这些人才柔性的流动，越早制定出包容、开放的人才认定和评价政策，就能越早地在人工智能大数据时代中吸引人力和智力的集聚，把握住时代的机遇。

四、对 CBD 未来人才评定工作的思考

朝阳区正处在产业转型升级的重要战略机遇期，以文化引领发展为主线，以构建"全域CBD"为重点，以创新驱动发展为导向，经济结构调整正逐步推进。所以，加快推进国际高端商务人才发展区建设，重点引进培育符合产业发展需要的高端商务人才，为全区重大发展项目建设提供人才支撑仍然是目前朝阳区人才服务单位的工作重点。如何结合目前国家治理现代化和人才评定的新思路，更好调整目前朝阳区的人才评定政策，提升朝阳区人才评审政策的开放度和包容度，吸引更多优秀的国际商务人才，通过人才结构优化和质量提升，助力区域产业结构转型升级，加快转变发展方式。这是值得我们共同思考的问题。

 案例使用说明

一、教学目的与用途

1. 适用课程。主要适用于人力资源管理课程，也适用于公共管理学、公共政策分析等课程。

2. 适用对象。公共管理硕士（MPA）。

3. 教学目标。本案例通过对北京CBD目前人才认定政策的具体申报条件进行梳理，引导学生探讨目前国际商务人才的素质能力标准是否合理、能够适应时代的发展，国际商务人才等各类人才的认定标准和评价方法是否科学、客观、公正，从而对公共部门人才评定政策的制定和完善加深思考。

二、启发思考题

1. 国际商务人才的集聚对于北京 CBD 的发展有何重要意义？
2. 现有的商务人才的认定方法、认定程序有哪些问题？
3. 你认为 CBD 现有的商务人才评价主体是否单一，应该如何结合最新的国家政策改进？
4. 新时代的国际商务人才的素质能力标准和认定标准应该包括哪些内容？
5. 你认为北京 CBD 的人才认定和评价应该如何结合大数据时代进行政策创新？

三、分析思路

从新时代人才的评价标准以及国家治理体系和治理能力的现代化要求出发，思考国际商务人才应具有何种素质能力；分析北京 CBD 人才评定政策的具体条件和实施意义，随着时代的进步和 CBD 战略目标的不断升级，现有的人才认定标准是否还能优化现有的人才结构，吸引更具创造力的国际商务人才集聚，进而思考人才评定的政策创新。

四、理论依据与分析

分析本案例所需要的相关理论，主要包括人才素质能力、人才的认定与评价、激励理论等。

五、关键点

1. 了解国际商务人才现有的人才素质能力和认定标准。
2. 明确国际商务人才对 CBD 战略发展的重要意义。
3. 我国目前人才的认定和评价的指导意见对完善人才认定程序的影响。
4. 大数据的应用给人才动态和柔性评价带来的思考。

六、建议课堂计划

1. 引入案例（10 分钟）

介绍北京 CBD 人才评定现状，并提出相关政策和指导思想。

2. 导入相关理论（20 分钟）

导入人才素质能力、人才的认定与评价、激励理论等相关理论，并阐明这些理论对于分析本案例的作用。结合国家最新的指导意见，分析北京 CBD 人才评定政策现状是否需要改善，如何进行改善。

3. 问题提出与分组讨论（30 分钟）

提出以上列出的 5 道启发思考题，引导学生就问题进行思考和分组讨论。

4. 分组汇报（30 分钟）

分组进行汇报，交流各组讨论的结果。

5. 案例点评（20 分钟）

针对学生分组讨论的结果予以点评，并对案例的关键点进行重点分析。

6. 案例总结（10 分钟）

总结案例，引发学生对新时代下国际商务人才认定和评价问题的思考。

案例 13

北京市三级综合医院员工满意度调查研究[①]

[①] 本案例由应急总医院人事处经济师郑志芳、应急总医院医疗科技处高级经济师高艳和中央财经大学政府管理学院副教授罗海元合作编写。

 **案例正文**

满意度调查是公共管理领域广泛应用的调查类型之一。本案例介绍了北京市三级综合医院员工满意度调查的研究过程,展示了公立医院员工满意度指标评价体系设计以及满意度调查问卷修订的操作步骤和方法,对北京市三级综合医院员工满意度调查结果进行了讨论分析,希望为促进公立医院员工激励实证研究提供借鉴。

一、引言

在政府日益关注民生问题,大力倡导公立医院回归公益属性的今天,就医的便利、医疗服务的高质量、收费的合理性,都成为社会大众对公立医院体现公益性的一种诉求。而不论公立医院或营利性医院,无不以患者满意为最高标准。"以病人为中心",也成为各医院的共识。然而,换一个角度来看,要达到患者的满意,主导者恰恰是医院的员工们,可以说,员工的满意感直接或间接带来患者的满意,员工的不满意则一定直接导致患者的不满意。所以,医院必须重视员工的满意度,从员工的需要出发,把员工满意作为医院管理的一项目标,从工作环境、工作条件、工作待遇等各个方面着手提高员工的满意度。医院加强员工满意度管理的意义主要体现在以下几方面:第一,是医院在人才竞争中取胜的关键。萨缪尔森认为经济增长的四个轮子是:人力资源、自然资源、资本构成和技术,其中最重要的是人力资源。在医院发展中,人力资源,尤其是高精尖人才,是一种稀缺资源,是每所医院竞相希望拥有的。而增强对人力资源的吸引力、保持人力资源的稳定性,是每所医院都必须面临的课题。第二,是提高患者满意度的关键。医院的宗旨是为人民群众的健康服务,以病人为中心是医院的工作主线,而为病人服务,员工是主体,要提高患者满意度、打造人民满意的医院,就必须让员工满意,满意的员工会把满意的心情带到工作中,从而提高医疗质量和服务水平,实现令患者满意的绩效。

员工满意度管理在西方管理实践中很早就得到了应用。据统计,在20世纪90年代,欧美有2/3的企业采用员工满意度管理来提高企业竞争力和绩效,并把员工满意度调查作为一项日常的管理工作,把由此形成的员工满意度报告作为人力资源发展报告的重要部分,使其成为企业管理的一项重要内容。员工满意度管理目前在国内企业中也得到了广泛应用，但医院管理中鲜有采用。我国医院管理中逐渐引用了一些在企业管理中得到广泛应用的现代管理方法，如战略管理、绩效考核等。但是在满意度测评方面，一直较重视患者满意度的提高，对员工满意度测评相对忽略。有研究者针对医生或者护士进行满意度的调查，但针对医院全体员工的鲜有进行。

北京市医疗资源较为集中，截至 2018 年年末，北京市卫生技术人员有 281686 人，如此庞大的人力资源，如何调动他们的工作积极性与主动性，让他们为人民群众的身体健康作贡献，为构建和谐医患关系、构建和谐社会作贡献，最大限度地发挥他们的效用，既是卫生行政部门，也是各个医院及每一位医院管理者都必须面对的课题。

二、员工满意度构成及其影响因素研究综述

（一）西方学者提出的员工工作满意度构成和影响因素

就员工满意度的构成要素而言，提出满意度模型的学者很多。洛克（Locker）的"十因素说"：工作本身、报酬、提升、认可、工作条件福利、自我、管理者、同事和组织外成员。阿莫德（Armold）和菲德曼（Feldman）提出的"六因素说"：工作本身、上司、经济报酬、升迁、工作环境和工作团队。Victor vroom（1962）认为满意度有七个构成层面，包括：组织本身、升迁、工作内容、直接主管、待遇、工作伙伴、工作环境。Smith（1976）提出满意度八个构成方面：管理、工作数量、工作条件、职业发展、工作种类、同事、薪酬、公司方面。Bullock（1984）认为满意度构成包括：工作本身、薪酬、晋升、认可、工作条件、管理、同事、公司政策。Blackburn 和 Lawrence（1995）指出工作满意度影响因素不断变化，主要包括：工资和工作安全、同事、工作环境、培训、工作量。S. P. Robbins（1997）在综合总结了以前学者所提出的满意度构成和影响因素后，也提出了决定工作满意度的主要因素：心理挑战性的工作、公平的报酬、支持性的工作环境、融洽的同事关系、人格与工作的匹配。从国外学者的研究可以看出，满意度测评的维度主要有以下几个方面：工作本身、报酬、晋升、工作条件、领导风格、人际关系等。

（二）实际量表中提出的员工工作满意度构成和影响因素

1957 年，美国明尼苏达工业大学关系中心编制了明尼苏达满意度量表 MSQ（Minnesota Satisfaction Questionnaire），分为长式量表（21 个分量表）和短式量表（3 个分量表）。短式量表包括内在满意度、外在满意度和一般满意度 3 个分量表，包括 20 个题目；长式量表则有 120 个题目，可测量工作者对 20 个工作构面的满意度及一般满意

度。20个大项中每个项下有5个小项。这20个大项是：个人能力的发挥、成就感、能动性、公司培训和自我发展、权力、公司政策及实施、报酬、部门和同事的团队精神、创造力、独立性、道德标准、公司对员工的奖惩、本人责任、员工工作安全、员工所享受的社会服务、员工社会地位、员工关系管理和沟通交流、公司技术发展、公司的多样化发展、公司工作条件和环境。

Smith，Kendall和Hullin（1969）编制了工作说明量表（Job Descriptive Index，简称JDI），并提出可衡量工作满意度的5个构面：工作本身（job itself）、薪资（salary）、升迁（promotion）、上司（supervision）、同事（co-workers）。

Hackman和Lawler编制了工作满足量表（Job Satisfaction Inventory），提出13项衡量工作满意度的因素：自尊自爱、工作待遇、工作贡献、自订工作目标与方式、友谊关系、升迁机会、顾客态度、工作权力。

Hackman和Oldham（1975）编制了工作诊断调查表（Job Diagnostic Survey，简称JDS），可测量：一般满意度、内在工作动机、特殊满意度（包括工作安全感、待遇、社会关系、督导及成长等构面）、工作者的特性及个人成长需求强度。

Spector（1985）提出Job Satisfaction Survey（JSS）九个方面：工资（pay）、晋升（promotion）、领导方面（supervision）、福利（benefits）、额外奖赏（contingent rewards）、沟通（communication）、操作流程（operation process）、同事（co-workers）、工作性质（nature of work）。

（三）国内学者对员工满意度的研究状况

我国对员工满意度的研究起步较晚，20世纪80年代以后我国才开始员工满意度的研究，之后多是集中在对国外研究成果的修订和运用上，比较著名的有中国科学院心理研究所卢嘉、时勘（2001）参考了国内外的研究成果，充分考虑了中国文化对工作满意度的影响，提出了5个大类和几十个小类的影响因素：对领导行为的满意度（涉及领导能力、领导态度、工作认可度和工作交流等）、对管理措施的满意度（涉及单位的制度管理、客户服务、质量管理和竞争管理）、对工作回报的满意度（涉及工资、福利、培训发展和工作条件）、对团体合作的满意度（涉及同事交流、同事关系和合作效率）、对工作激励的满意度（涉及工作兴趣、能力发挥和成就感）。

浙江大学附属邵逸夫医院陈正英等（2004）在《医院员工满意度调查分析》中将医院员工满意度维度划分为五个构面：医院总体评价（医院发展前景、医院发展潜力、医院管理和制度）、个人发展空间（个人独立和自主机会）、分配体制（个人薪酬、奖金分配）、工作环境、教育和晋升（教育培训、晋升机会）。厦门市第一医院杨万洪、姜卫（2007）在《医院员工满意度模型的实证研究》中提出从以下方面测量员工满意度：内部服务质量（包括工作场所、工时时间安排、工资的资源配备、工作合适度、责权匹配度、工作安全、薪酬、福利、工作被认可、晋升、自身发展、工作成就感、工作协作、工作沟通、目标的认同、上级的支持、规章制度的完善落实、绩效考核合理性、人事分配合理性、行管后勤的支持等20个标识变量）、员工满意度（分为对工作的整体满意感和对医院的整体满意感两个方面）、员工忠诚度。

山东大学管理学院的谢永珍、赵京玲（2001）在《企业员工满意度指标体系的建立与评价模型》中，提出员工满意度的评价指标体系包括以下5方面16个因素：对工作本身的满意度（工作合适度、责任匹配度、工作挑战性、工作胜任度）；对工作回报的满意度（工作认可度、事业成就感、薪酬公平感、晋升机会）；对工作背景的满意度（工作空间质量、工作时间制度、工作配备齐全度、福利待遇满意度）；对工作人际关系的满意度（合作和谐度、信息开放度）；对企业整体的满意度（企业了解度、组织参与度）。冉斌编著的《员工满意度测量手册》提到了员工满意度测量的基础知识，所提出的员工满意度的内容维度也基本上包含了上述5方面16个因素，并编制了测试问卷，附录恩波公司员工满意度实际调查情况，检测了这一员工满意度维度构成的科学性，非常具有参考价值。

三、北京市三级综合医院员工满意度指标体系构建

综合分析国内外学者对满意度构成和影响因素的研究成果，结合三级综合医院组织特点进行修订，初步建立涉及5个Ⅰ级维度、45个Ⅱ级维度的北京市三级综合医院员工满意度指标体系。同时为测量专业忠诚度、组织忠诚度及离职倾向，增加了1个Ⅰ级维度，涉及5个Ⅱ级维度。分别是：（1）对工作本身的满意度：工作兴趣、工作强度、工作稳定性、工作重要性、工作胜任度、工作自主权、责权匹配度、自我实现、职业风险；（2）对工作背景的满意度：工作量、作息制度、工作与生活关系、设备与设施、医疗设备、后勤系统的支持度、医患关系、医院环境；（3）对工作群体的满意度：同事关系、工作配合、科室氛围、领导关系、上级和同事对自己的认可、对同事的认可；（4）对工作回报的满意度：工资、福利、奖金分配、内部公平感、外部公平感、培训机会、职务/职称晋升、成就感、社会地位、参与决策的机会、鼓励与表扬；（5）对医院管理的满意度：院级领导领导能力、部门负责人管理能力、管理风格、制度管理、管理创新、流程管理、工作效率、发展现状、发展前景、行业地位、医院文化；（6）专业忠诚度、组织忠诚度及离职倾向：是否会改换

专业；是否关心医院前途；是否愿意为医院发展付出；是否会离开医疗行业；是否会改变供职医院。

经过多轮讨论及德尔菲咨询法，对各级维度进行了逐条筛选、调整，确立了北京市三级综合医院员工满意度指标体系（见表13-1），共包括5个Ⅰ级维度、35个Ⅱ级维度，在组织忠诚度及离职倾向维度中，包含3个Ⅱ级维度。编制问卷时，以Ⅱ级维度为依据；统计分析调查结果时，分别比较Ⅰ级维度和Ⅱ级维度情况。

表 13-1　经修订后的北京市三级综合医院员工满意度评价指标

Ⅰ级维度	Ⅱ级维度
对工作本身的满意度（7）	工作兴趣
	工作重要性
	工作稳定性
	工作胜任度
	能力发挥
	成就感
	职业风险
对工作背景的满意度（6）	工作量
	作息制度
	设备与设施
	后勤系统的支持度
	医患关系
	医院环境
对工作群体的满意度（5）	同事关系
	工作配合
	科室氛围
	上级和同事对自己的认可
	对同事的认可
对工作回报的满意度（9）	工资
	福利
	奖金分配
	内部公平感
	外部公平感
	培训机会
	职务/职称晋升
	社会地位
	参与决策的机会

续表

Ⅰ级维度	Ⅱ级维度
对医院管理的满意度（8）	院级领导领导能力
	部门负责人管理能力
	管理风格
	制度管理
	流程管理
	发展现状
	发展前景
	行业地位
专业忠诚度、组织忠诚度及离职倾向（3）	是否关心医院前途
	是否愿意为医院发展付出
	是否会改变供职医院

四、北京市三级综合医院员工满意度调查问卷设计

（一）北京市三级综合医院员工满意度预调查问卷构成

根据员工满意度指标体系，以员工能在5—10分钟内完成问卷为原则，编制了北京市医院员工满意度调查预测问卷，包括10项个人变项问题、35项满意度问题、3项组织忠诚度与离职倾向问题。由以下三部分构成：

员工个人变项量表：包括10项问题，分别为：性别、年龄、工龄、院龄、教育程度、职称、职务、月平均收入情况、岗位类别、工作类别。

满意度量表：每一个Ⅰ级维度为一个分量表，每一个Ⅱ级维度对应一个问题，共5个分量表，总计35项问题，分别测量工作本身满意度、工作背景满意度、工作群体满意度、工作回报满意度、医院管理满意度。

组织忠诚度及离职倾向量表：每一个Ⅱ级维度对应一个问题，包括3项问题，分别测量员工对医院的忠诚度和离职倾向。

（二）预调查问卷计分方式

问卷均采用李克特量表（Likert Scale）测量尺度5点测量法，满意度问卷由"很不满意、不满意、不确定、满意、非常满意"分别给予1、2、3、4、5的分数，分数越高表示满意程度越高；组织忠诚度与离职倾向问卷由"很不同意、不同意、不确定、同意、非常同意"分别给予1、2、3、4、5的分数，分数越高表示组织忠诚度越

高、离职倾向越低。

(三) 第一次预调查内容及结果

编制的预调查问卷、明尼苏达量表（短式）在样本医院发放54份，收回52份。其中医疗18份，护理12份，医技11份，行政、后勤11份。

预调查结果采用SPSS16.0软件进行统计分析，选用Cronbach's α 系数及条目间Pearson相关系数评估量表的内部一致性；结构效度采用主成分因子分析；并应用Lisrel8.54软件进行验证性因子分析，以考察数据与5因子模型的拟合程度，检验量表的构想效度。采用的拟合指标有：NFI（标准拟合指数）、CFI（相对拟合指数）、RFI、RER、IFI、χ^2/df（卡方与自由度比值）、REMEA（近似均方根误差）等。χ^2/df、RMR、RMSEA越小，模型拟合得越好，其他越大越好；模型的拟合结果用标准化路径图表示；另外，利用校标测量本调查表的关联系数。

信度系数表结果如表13-2所示。

表13-2　　　　　　　　　　信度系数表

项目	Realiabilties Coeffcients		
	N of Cases	N of Items	Alpha
工作本身满意度	52	7	0.835
工作背景满意度	52	6	0.803
工作群体满意度	52	5	0.808
工作回报满意度	52	9	0.898
领导管理满意度	52	8	0.858
忠诚度及离职倾向满意度	52	3	0.863
35个指标	52	35	0.955
总体指标	52	38	0.955

本调查检验问卷的信度系数采用Cronbach Alpha信度系数法，通常认为，信度系数应该在0—1之间，如果量表的信度系数在0.9以上，表示量表的信度很好；如果量表的信度系数在0.8—0.9之间，表示量表的信度可以接受；如果量表的信度系数在0.7—0.8之间，表示量表有些项目需要修订；如果量表的信度系数在0.7以下，表示量表有些项目需要抛弃。表13-2表明，本调查表总体信度系数为0.955，6个Ⅰ级维度分量表的信度系数均达到了0.80以上，说明调查表可靠性很好。

为检验问卷效度，采用因子分析，按特征根大于1的原则共提取了10个公因子，累积贡献率为82.44%。这10个公因子能较好地反映整个调查表的各项指标，说明调查表结构稳定。

同时，将自编问卷和明尼苏达量表（短式）进行相关比较，由表 13-3 可知：自行设计的量表与明尼苏达量表总分的相关系数为 r=0.919，表明关联效度很好。

表 13-3　自编量表与明尼苏达量表（短式）之间相关系数

相关性			明尼苏达量表	自编量表
斯皮尔曼等级相关系数	明尼苏达量表	相关系数	1.000	0.919**
		Sig.（2-tailed）	—	0.000
		N	52	52
	自编量表	相关系数	0.919*	1.000
		Sig.（2-tailed）	0.000	—
		N	52	52

**：相关性在 0.01 水平上显著（双尾）。

（四）第二次预调查内容及结果

针对自编量表的信度、效度分析结果及在预调查中发现的问题，对问卷中部分问题的描述进行修订后，确立了北京市三级综合医院员工满意度第二次预调查问卷，选取样本医院进行了第二次较大样本量预调查，预调查采用匿名、独立答卷方式填写，共发放问卷 893 份，回收 676 份。结果为：

1. Cronbach's α 信度系数

Cronbach's α 系数大于 0.75 时，就可以认为调查表内在一致性较好，表 13-4 显示该调查表总体信度系数为 0.955，和第一次预调查结果相符，再次说明调查表可靠性好。

表 13-4　Cronbach's α 信度系数表

项目	Realiabilties Coeffcients		
	N of Cases	N of Items	Alpha
工作本身满意度	676	7	0.835
工作背景满意度	676	6	0.803
工作群体满意度	676	5	0.808
工作回报满意度	676	9	0.898
医院管理满意度	676	8	0.858
忠诚度及离职倾向满意度	676	3	0.863
35 个指标	676	35	0.955
总体指标	676	38	0.955

2. 结构效度

采用探索性因素分析,提取方法为主成分分析和最大方差转轴法。因素分析过程中条目的筛选原则:(1)保留符合因素分析统计学和医院管理学专业知识要求的条目;(2)删除因素负荷值<0.30的条目;(3)删除公共因素所包含的条目数<3的条目。

根据 KMO 抽样适度检验(Kaiser – Meyer – Olkinmeasure of samplingadequacy)和 Bartlett's 球形检验(Bartlett's test of sphericity)判断资料是否适合于进行因子分析。当 KMO 值越大时,表示变量间的共同性越多而偏相关性越小,越适合因子分析,如果 KMO 的值小于0.5时,则不宜进行因子分析。Bartlett's 球形检验结果拒绝 H0 时,表示各条目之间的相关系数矩阵不是单位阵,适宜进行因子分析。量表的 KMO 值是用于比较观测相关系数值与偏相关系数值的一个指标,其值越逼近1,表明对这些变量进行因子分析的效果越好。分:Kaiser – Meyer – Olkin(KMO)值为0.744;Bartlett 球形检验2值为1.823E3(df=595),具有高度显著性(P=0.000),适宜进行因子分析。根据特征值变化的碎石图,显示理想的公共因子数应为5—8个。因素负荷与共同度:首先根据初始特征值的大小排列,由大至小,分别选取7、6、5个公共因素数,依次进行因素负荷与共同度分析。5个公共因素的累积解释变异量为72.351%。累积方差百分比(Cumulative% of Variance)为72.351%。35个条目的共同度为0.445—0.826,显示5个公共因素对大部分条目的变异量进行公共解释的水平在50%以上。其中,有31个条目的共同度大于0.500,5个条目(包括重要性、工作量、作息制度、培训条目)的共同度为0.400—0.500。转轴后的成分矩阵和公共因素命名:根据转轴后的成分矩阵结果,35个条目最终共析出5个因素。根据因素内条目的组成和管理学意义,结合问卷的构成理论,分别进行因素命名。见表13-5。

表13-5　　　　　　　　满意度量表的验证性因子分析

	χ^2	df	χ^2/df	RMR	NFI	RFI	IFI	CFI	RMSEA
五因子模型(1)*	2603.38	550	4.73	0.07	0.96	0.95	0.97	0.97	0.081
五因子模型(2)**	2438.16	517	4.71	0.06	0.96	0.95	0.97	0.97	0.079

注:*包含全部35个条目;**不包括条目18。

3. 构想效度

为了考查满意度量表五因素模型的拟合程度,利用 Lisrel8.54 进行验证性因素分析,模型整体的拟合结果见表13-5。结果显示五因素模型的总体拟合效果比较理想,但条目18在五个因素中的标准化负荷都很大(110.36),不能明确提示其到底属于哪个因素,因此考虑去除条目 18 重新分析,结果见表 13-6,显示各项指标均有明显改善。

表 13-6　　　　PTIQ 转轴后的成分矩阵和公共因素命名(34 个条目)

因素命名	条目(因素负荷)
工作本身	1 (0.593)　2 (0.687)　3 (0.488)　4 (0.771)　5 (0.510)　6 (0.552)　7 (0.511)
工作背景	8 (0.479)　9 (0.462)　10 (0.632)　11 (0.579)　12 (0.658)　13 (0.624)
工作群体	14 (0.814)　15 (0.821)　16 (0.705)　17 (0.623)
工作回报	19 (0.738)　20 (0.603)　21 (0.767)　22 (0.742)　23 (0.826)　24 (0.448) 25 (0.532)　27 (0.735)　28 (0.633)
医院管理	29 (0.805)　30 (0.708)　31 (0.552)　32 (0.562)　33 (0.637)　34 (0.703) 35 (0.761)

(五) 北京市三级综合医院员工满意度调查问卷修订

根据两次预调查结果的分析,删除了"对同事的认可"这个Ⅱ级指标,北京市医院员工满意度调查预测问卷,包括 10 项个人变项问题、34 项满意度问题、3 项组织忠诚度与离职倾向问题。问卷见附录。

五、北京市三级综合医院员工满意度调查结果分析

在北京市 13 所三级综合医院开展调查,共发放问卷 9330 份,回收有效问卷 8443 份,回收合格率 97.08%。参与调查的员工包括正式职工和合同制职工,涉及医生、医技、护理、行政、后勤 5 类岗位。

(一) 满意度总体情况及分析

Ⅰ级维度中,工作群体满意度 3.72、工作本身满意度 3.35、医院管理满意度 3.3、工作背景满意度 2.96、工作回报满意度 2.72,在 5 个Ⅰ级维度中,对工作群体的满意度最高,对工作回报的满意度最低。员工总体满意度为 3.21,说明北京市三级综合医院员工对所在医院整体较满意。

Ⅱ级维度中,满意度得分排名前 5 位分别是:工作胜任度 3.86、同事关系 3.85、工作配合 3.77、科室氛围 3.66、工作稳定性 3.64;后 5 位分别是:职业风险 2.59、奖金分配 2.58、工资 2.54、福利 2.52、外部公平性 2.43。

在 34 项满意度因素中,得分在 3 以下的有 13 项:医院环境、职务晋升、培训机

会、参与决策、工作量、内部公平、社会地位、医患关系、职业风险、奖金分配、工资、福利、外部公平，这些因素有9项集中在工作回报满意度，3项分布在工作本身与工作背景。满意度前5位因素分别是：工作胜任度、同事关系、工作配合、科室氛围、工作稳定性，3项集中在工作群体，2项在工作本身。员工对医院整体比较满意。

在组织忠诚度问卷中，员工关心医院发展4.09，愿意为医院付出4.07，是37项因素中得分的前两位，说明职工对各自医院忠诚度都较高，不改变供职医院的意向3.48，说明职工离职倾向较低。

以上数据表明，整体比较满意的结果和各医院的整体内部环境有关，员工普遍关心医院的发展前途，愿意为医院的发展付出自己的努力。较高的组织忠诚度和较低的离职倾向，以及职工较为满意的同事关系、科室氛围、工作配合等因素说明各医院领导班子凝聚力较强，内部十分团结，形成了和谐向上的工作氛围，这一点从员工对医院管理的满意状况也可体现出来；员工满意于工作的稳定性，说明在医院的工作对于生活质量的重要性；工作胜任度满意度较高，说明员工对自身具备的能力及完成工作任务有充分自信；对工资、奖金分配、内部公平性、外部公平性等整体工作回报满意度较低，说明员工对于目前的收入状况无论是纵向比还是横向比都不太满意，对现行奖金分配制度也不太满意；对于职务职称晋升通道、培训的机会、参与医院决策的机会不太满意，说明各医院在民主管理方面还需加强；对工作量的分配不满意，和工作回报有正相关关系，说明员工不太认可工作付出与工作回报之间的匹配度；医疗行业是高风险职业，和患者的生命息息相关，因此，医院员工对职业风险的满意度较低；医患关系是医疗行业存在的客观现象，职工对此满意度不高，和医患关系较为紧张的整体社会大环境相符；医患关系和职业风险的满意度与医院员工对社会地位的满意度也是呈正相关关系的。

员工满意度与组织忠诚度的Pearson相关系数为0.441，说明组织忠诚度与员工满意度之间存在正相关，但相关性较低。

（二）满意度分项情况及分析

医疗、医技、护理、行政、后勤5类岗位的员工满意度存在统计学意义差异。Ⅰ级维度各项满意度均存在统计学意义差异。后勤员工总体满意度最高，护理员工总体满意度最低；组织忠诚度上，行政人员最高，护理员工最低；总体上，医护人员满意度低于行政后勤人员。

不同工作类别员工总体满意度存在统计学意义差异。Ⅰ级维度除工作本身外，其余指标均存在统计学意义差异。合同员工总体满意度高于正式员工，组织忠诚度低于正式员工。

不同性别员工总体满意度存在统计学意义差异。Ⅰ级维度指标均存在统计学意义差异。男性员工总体满意度、组织忠诚度均高于女性员工。

不同年龄员工总体满意度不存在统计学意义差异。Ⅰ级维度指标均存在统计学意义差异。51岁以上员工总体满意度和组织忠诚度均最高，年龄越小组织忠诚度越低。

不同院龄员工总体满意度不存在统计学意义差异。Ⅰ级维度指标均存在统计学意义差异。3年以下院龄员工总体满意度最高，21年院龄员工组织忠诚度最高。

不同工龄员工总体满意度不存在统计学意义差异。Ⅰ级维度指标均存在统计学意义差异。3年以下工龄员工总体满意度最高，21年工龄以上员工组织忠诚度最高。

不同学历员工总体满意度存在统计学意义差异。Ⅰ级维度指标均存在统计学意义差异。高中学历员工总体满意度最高，博士以上学历员工总体满意度最低；博士以上学历员工组织忠诚度最高。

不同职称员工总体满意度不存在统计学意义差异。副高以上职称员工组织忠诚度最高，无职称员工总体满意度最高，而初级职称员工在这两者上得分均最低。

不同职务员工总体满意度存在统计学意义差异。副主任以上职务的员工在忠诚度和总体满意度得分均最高；而无职务者在这两者上得分均最低。

六、结语

本案例以北京市三级综合医院员工满意度为对象，主要探讨调查问卷的设计和修订问题。在研究方法上，通过文献研究，以赫茨伯格双因素理论、亚当斯公平理论等西方著名管理理论为基础，借鉴国内类似研究成果，结合三级综合医院组织特点来设计调查问卷的维度和项目。通过开展全员调查，调查结果基本如实反映了目前员工的工作满意度状况，希望为分析和提高公立医院员工满意度水平提供有益借鉴。

附录：

北京市三级综合医院员工满意度调查问卷

第一部分　个人基本情况

1. 性别：（1）□男　（2）□女
2. 年龄：_____岁
3. 工龄：_____年

4. 院龄：_____年

5. 教育程度：(1) □博士及以上　(2) □硕士　(3) □本科　(4) □大专
　　　　　　(5) □中专或高中　(6) □高中以下

6. 职称：(1) □副高及以上　(2) □中级　(3) □初级　(4) □初级以下

7. 职务：(1) □部门副主任及以上　(2) □护士长　(3) □班组长
　　　　(4) □无

8. 月平均收入情况：(1) □8000元及以上　(2) □5000—8000元
　　　　　　　　　(3) □3500—5000元　(4) □2000—3500元
　　　　　　　　　(5) □1000—2000元　(6) □1000元以下

9. 岗位类别：(1) □医疗　(2) □医技　(3) □护理　(4) □行政管理
　　　　　　(5) □后勤管理

10. 工作类别：(1) □正式职工　(2) □合同或临时职工

第二部分　满意度问卷

1. 您是否满意"在医院工作是一份稳定的职业"
□很不满意　　□不满意　　□不确定　　□满意　　□非常满意

2. 对于工作与自己兴趣的相符程度，您是否满意
□很不满意　　□不满意　　□不确定　　□满意　　□非常满意

3. 对于您的工作岗位在医院运行中的重要程度，您是否满意
□很不满意　　□不满意　　□不确定　　□满意　　□非常满意

4. 您是否满意"自己的专业技能和知识水平能够胜任目前的工作"
□很不满意　　□不满意　　□不确定　　□满意　　□非常满意

5. 您是否满意"目前的工作岗位能使您充分发挥自己的能力"
□很不满意　　□不满意　　□不确定　　□满意　　□非常满意

6. 您对于在工作中所取得的成就感是否满意
□很不满意　　□不满意　　□不确定　　□满意　　□非常满意

7. 您对从事医疗行业带来的职业风险是否满意
□很不满意　　□不满意　　□不确定　　□满意　　□非常满意

8. 您对目前所承担的工作量是否满意
□很不满意　　□不满意　　□不确定　　□满意　　□非常满意

9. 您对所在医院的工作作息时间安排是否满意
□很不满意　　□不满意　　□不确定　　□满意　　□非常满意

10. 您对工作所必需的设备或设施的配备情况是否满意

☐很不满意　　☐不满意　　☐不确定　　☐满意　　☐非常满意

11. 您对于目前工作环境（办公室、通风、灯光、绿化等）是否满意

☐很不满意　　☐不满意　　☐不确定　　☐满意　　☐非常满意

12. 您对整个后勤系统（包括水、电、设备提供或设施维修、食堂等）的支持度是否满意

☐很不满意　　☐不满意　　☐不确定　　☐满意　　☐非常满意

13. 医疗投诉时有发生，您对所在医院目前的医患关系状况是否满意

☐很不满意　　☐不满意　　☐不确定　　☐满意　　☐非常满意

14. 您对同事之间友好、和谐相处程度是否满意

☐很不满意　　☐不满意　　☐不确定　　☐满意　　☐非常满意

15. 您对同事之间工作上的相互配合程度是否满意

☐很不满意　　☐不满意　　☐不确定　　☐满意　　☐非常满意

16. 您是否满意上级和同事对您的表现所作的评价

☐很不满意　　☐不满意　　☐不确定　　☐满意　　☐非常满意

17. 您对所在科室明确工作目标、团结协作程度是否满意

☐很不满意　　☐不满意　　☐不确定　　☐满意　　☐非常满意

18. 医院所支付的工资与目前所承担的工作相比较，您是否满意

☐很不满意　　☐不满意　　☐不确定　　☐满意　　☐非常满意

19. 您的收入与同事相比，是否满意

☐很不满意　　☐不满意　　☐不确定　　☐满意　　☐非常满意

20. 您的收入与其他医院的同行相比，是否满意

☐很不满意　　☐不满意　　☐不确定　　☐满意　　☐非常满意

21. 您对医院目前的福利政策（医疗、子女教育、旅游、假期等除工资以外的酬劳）是否满意

☐很不满意　　☐不满意　　☐不确定　　☐满意　　☐非常满意

22. 您对医院现行奖金核算与分配制度是否满意

☐很不满意　　☐不满意　　☐不确定　　☐满意　　☐非常满意

23. 您对所在医院提供的各种培训机会是否满意

☐很不满意　　☐不满意　　☐不确定　　☐满意　　☐非常满意

24. 您对所在医院职务或职称晋升的政策、具体做法是否满意

☐很不满意　　☐不满意　　☐不确定　　☐满意　　☐非常满意

25. 您对于自己能够影响并参与医院决策的机会是否满意

☐很不满意 ☐不满意 ☐不确定 ☐满意 ☐非常满意

26. 您对于所从事的工作在社会中所处的地位是否满意

☐很不满意 ☐不满意 ☐不确定 ☐满意 ☐非常满意

27. 您对医院领导的决策能力、管理能力是否满意（如果您是院级领导，请进行自我评价）

☐很不满意 ☐不满意 ☐不确定 ☐满意 ☐非常满意

28. 您对领导对待下属的方式、与领导沟通的渠道是否满意

☐很不满意 ☐不满意 ☐不确定 ☐满意 ☐非常满意

29. 您对所在科室领导作决定的能力、管理科室的能力是否满意（如果您是科室领导，请进行自我评价）

☐很不满意 ☐不满意 ☐不确定 ☐满意 ☐非常满意

30. 您对医院运行各个环节的顺畅程度是否满意

☐很不满意 ☐不满意 ☐不确定 ☐满意 ☐非常满意

31. 您对医院运行各个环节采用制度进行严格管理的状况是否满意

☐很不满意 ☐不满意 ☐不确定 ☐满意 ☐非常满意

32. 您对所在医院近五年的发展状况是否满意

☐很不满意 ☐不满意 ☐不确定 ☐满意 ☐非常满意

33. 您对所在医院目前在行业中所处的地位是否满意

☐很不满意 ☐不满意 ☐不确定 ☐满意 ☐非常满意

34. 您对所在医院的发展定位与未来发展潜力是否满意

☐很不满意 ☐不满意 ☐不确定 ☐满意 ☐非常满意

第三部分 组织忠诚度问卷

1. 您十分关心所在医院的前途

☐很不同意 ☐不同意 ☐不确定 ☐同意 ☐非常同意

2. 您愿意付出全部努力，使所在医院获得更大发展

☐很不同意 ☐不同意 ☐不确定 ☐同意 ☐非常同意

3. 即使有机会，您不会选择去其他医院供职

☐很不同意 ☐不同意 ☐不确定 ☐同意 ☐非常同意

案例使用说明

一、课前准备

课前要求学生阅读以下类型文献：
1. 有关人力资源激励理论，尤其是内容型激励理论的文献。
2. 有关公立医院人力资源管理，尤其是员工满意度研究方面的文献。
3. 有关管理研究方法，尤其是操作化、测量模型、问卷调查、信效度检验等方面的文献。

二、适用对象

本案例主要适用于公共管理专业硕士（MPA）有关管理学、公共事业管理学、管理研究方法等相关课程教学。

三、教学目标

通过介绍和展示北京市三级综合医院员工满意度调查设计情况和问卷修订成果，引导学生了解国内外公共卫生事业管理领域人力资源满意度研究的进展，熟悉有关测量工具和方法技术，掌握满意度问卷调查研究设计和实施的能力。通过引导学生针对测量模型构建、测量工具修订和检验等进行实操演练，提高学生的研究方法素养和应用水平。

四、启发思考题

1. 你对公立医院员工队伍的构成及其工作满意度的了解程度如何？有何看法？
2. 结合激励理论，分析影响公立医院员工满意度的因素主要有哪些？
3. 如何理解"概念""变量""指标"和"测量项目"？
4. 对调查问卷进行信度和效度分析的方法主要有哪些？每种方法在应用中需注意哪些事项？

五、要点分析

本案例教学的知识模块及其要点如下：

1. 背景知识介绍

（1）公立医院员工队伍构成及其激励状况；

（2）员工满意度的研究溯源和概念界定。

2. 员工满意度的构成及其影响因素是什么？

（1）西方学者有关工作满意度研究的代表性成果；

（2）有影响力的满意度测量量表；

（3）国内有关员工满意度的实证研究，尤其是工具修订方面的研究；

（4）国内外学者提出的员工工作满意度构成和影响因素；

（5）研究进展总结评价，以及本案例研究的必要性、研究目标和研究设计思路。

3. 如何建立员工满意度测量指标体系？

（1）指标体系来源及原型介绍；

（2）公立医院员工满意度的维度设计；

（3）公立医院员工满意度的指标筛选；

（4）德尔菲法的研究设计与实施。

4. 如何编制员工满意度调查问卷？

（1）测量理论基本知识；

（2）变量及测量模型说明；

（3）问卷结构和问题设计；

（4）预调查的目的、设计与实施；

（5）问卷信效度检验方法。

5. 如何呈现员工满意度调查结果？

（1）公立医院员工满意度调查结果报告；

（2）有关调查结果的讨论分析；

（3）有关对策建议的讨论提出。

六、课堂安排

按照以下步骤和时间来组织课堂教学：

第一讲　绪论（45 分钟）

1. 讲授本案例的背景知识；

2. 展示并讲解有关员工满意度研究成果和测量工具；

3. 总结评述研究现状；

4. 介绍本案例的研究设计。

第二讲　指标设计（45 分钟）

1. 介绍指标体系的开发过程；

2. 讲解指标体系的结构及内容；

3. 介绍德尔菲法及其实施过程；

4. 报告指标修订情况。

第三讲　问卷编制（45 分钟）

1. 讲授测量理论知识；

2. 展示并讲解员工满意度的测量模型；

3. 展示问卷，介绍问卷结构、指导语、问项和选项、计分方式等内容。

第四讲　数据分析和结果讨论（45 分钟）

1. 讲授数据分析和信效度检验知识；

2. 利用事先准备好的数据资料，讲解并指导学生进行数据的录入；

3. 示范并指导学生运用 SPSS 软件进行数据分析；

4. 讲解并指导统计表的编制；

5. 报告研究结果，并组织学生讨论，讨论包括两方面的议题，一是问卷修订和统计分析，二是公立医院员工满意度调查结果。

七、其他教学支持

1. 案例涉及的员工满意度研究文献。

2. 明尼苏达满意度量表 MSQ。

3. SPSS16.0 软件。

4. 研究样本及其数据资料。

5. 本案例教学 PPT。

7. 乡村振兴

案例 14

中国精准扶贫政策执行的基层实践及其困境①

---

① 本案例由中央财经大学政府管理学院副教授李宇环和中央财经大学政府管理学院行政管理专业硕士研究生邓甜共同编写。

 案例正文

本案例分析了作为三大攻坚战之一的精准扶贫政策，回顾了精准扶贫上升为国家战略的历程。通过对重要政策文件的梳理，厘清了精准扶贫政策的顶层设计和传导机制。基于精准扶贫政策执行的基层调研，呈现了层级控制的工具理性与基层自主性的冲突图景，分析了基层政策执行中的现实困境。本案例希冀通过对中国基层政策执行图景的描述，为公共政策及公共部门战略管理课程的学习者提供理解相关理论知识的现实情境。

一、引言

新中国成立 70 年来，我国的扶贫政策经历了从"救济式""开发式"到"精准式"的阶段转变。党的十八大以来，扶贫开发工作作为事关全面建成小康社会、实现第一个一百年奋斗目标的重大战略任务，被纳入"五位一体"的总体布局和"四个全面"的战略布局之中。2013 年 11 月，习近平总书记在湖南湘西考察，首次提出精准扶贫思想。随后，"六个精准""五个一批""四个切实"等系统阐述精准扶贫内涵的新理念新观点使精准扶贫上升为国家战略。党的十九大报告进一步提出，"坚决打赢脱贫攻坚战。让贫困人口和贫困地区同全国一道进入全面小康社会是我们党的庄严承诺"，"确保到 2020 年我国现行标准下农村贫困人口实现脱贫，贫困县全部摘帽，解决区域性整体贫困，做到脱真贫、真脱贫"①。2017 年 12 月，中央经济工作会议将精准脱贫与防范化解重大风险、污染防治共同列为今后 3 年经济工作的三大攻坚战，精准扶贫政策重要性持续提升。

自精准扶贫政策首次提出至今已有 6 年的时间，我国贫困发生率已从 10.2% 下降到 1.7%，8000 多万贫困人口稳定脱贫，从脱贫人口的数量来看减贫事业取得了巨大成就。脱贫攻坚战推进 3 年以来，在 832 个贫困县中，2016 年脱贫摘帽 28 个，2017 年脱贫摘帽 125 个，2018 年脱贫摘帽 283 个；2013 年建档立卡贫困村 12.8 万个，至 2018 年年底剩 2.6 万个；2018 年农村贫困人口减少 1386 万人，异地扶贫搬迁 280 万人；2018 年"三区三州"贫困人口减少 134 万人，169 个深度贫困县共有 460 万贫困

---

① 习近平. 决胜全面建成小康社会　夺取新时代中国特色社会主义伟大胜利——在中国共产党第十九次全国代表大会上的报告. 载于《党的十九大报告辅导读本》. 人民出版社，2017：47.

人口脱贫；2016年返贫人数68.4万人，2017年20.8万人，2018年5.8万人，返贫人数在不断地减少，脱贫成效显著①。

随着扶贫政策从解决普遍性、区域性贫困到村域贫困的推进，扶贫资源投入也逐渐呈现边际效益递减的问题，单位扶贫资源所带来的脱贫人口数量减少，脱贫速度呈现渐缓趋势，脱贫效率逐渐降低。如何以更精细化的管理手段推进精准扶贫工作成为解决这一问题的关键。基于此，从中央到地方连续出台了一系列实施细则和考核细则，就精准识别、精准帮扶、精准管理、精准考核作出了具体规定。但是在实际执行中，标准化的管理手段也为政策执行带来了一些问题。最明显的一类现象是：频繁填表报数、层层评估检查、盲目提高标准和随意降低标准并存，不切实际提前脱贫等问题层出。尽管不能将此看作是所有地方都存在的现象，但是这一问题的普遍性已经引起了国家层面的高度关注，2018年8月公布的《中共中央　国务院关于打赢脱贫攻坚战三年行动的指导意见》指出，脱贫攻坚工作仍然存在形式主义、官僚主义、弄虚作假、急躁和厌战情绪以及消极腐败现象，有的还很严重，影响脱贫攻坚的有效推进。在此之后，各级纪检监察机关集中曝光了扶贫领域形式主义、官僚主义的典型案例，中央纪委国家监委网站共通报曝光了271起案例，查处283名党员干部，其中乡科级及以下和村干部共有271人，占全部人数的95.8%，问题主要集中在监管不力、作风漂浮、违规决策、弄虚作假四个方面，其中作风漂浮和弄虚作假两类典型的"数字脱贫"现象占到了33.2%（见图14-1）。作风漂浮主要体现为扶贫项目验收时不现场考察，仅凭文件草草决定，有的用提前拟定的"标准答案"应付上级检查。弄虚作假主要体现为虚报扶贫支出、多报贫困户收入、错退脱贫户、贫困户档案信息采集不齐全等问题。

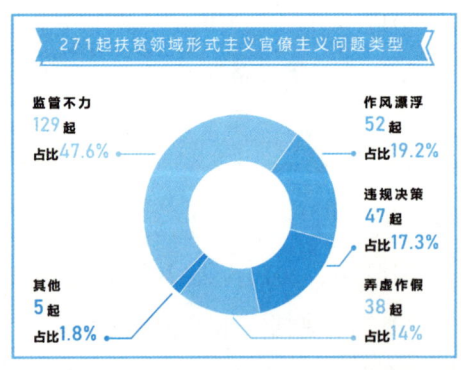 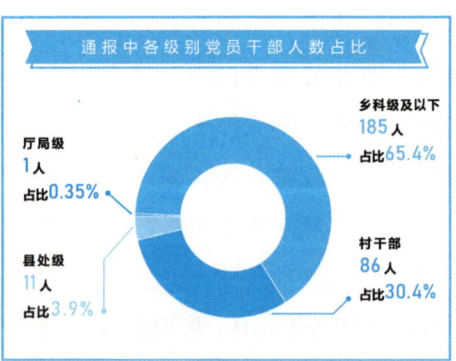

图14-1　中纪委扶贫领域形式主义官僚主义典型案例的分析

资料来源：陈昊．深化专项治理　重在精准施策．中国纪检监察报，2019-04-10．

---

① 资料来源：中国网·中国扶贫在线 http://f.china.com.cn/2019-03/11/content_74557143.htm.

为什么这样一项作为三大攻坚战之一的举国战略在地方执行中遭遇形式主义和官僚主义的困境？实际上，"被脱贫""数字脱贫"背后的问题可以看作是以数量化、最具效率的手段实现难以量化的价值目标所带来的管理悖论。在精准扶贫中具体体现为，一方面，中央和省级政府要考核精准扶贫的成效就需要借助一系列的考核手段，而要考核纵向到底、横向到边的庞大的官僚体系，在管理上就需要借助抽象的规则、可计算的程序和更富效率的方式，因此考核内容的定量化、指标化成为首选的评价方式；另一方面，基层执行主体在高位政治压力下，迫于上级检查和政绩的需要，层层加码，不胜其烦地填报扶贫材料，通过"数字"游戏，帮助贫困户"算"脱贫，以保证以最快的速度完成和超额完成上级下达的扶贫指标。基于这一现象，本案例将依次呈现：（1）精准扶贫政策的顶层设计是什么？（2）上级政策向下层级传导的过程中，呈现的执行体系的运行逻辑是什么？（3）在国家精准扶贫精准脱贫的基本方略下，基层执行主体遇到的执行困境是什么？通过以上问题的呈现，以期为理解公共政策执行的相关理论提供案例解释。

二、顶层设计：精准扶贫政策体系、目标任务与考核办法

2016年，我国精准扶贫"四梁八柱"顶层设计逐步构建（见表14-1）、政策体系逐步形成（见图14-2）。中央各个部门出台了100多个政策文件或实施方案，构成了包括政策目标、重点任务、管理考核等内容在内的完整的顶层政策体系。

表14-1　　　　　　　　　　　精准扶贫工作重要文件

时间	发文机构	文件/会议名称	政策要点	意义
2013.12	中共中央办公厅、国务院办公厅	《关于创新机制 扎实推进农村扶贫开发工作的意见》	提出以建立精准扶贫工作机制为核心的六项机制创新和十项重点工作	将扶贫开发工作摆到更加重要、更为突出的位置
2014.4	国务院扶贫办	《扶贫开发建档立卡工作方案》	明确了扶贫开发建档立卡工作目标、方法和步骤	2014年是全面贯彻"两办"《意见》、"建立精准扶贫工作机制"的第一年，将精准扶贫要求落实到行动与实施层面
2014.5	国务院扶贫开发领导小组办公室	《建立精准扶贫工作机制实施方案》	提六项重点工作和三项保障措施	
2014.12	中共中央组织部、国务院扶贫办	《关于改进贫困县党政领导班子和领导干部经济社会发展实绩考核工作的意见》	安排部署改进贫困县考核机制和领导干部政绩考核工作	

续表

时间	发文机构	文件/会议名称	政策要点	意义
2015.6	—	部分省区市党委主要负责同志座谈会（6·18讲话）	提出"六个精准""四个一批""四个切实"	习近平精准扶贫思想逐步形成
2015.10	—	减贫与发展高层论坛	提出"五个一批"	
2015.11	国务院办公厅	中央扶贫开发工作会议《中共中央 国务院关于打赢脱贫攻坚战的决定》	系统阐述精准扶贫精准脱贫方略，提出"六项措施""九条路径"	
2016.2	中共中央办公厅、国务院办公厅	《省级党委和政府扶贫开发工作成效考核办法》	明确了考核工作具体安排	使精准扶贫有了着力重点、精准脱贫有了检验标准
2016.4	中共中央办公厅、国务院办公厅	《关于建立贫困退出机制的意见》	明确了贫困人口、贫困户、贫困村、贫困县的脱贫退出标准	
2016.12	国务院办公厅	《"十三五"脱贫攻坚规划》	明确了"十三五"时期脱贫攻坚总体思路、基本目标、主要任务和保障措施	提出了打赢脱贫攻坚战的时间表和路线图

资料来源：中国政府网、国务院扶贫办相关资料。

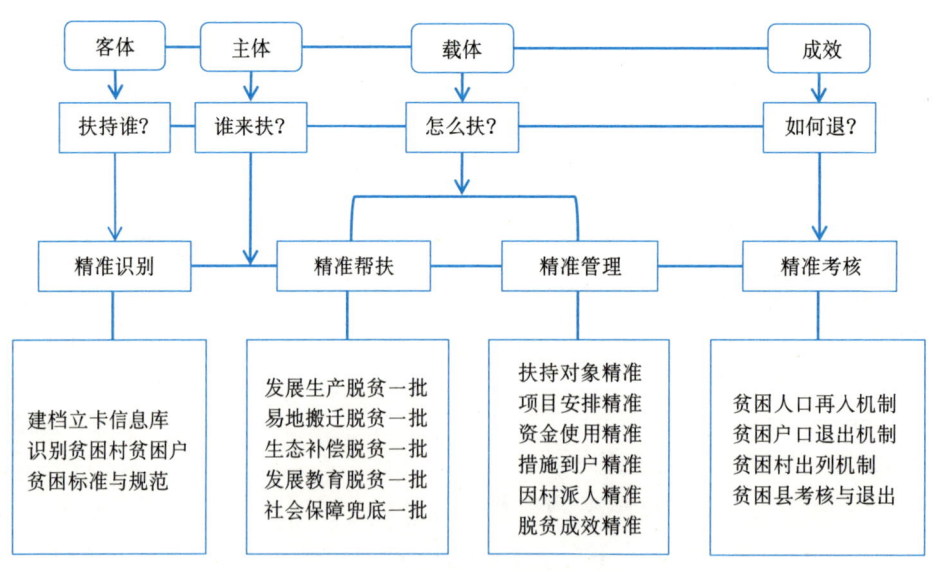

图14-2 中国精准扶贫政策体系

资料来源：中国政府网、国务院扶贫办相关资料。

(一) 中央层面精准扶贫政策文件

2013年年底，中共中央办公厅、国务院办公厅印发《关于创新机制扎实推进农村扶贫开发工作的意见》，提出以建立精准扶贫工作机制为核心的六项机制创新和十项重点工作。围绕该文件，相关部委出台了《关于改进贫困县党政领导班子和领导干部经济社会发展实绩考核工作的意见》《建立精准扶贫工作机制实施方案》《扶贫开发建档立卡工作方案》等配套政策文件，将精准扶贫要求落实到行动与实施层面。2015年、2016年，精准扶贫逐步上升为国家扶贫开发战略，并不断丰富和完善。2015年11月，中央扶贫开发工作会议召开，习近平总书记系统阐述了精准扶贫精准脱贫方略，标志着精准扶贫思想的形成。会后，颁布《中共中央 国务院关于打赢脱贫攻坚战的决定》，要求各级党委和政府要把扶贫开发工作作为重大政治任务来抓，实施全党全社会共同参与的脱贫攻坚战。2016年12月，国务院印发《"十三五"脱贫攻坚规划》，系统阐述了"十三五"时期脱贫攻坚工作的指导思想、目标，以及产业发展脱贫等多项贫困人口和贫困地区脱贫的具体路径和方法。为贯彻落实《中共中央 国务院关于打赢脱贫攻坚战的决定》，中央及有关部门先后出台了100多项政策文件，我国精准扶贫政策顶层设计的"四梁八柱"基本完成。

精准扶贫政策体系遵循"扶持谁（客体）→谁来扶（主体）→怎么扶（载体）→如何退（成效）"的逻辑，涵盖了精准识别、精准帮扶、精准管理、精准考核的全过程，包含"关键四问""五个一批""六个精准""四个切实""六项措施""九条路径"等系列内容。

通过精准识别、精准帮扶、精准管理和精准考核，引导扶贫资源优化配置，实现扶贫到村到户，逐步构建精准扶贫工作长效机制。精准识别是指通过申请评议、公示公告、抽检核查、信息录入等步骤，将贫困户和贫困村有效识别出来，并建档立卡。精准帮扶是指对识别出来的贫困户和贫困村，深入分析致贫原因，落实帮扶责任人，逐村逐户制定帮扶计划，集中力量予以扶持。精准管理是指对扶贫对象进行全方位、全过程的监测，建立全国扶贫信息网络系统，实时反映帮扶情况，实现扶贫对象的有进有出，动态管理，为扶贫开发工作提供决策支持。精准考核是指对贫困户和贫困村识别、帮扶、管理的成效，以及对贫困县开展扶贫工作情况的量化考核，奖优罚劣，保证各项扶贫政策落到实处。

"关键四问"即扶持谁、谁来扶、怎么扶、如何退，厘清了客体—主体—载体—成效之间的逻辑关系，涵盖了精准扶贫机制全过程，是精准扶贫本质属性的重要体现；"五个一批"是指发展生产脱贫一批、易地搬迁脱贫一批、生态补偿脱贫一批、发展教育脱贫一批、社会保障兜底一批;"六个精准"即扶持对象精准、项目安排精准、资金使用精准、措施到户精准、因村派人精准、脱贫成效精准。"四个切实"的具体要求是指切实落实领导责任、切实做到精准扶贫、切实强化社会合力、切实加强基层组织。

(二) 目标任务

《中国农村扶贫开发纲要（2011—2020年）》指出扶贫开发总体目标：到2020年，稳定实现扶贫对象不愁吃、不愁穿，保障其义务教育、基本医疗和住房。贫困地区农民人均纯收入增长幅度高于全国平均水平，基本公共服务主要领域指标接近全国平均水平，扭转发展差距扩大趋势。主要任务见表14-2。

表14-2　　　　　　　中国农村扶贫开发（2011—2020年）主要任务

基本任务	2015年	2020年
基本农田和农田水利	贫困地区基本农田和农田水利设施有较大改善，保障人均基本口粮田	扶农田基础设施建设水平明显提高
特色优势产业	力争实现1户1项增收项目	初步构建特色支柱产业体系
饮水安全	贫困地区农村饮水安全问题基本得到解决	农村饮水安全保障程度和自来水普及率进一步提高
生产生活用电	全面解决贫困地区无电行政村用电问题，大幅度减少西部偏远地区和民族地区无电人口数量	全面解决无电人口用电问题
交通	提高贫困地区县城通二级及以上高等级公路比例，除西藏外，西部地区80%的建制村通沥青（水泥）路，稳步提高贫困地区农村客运班车通达率	实现具备条件的建制村通沥青（水泥）路，推进村庄内道路硬化，实现村村通班车，全面提高农村公路服务水平和防灾抗灾能力
农村危房改造	完成农村困难家庭危房改造800万户	贫困地区群众的居住条件得到显著改善
教育	贫困地区学前三年教育毛入园率有较大提高；巩固提高九年义务教育水平；高中阶段教育毛入学率达到80%；保持普通高中和中等职业学校招生规模大体相当；提高农村实用技术和劳动力转移培训水平；扫除青壮年文盲	基本普及学前教育，义务教育水平进一步提高，普及高中阶段教育，加快发展远程继续教育和社区教育
医疗卫生	贫困地区县、乡、村三级医疗卫生服务网基本健全，县级医院的能力和水平明显提高，每个乡镇有1所政府举办的卫生院，每个行政村有卫生室；新型农村合作医疗参合率稳定在90%以上，门诊统筹全覆盖基本实现；逐步提高儿童重大疾病的保障水平，重大传染病和地方病得到有效控制；每个乡镇卫生院有1名全科医生	贫困地区群众获得公共卫生和基本医疗服务更加均等

续表

基本任务	2015 年	2020 年
公共文化	基本建立广播影视公共服务体系，实现已通电 20 户以下自然村广播电视全覆盖，基本实现广播电视户户通，力争实现每个县拥有 1 家数字电影院，每个行政村每月放映 1 场数字电影；行政村基本通宽带，自然村和交通沿线通信信号基本覆盖	健全完善广播影视公共服务体系，全面实现广播电视户户通；自然村基本实现通宽带；健全农村公共文化服务体系，基本实现每个国家扶贫开发工作重点县有图书馆、文化馆，乡镇有综合文化站，行政村有文化活动室。以公共文化建设促进农村廉政文化建设
社会保障	农村最低生活保障制度、五保供养制度和临时救助制度进一步完善，实现新型农村社会养老保险制度全覆盖	农村社会保障和服务水平进一步提升
人口和计划生育	力争重点县人口自然增长率控制在 8‰ 以内，妇女总和生育率在 1.8 左右	重点县低生育水平持续稳定，逐步实现人口均衡发展
林业和生态	贫困地区森林覆盖率比 2010 年年底增加 1.5 个百分点	森林覆盖率比 2010 年年底增加 3.5 个百分点

资料来源：中国政府网《中国农村扶贫开发纲要（2011—2020 年）》。

《中共中央 国务院关于打赢脱贫攻坚战的决定》明确，到 2020 年实现 7000 多万农村贫困人口摆脱贫困的既定目标。《"十三五"脱贫攻坚规划》指出脱贫攻坚目标：到 2020 年，稳定实现现行标准下农村贫困人口不愁吃、不愁穿，义务教育、基本医疗和住房安全有保障（以下称"两不愁、三保障"）。贫困地区农民人均可支配收入比 2010 年翻一番以上，增长幅度高于全国平均水平，基本公共服务主要领域指标接近全国平均水平。确保我国现行标准下农村贫困人口实现脱贫，贫困县全部摘帽，解决区域性整体贫困。"十三五"时期贫困地区发展和贫困人口脱贫主要指标见表 14-3。

表 14-3　　　　"十三五"时期贫困地区发展和贫困人口脱贫主要指标

指标	2015 年	2020 年	属性	数据来源
建档立卡贫困人口（万人）	5630	实现脱贫	约束性	国务院扶贫办
建档立卡贫困村（万个）	12.8	0	约束性	国务院扶贫办
贫困县（个）	832	0	约束性	国务院扶贫办
实施易地扶贫搬迁贫困人口（万人）	—	981	约束性	国家发展改革委、国务院扶贫办
贫困地区农民人均可支配收入增速（%）	11.7	年均增长高于全国平均水平	预期性	国家统计局
贫困地区农村集中供水率（%）	75	≥83	预期性	水利部

续表

指标	2015年	2020年	属性	数据来源
建档立卡贫困户存量危房改造率（%）	—	近100	约束性	住房城乡建设部、国务院扶贫办
贫困县义务教育巩固率（%）	90	93	预期性	教育部
建档立卡贫困户因病致（返）贫户数（万户）	838.5	基本解决	预期性	国家卫生健康委
建档立卡贫困村村集体经济年收入（万元）	2	≥5	预期性	国务院扶贫办

资料来源：中国政府网《"十三五"脱贫攻坚规划》。

（三）考核办法

2016年2月，中共中央办公厅、国务院办公厅印发《省级党委和政府扶贫开发工作成效考核办法》。继续实行扶贫工作党政"一把手"负责制，把扶贫开发的效果作为考核这些地方党政主要负责人政绩的重要依据。考核内容包括四个方面：（1）减贫成效。考核建档立卡贫困人口数量减少、贫困县退出、贫困地区农村居民收入增长情况。（2）精准识别。考核建档立卡贫困人口识别、退出精准度。（3）精准帮扶。考核当地群众对驻村工作队和帮扶责任人帮扶工作的满意度。（4）扶贫资金。依据财政专项扶贫资金绩效考评办法，重点考核各省（自治区、直辖市）扶贫资金安排、使用、监管和成效等。考核采取专项评估和第三方评估相结合，客观反映地方扶贫工作质量和成效。省级党委和政府扶贫开发工作成效考核指标见表14-4。

表14-4　　　　　　省级党委和政府扶贫开发工作成效考核指标

考核内容	考核指标	数据来源	完成情况
减贫成就	建档立卡贫困人口减少	计划完成情况	扶贫开发信息系统	
	贫困县退出	计划完成情况	各省提供（退出计划、完成情况）	
	贫困地区农村居民收入增长	贫困地区农村居民人均可支配收入增长率（%）	全国农村贫困监测	
精准识别	贫困人口识别	准确率（%）	第三方评估	
	贫困人口退出		第三方评估	
精准帮扶	因村因户帮扶工作	群众满意度（%）	第三方评估	
扶贫资金	使用管理成效	绩效考评结果	财政部、扶贫办	

资料来源：中国政府网《省级党委和政府扶贫开发工作成效考核办法》。

2016年4月28日，中共中央　国务院办公厅印发了《关于建立贫困退出机制的意见》，明确了贫困人口、贫困户、贫困村、贫困县的脱贫退出标准，使精准扶贫有了着力重点、精准脱贫有了检验标准；同时还明确坚持正向激励，贫困人口、贫困户、贫困村、贫困县退出后，在一定时期内国家原有扶贫政策保持不变，支持力度不减，留出缓冲期，确保实现稳定脱贫。脱贫退出标准见表 14-5。

表 14-5 脱贫退出标准

考核对象	退出标准	退出程序
贫困人口 贫困户	该户年人均纯收入稳定超过国家扶贫标准且吃穿不愁，义务教育、基本医疗、住房安全有保障	由村"两委"组织民主评议后提出，经村"两委"和驻村工作队核实、拟退出贫困户认可，在村内公示无异议后，公告退出，并在建档立卡贫困人口中销号
贫困村	以贫困发生率为主要衡量标准，统筹考虑村内基础设施、基本公共服务、产业发展、集体经济收入等综合因素，原则上贫困村贫困发生率降至2%以下（西部地区降至3%以下）	在乡镇内公示无异议后，公告退出
贫困县	以贫困发生率为主要衡量标准。原则上贫困县贫困发生率降至2%以下（西部地区降至3%以下）	由县级扶贫开发领导小组提出退出，市级扶贫开发领导小组初审，省级扶贫开发领导小组核查，确定退出名单后向社会公示征求意见。公示无异议的，由各省（自治区、直辖市）扶贫开发领导小组审定后向国务院扶贫开发领导小组报告

资料来源：中国政府网《关于建立贫困退出机制的意见》。

三、层级传导：精准扶贫政策执行的运行体系

在顶层设计的战略部署下，地方各层级政府通过纵向传导和横向协作构成了精准扶贫政策执行的运行体系。本部分别从纵向和横向两个方面具体阐释这一运行体系的逻辑机理。

（一）纵向科层传导

党中央和国务院出台了一系列制度措施动员精准扶贫政策从中央到基层的执行，各地不断完善"1+N"精准扶贫系列文件，形成了纵向层级政府、横向政府部门脱贫攻坚的治理图景，按照"中央统筹、省负总责、市县抓落实"的工作机制，将省、市、县、乡各级党委政府的责任层层压实，充分发挥农村基层党组织的战斗堡垒作用。

1. 组织机构人员配备

（1）精准扶贫路径。常规扶贫、非常规扶贫和专项扶贫共同构成了中国精准扶

路径①，形成了纵向不同层级政府、扶贫办、部门到贫困户的政策执行路线图（见图14-3）。纵向层级上，中央、省、市、县、乡五级政府负责常规扶贫工作；国务院、省、市、县、乡各级扶贫办负责专项扶贫工作；党和政府省直部门、市直部门、县直部门派驻村干部进行非常规扶贫工作。各层级形成党和政府、扶贫办、政府直属部门横向协作治理的格局。常规扶贫是指农村低保、"五保"、临时救助等通过纵向科层链条传导的惠农政策和转移支付；非常规扶贫是指新形势下公共部门突破科层制限制直接对接贫困村和贫困户，并选派干部驻村；专项扶贫是指"异地搬迁扶贫""电商扶贫"等各级扶贫办牵头实施的专属性扶贫项目。

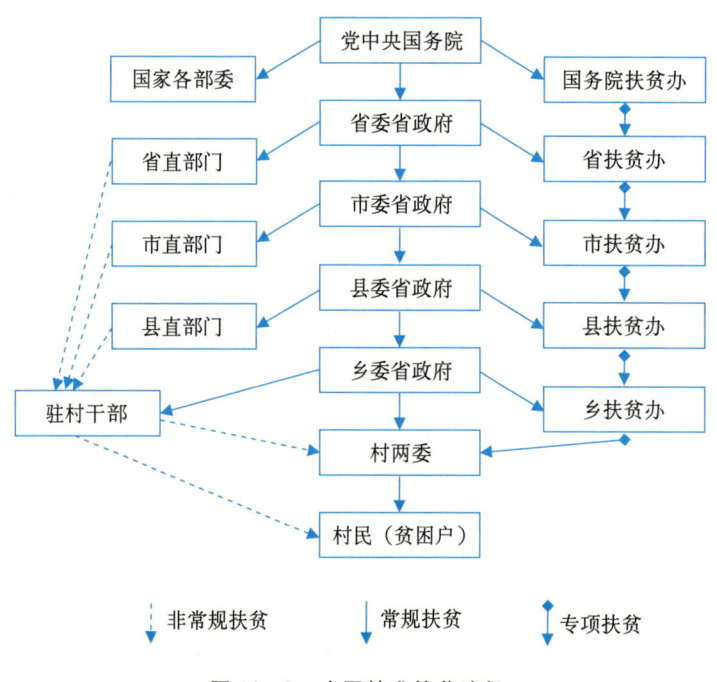

图14-3 中国精准扶贫路径

资料来源：吴高辉. 国家治理转变中的精准扶贫——中国农村扶贫资源分配的解释框架［J］. 公共管理学报，2018，15（04）：113-124，155.

（2）扶贫责任分工。《中国农村扶贫开发纲要（2011—2020年）》中提出，扶贫开发工作责任在省，关键在县。继续实行扶贫开发工作责任到省、任务到省、资金到省、权力到省的原则。各有关省、自治区、直辖市的党委和政府都要切实做好扶贫开发工作。扶贫开发工作重点县，必须把扶贫开发作为党委和政府的中心任务，以扶贫

---

① 吴高辉. 国家治理转变中的精准扶贫——中国农村扶贫资源分配的解释框架［J］. 公共管理学报，2018，15（4）：113-124，155.

开发工作统揽全局，负责把扶贫开发的政策措施真正落实到贫困村、贫困户。

《中共中央 国务院关于打赢脱贫攻坚战的决定》中指出，要层层签订脱贫攻坚责任书，扶贫开发任务重的省（自治区、直辖市）党政主要领导要向中央签署脱贫责任书，每年要向中央作扶贫脱贫进展情况的报告。省（自治区、直辖市）党委和政府要向市（地）、县（市）、乡镇提出要求，层层落实责任制。中央和国家机关各部门要按照部门职责落实扶贫开发责任，实现部门专项规划与脱贫攻坚规划有效衔接，充分运用行业资源做好扶贫开发工作。各级党委、政府责任分工见表14-6。

表14-6　　　　　　　　　　中国精准扶贫责任分工

政府层级	工作任务	责任分工
党中央、国务院	政策制定、项目规划、资金筹备、考核评价、总体运筹	统筹规划
省委、省政府	目标确定、项目下达、资金投放、组织动员、监督考核	对扶贫开发工作负总责
市委、市政府	上下衔接、域内协调、督促检查	精力集中在贫困县如期摘帽上
县委、县政府	进度安排、项目落地、资金使用、人力调配、推进实施	承担主体责任，书记和县长是第一责任人

资料来源：中国政府网《中共中央 国务院关于打赢脱贫攻坚战的决定》。

（3）县级扶贫机制。《"十三五"脱贫攻坚规划》明确了部门分工，指出在国务院扶贫开发领导小组统一领导下，扶贫开发任务重的省、市、县、乡各级党委和政府要把脱贫攻坚作为中心任务，层层签订脱贫攻坚责任书，层层落实责任制。重点抓好县级党委和政府脱贫攻坚领导能力建设，改进县级干部选拔任用机制，选好配强扶贫任务重的县党政班子。脱贫攻坚任务期内，县级领导班子保持相对稳定，贫困县党政正职领导干部实行不脱贫不调整、不摘帽不调离（县级党委、政府精准扶贫机制见图14-4）。加大驻村帮扶工作力度，提高县以上机关派出干部比例，精准选配第一书记，配齐配强驻村工作队，确保每个贫困村都有驻村工作队，每个贫困户都有帮扶责任人。省级党委和政府对脱贫攻坚负总责，负责组织指导制定省级及以下脱贫攻坚规划，对规划实施提供组织保障、政策保障、资金保障和干部人才保障，并做好监督考核。国家发展改革委、国务院扶贫办负责规划的组织实施与监测评估等工作。

2. 财政资金分配

中央财政在加大专项扶贫资金投入力度的同时，统筹整合涉农资金，加强资金管理与监督，不断加大对贫困地区的转移支付力度。《中央财政专项扶贫资金管理办法》规定了预算安排与资金分配、支出范围与下达、资金管理与监督等内容。

（1）预算安排与资金分配。中央财政依据脱贫攻坚任务需要和财力情况，在年度预算中安排财政专项扶贫资金，资金向脱贫攻坚主战场（西部地区、贫困革命老区、贫困民族地区、贫困边疆地区和连片特困地区）聚焦。地方各级财政根据本地脱贫攻

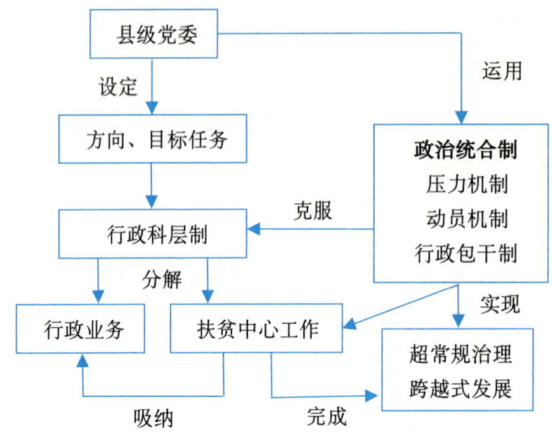

图 14-4 县级党委、政府精准扶贫机制

资料来源：欧阳静．政治统合制及其运行基础——以县域治理为视角［J］．开放时代，2019（02）：184-198，10-11．作者整理绘制。

坚需要和财力情况，每年预算安排一定规模的财政专项扶贫资金，并切实加大投入规模，省级资金投入情况纳入中央财政专项扶贫资金绩效评价内容。

中央财政专项扶贫资金主要按照因素法进行分配。资金分配的因素主要包括贫困状况、政策任务和脱贫成效等。每年分配资金选择的因素和权重，可适当调整。以扶贫绩效考核为导向，财政扶贫资金分配可以分为两部分，一部分按照贫困规模、贫困深度等因素进行分配，另一部分按照扶贫资金绩效考核情况进行分配，坚持公平性原则的同时又有激励作用。

（2）支出范围与下达。财政部在国务院扶贫开发领导小组批准年度资金分配方案后，将中央财政专项扶贫资金预算下达各省财政厅（局），并抄送财政部驻当地财政监察专员办事处。各省可根据扶贫资金项目管理工作需要，从中央财政专项扶贫资金中，按最高不超过1%的比例据实列支项目管理费，并由县级安排使用，不足部分由地方财政解决。

开展统筹整合使用财政涉农资金试点的贫困县，由县级按照贫困县开展统筹整合使用财政涉农资金试点工作有关文件要求，根据脱贫攻坚需求统筹安排中央财政专项扶贫资金。中央财政专项扶贫资金项目审批权限下放到县级。强化地方对中央财政专项扶贫资金的管理责任。

（3）资金管理与监督。扶贫办、发展改革委、国家民委、农业部、林业局等部门分别商财政部拟定中央财政专项扶贫资金各支出方向资金的分配方案。扶贫办商财政部汇总平衡提出统一分配方案，上报国务院扶贫开发领导小组审定。由国务院扶贫开发领导小组通知各省人民政府。财政部根据审定的分配方案下达资金。中央财政专项扶贫资金使用管理实行绩效评价制度。绩效评价结果以适当形式公布,并作为中央财政专项扶贫资金分配的重要因素。绩效评价年度具体实施方案由财政部、扶贫办制定。各级单位职责见表14-7。

表14-7　　　　　　　　　中央财政专项扶贫资金管理单位职责

单位	职责
各级财政部门	预算安排、资金下达、资金监管
各级扶贫、发展改革、民族、农业(农垦管理)、林业等部门	资金和项目具体使用管理、绩效评价、监督检查。按照权责对等原则落实监管责任,配合专员办工作
审计、纪检监察、检察机关	资金和项目的审计、检查
各地专员办	全面监管中央财政专项扶贫资金,定期或不定期形成监管报告报送财政部,根据财政部计划安排开展监督检查

资料来源:中国政府网《中央财政专项扶贫资金管理办法》。

3. 督查考核机制

《省级党委和政府扶贫开发工作成效考核办法》规定,考核工作从2016年到2020年,每年开展一次,由国务院扶贫开发领导小组组织进行,具体工作由国务院扶贫办、中央组织部牵头,会同国务院扶贫开发领导小组成员单位组织实施。各级党委和政府制定了相应的考核办法,层层传导,扶贫开发督查考核可以归纳为以下步骤:第一,党委和政府总结。各级党委和政府对照上级扶贫开发领导小组审定的年度减贫计划,就工作进展情况和取得成效形成总结报告,报送上级扶贫开发领导小组。第二,开展第三方评估。有关科研机构和社会组织,采取专项调查、抽样调查和实地核查等方式,对相关考核指标进行评估。第三,进行数据汇总和综合评价。上级扶贫办会同有关部门对建档立卡动态监测数据、国家农村贫困监测调查数据、第三方评估和财政专项扶贫资金绩效考评情况等进行汇总整理,对数据和总结报告进行综合分析,形成考核报告,经扶贫开发领导小组审议后,报上级党委、政府审定。第四,沟通反馈考核结果。上级扶贫开发领导小组向下级党委和政府专题反馈考核结果,并提出改进工作的意见建议。

(二) 横向部门协作

1. 中央层级扶贫机构

中央、省、自治区、直辖市和地(市)、县级政府成立了扶贫开发领导小组,负责本地的扶贫开发工作。扶贫开发领导小组下设办公室,负责承担领导小组的日常工作。各级扶贫开发领导小组和扶贫办形成了我国政府扶贫机构的组织体系(见图

14-5）。我国扶贫开发实行分级负责、以省为主的行政领导扶贫工作责任制。精准扶贫工作由省扶贫办牵头落实，按照党中央制定的脱贫攻坚"任务书""路线图""时间表"，在国务院扶贫办和省扶贫开发领导小组的领导下，协同各部门共同攻克贫困"堡垒"。各省、自治区、直辖市，特别是贫困面积较大的省、自治区，都把扶贫开发列入重要议程，根据国家扶贫开发计划制定本地区的具体实施计划。中央的各项扶贫资金在每年年初一次下达到各省、自治区、直辖市，实行扶贫资金、权力、任务、责任"四个到省（自治区、直辖市）"。所有到省的扶贫资金一律由省级人民政府统一安排使用，并由各有关部门规划和实施项目。

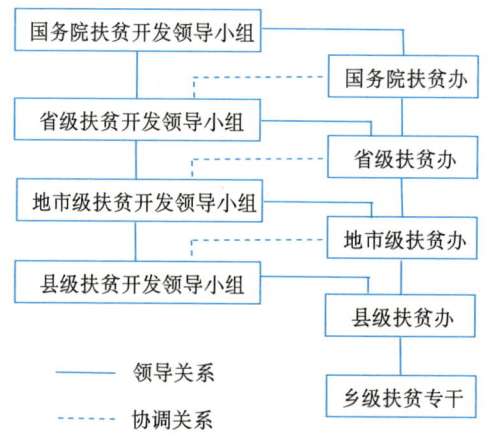

图 14-5 中国各级政府扶贫机构

资料来源：国务院扶贫办网站。

国务院扶贫开发领导小组由国务院副总理胡春华同志担任组长，成员包括国务院办公厅、国务院扶贫办、中央组织部、中央农办、农业农村部、国家发展改革委、财政部、中国人民银行、中央军委政治工作部、中央宣传部、中央统战部、中央和国家机关工委、外交部、教育部、科技部、工业和信息化部、国家民委、人力资源社会保障部、自然资源部、生态环境部、住房城乡建设部、交通运输部、水利部等有关部门的负责同志。国务院扶贫开发领导小组的主要任务是：（1）拟定扶贫开发的法律法规、方针政策和规划；（2）审定中央扶贫资金分配计划；（3）组织调查研究和工作考核；（4）协调解决扶贫开发工作中的重要问题；（5）调查、指导全国的扶贫开发工作；（6）做好扶贫开发重大战略政策措施的顶层设计。

国务院扶贫办机构由主任、副主任、综合司、政策法规司、规划财务司、开发指导司、社会扶贫司、考核评估司和机关党委组成（见图14-6）。

案例 14：中国精准扶贫政策执行的基层实践及其困境

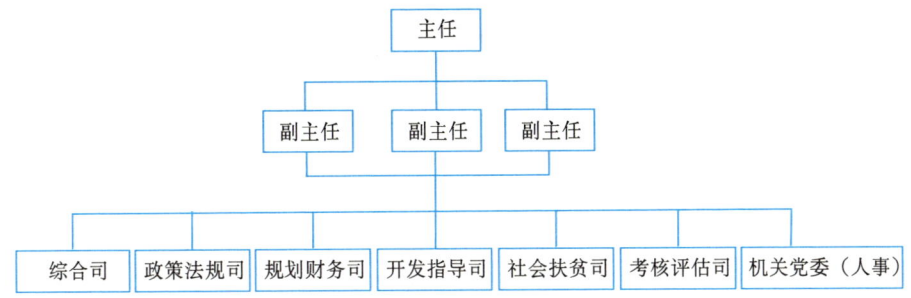

图 14-6　国务院扶贫办机关机构

资料来源：国务院扶贫办网站。

2. 地方扶贫机构

省扶贫开发领导小组由省委书记任组长，成员包括省扶贫办、省发改委、省教育厅、省住建厅、省卫健委、省民政厅、省水利厅等有关部门的负责同志。省扶贫办根据实际情况内设相应的部门，包括综合处、政策法规处、规划项目处、行业扶贫处、社会扶贫处、宣传教育处、督查督办处、产业指导处、人力资源开发处、信息管理处、国际合作处、考核评估处、机关党委（人事处）等。A省扶贫办内设职能机构见表14-8。

表 14-8　A 省扶贫办内设职能机构

部门	职能
综合处	协助办领导处理机关日常工作。协调机关政务工作，负责文电、档案、保密、信息、宣传、培训、政务公开和重要会议的组织。制定并组织实施机关有关规章制度。负责机关预决算等财务资产管理和内部审计工作，指导直属单位财务工作
政策法规处	负责组织起草扶贫开发地方性法规规章草案和有关政策。承担规范性文件合法性审核工作。组织开展重大课题调查研究。负责综合性文稿、重要文件起草
规划项目处	拟订并组织实施扶贫开发发展规划及扶贫开发措施。指导协调扶贫开发项目实施。拟订扶贫资金统筹分配使用方案，监督、检查扶贫资金的使用情况和使用效益并进行分析。负责组织、协调和指导革命老区扶贫开发工作
社会扶贫处	协调社会各界的扶贫工作。联系中央国家机关、省级领导干部的定点扶贫工作，协调组织省直机关开展定点扶贫工作。配合做好驻村扶贫工作队管理服务工作。组织开展扶贫开发协作与交流
督查督办处	负责扶贫开发重要政策措施、领导同志批示等贯彻落实情况的督查督办。负责信访办理。负责全省脱贫攻坚督查、巡查日常工作

续表

部门	职能
产业指导处	负责开展产业扶贫工作，指导协调特色种养业、光伏、旅游等扶贫产业发展。统筹协调推进金融扶贫工作，负责扶贫贷款、贴息等工作的政策指导。负责组织实施"雨露计划"，协调指导实用技能培训以及扶贫创业致富带头人培训等工作
考核评估处	负责制定全省年度减贫目标计划。承办扶贫开发工作成效考核及其他专项考核评估工作。组织实施全省脱贫攻坚第三方监测评估全覆盖工作。协调配合国家扶贫成效省际交叉考核和第三方评估工作。承办贫困县退出的具体事项。负责扶贫对象信息管理，指导扶贫系统信息化建设
机关党委（人事处）	负责机关和直属单位的党群和干部人事、机构编制、劳动工资、离退休人员服务管理等工作

资料来源：A省扶贫办网站。

3. 扶贫机构间的协作关系

党的十八大以来，中央和国家机关各部门出台了相应的精准扶贫策略和实施办法，各地出台精准扶贫方案，形成脱贫攻坚"1+N"政策体系。如中组部制定了扶贫开发成效考核办法，发改委、交通部、农业部、教育部、人社部等部委，根据自身职能，制定了精准扶贫相关实施细则，涉及易地扶贫搬迁、交通扶贫、产业扶贫、教育扶贫、就业扶贫、金融扶贫、生态扶贫、健康扶贫等各个方面。

为贯彻落实打赢脱贫攻坚战的战略部署，确保到2020年现行标准下农村贫困人口实现脱贫，确保贫困村全部出列，全面建成小康社会，W县县委县政府成立了脱贫攻坚指挥部，并设立了下属工作组，以《A省委A省人民政府关于坚决打赢脱贫攻坚战的决定》为指导，细化任务，明确职责，全面实施脱贫攻坚十大工程。

脱贫攻坚工程确定了牵头单位和参加单位，各单位分工协作，共同落实项目工程，推进精准扶贫战略。农业委、水产局、林业局负责特色种养业扶贫，扶贫办牵头负责光伏扶贫，旅游局牵头负责乡村旅游扶贫，协同负责产业脱贫工程。人社局牵头负责就业脱贫工程，住建局牵头负责易地扶贫搬迁工程，教育局、扶贫办负责智力扶贫工程，卫健委牵头负责健康脱贫工程，环保局、林业局负责生态保护脱贫工程，民政局牵头负责社保兜底脱贫工程，水利局牵头负责基础设施建设扶贫工程，金融办牵头负责金融扶贫工程，扶贫办牵头负责社会扶贫工程。W县扶贫脱贫攻坚十大工程见表14-9。

表 14-9　　　　　　　　　　　　W 县扶贫脱贫攻坚十大工程

脱贫攻坚工程		负责/牵头单位	职责任务
产业脱贫	特色种养业扶贫	农业委	扶持建设优质粮棉油基地，3 年共带动 1050 户贫困户增收；发展无公害蔬菜、瓜蒌子、中药材等产业，3 年共引导 300 户贫困户参与并带动就业；发展茶业产业，3 年共带动 150 户贫困户增收；发展畜禽养殖，3 年共引导 300 户贫困户参与
		水产局	发展特色水产养殖业，发展精养池塘 1500 亩，3 年共带动 66 户贫困户增收
		林业局	发展特色林业产业扶贫，3 年共带动 1202 户贫困户增收；扶持贫困户发展花卉苗木种植，3 年共带动 300 户贫困户增收
	光伏扶贫	扶贫办	鼓励和支持贫困户建设户用光伏电站，每户装机 3 千瓦，年均受益 0.3 万元；支持贫困村建设村级光伏电站，每个装机 60 千瓦，年均收益 6 万元（参加单位：发改委、供电公司、财政局、国土局、金融办、农发行、公共资源管理局、投融资办、农商银行、邮储银行）
	乡村旅游扶贫	旅游局	通过帮助支持贫困户开展特色乡村旅游和推荐到旅游企业就业等措施，3 年共带动 100 户贫困户增收（参加单位：发改委、扶贫办、人社局、商务局、财政局、农业委、林业局、环保局、住建局、水利局、气象局）
就业脱贫		人社局	加强职业技能培训，实现"培训一人、就业一人、脱贫一户"目标。使贫困户劳动力通过技能培训至少掌握 1 项致富技能，3 年实现 12500 名贫困家庭人口就业
易地扶贫搬迁		住建局	到 2017 年年底，完成全县 60 个贫困村所有符合农村危房改造条件且自愿实施改造的贫困户危房改造任务；到 2018 年年底，全面完成全县存量农村贫困户危房改造任务，确保贫困群众住有所居、住得安全。3 年共完成 2273 户贫困户危房改造（参加单位：国土局、发改委、民政局、残联、经科委、财政局、扶贫办）
智力扶贫		教育局	落实多元扶持与资助政策，帮助农村贫困家庭子女接受教育，完成学业，2016—2018 年共资助幼儿、义务教育、普高和中职生 9996 人次
		扶贫办	负责"雨露计划"和贫困大学生资助行动，2016—2018 年每年对 3000 名左右贫困家庭高校学生进行资助
健康脱贫		卫健委	保障贫困人口享有基本医疗卫生服务，努力防止因病致贫、因病返贫。为每个贫困人口建立健康档案、健康卡和贫困人口医疗救助证（参加单位：发改委、民政局、人社局、财政局、残联、妇联、教育局、扶贫办）

续表

脱贫攻坚工程	负责/牵头单位	职责任务
生态保护脱贫	环保局	农村环境治理向贫困村倾斜,以整村推进为平台,开展环境整治,加快改善贫困地区农村人居环境。3年在52个中心村建设农村生活垃圾收集及污水处理工程(参加单位:发改委、住建局、国土局、气象局、水利局、财政局、人社局、扶贫办、农业委、文化委、美丽办)
	林业局	利用生态补偿和生态保护工程资金,使当地有劳动能力的部分贫困人口转为护林员等生态保护人员。3年共安排50名有劳动能力的贫困劳动力转为护林员(参加单位:发改委、住建局、国土局、气象局、水利局、财政局、人社局、扶贫办、农业委、文化委、美丽办)
社保兜底脱贫	民政局	民政局到2018年年兜底脱贫"五保"对象3200户3987人,低保对象5772户14595人;县残联2016年实施贫困精神残疾人药物补助、残疾儿童抢救性康复和白内障患者复明手术补助851人,对5350名贫困残疾人实施生活救助(参加单位:财政局、人社局、残联、扶贫办)
基础设施建设扶贫	水利局	组织实施"5588"水利工程改造提升行动,重点向贫困村倾斜,改善贫困村水利设施条件。实施农村饮水安全巩固提升工程,解决19243名贫困人口饮水安全问题(参加单位:发改委、财政局、环保局、扶贫办)
金融扶贫	金融办	支持县农商行、邮储银行为评级授信贫困户提供5万元以内、3年以下免抵押、免担保扶贫小额贷款,财政按基础利率贴息。3年共发放扶贫小额信贷7000万元(参加单位:人行、财政局、银监办、发改委、扶贫办、人社局、教育局、妇联、卫健委、市场监管局、物价局、农业委、林业局、农商银行、邮储银行、农发行、工商银行、农业银行、中国银行、建设银行、新华村镇银行、徽商银行)
社会扶贫	扶贫办	健全"单位包村、干部包户"制度。鼓励民营企业积极参与"民企帮村"精准扶贫行动,鼓励社会各界到贫困村捐资捐助、参与扶贫开发(参加单位:组织部、宣传部、统战部、发改委、人社局、民政局、财政局、总工会、团县委、妇联、工商联、农业委、林业厅、国税局、地税局、经科委、县直工委)

资料来源:A省W县扶贫办网站《W县"十三五"脱贫攻坚规划》。

四、基层政策执行的现实困境

精准扶贫政策顶层设计通过层级传导机制在基层运行,形成了国家与基层社会的互动,取得显著成效的同时,也出现了高效率执行的工具理性管理方法与地方因地制宜执行的悖谬，技术吸纳治理①，基层自主性受挫。

（一）层级控制的工具理性

精准扶贫政策工具通过数字化的形式呈现扶贫瞄准、扶贫资源、扶贫方式、扶贫效果、扶贫退出的内容。纵向科层链条层级控制的工具理性，关注制度、体制、机制，注重方法、注重技术、注重量化，扶贫任务在政府组织内部层层发包，上级政府同时强化监督控制与奖惩激励力度，形成"强监控—强激励"②的治理情境。

1. 扶贫瞄准标准化

贫困户标准线，文件规定总的原则是"县为单位、规模控制、分级负责、精准识别、动态管理"；开展到村到户的贫困状况调查和建档立卡工作，包括群众评议、入户调查、公示公告、抽查检验、信息录入等内容。2014 年，国务院扶贫办印发《扶贫开发建档立卡工作方案》，明确贫困户识别标准为 2013 年农民人均纯收入 2736 元（以 2010 年 2300 元不变价），综合考虑住房、教育、健康等情况。根据搬迁对象经济承受能力和生活习惯，按照"保障基本、安全适用"的原则，中央补助的贫困户人均住房建设面积不超过 25 平方米（宅基地严格按照当地标准执行）。

2. 扶贫资源数字化

中央、各省出台了针对扶贫资金管理的文件，通过数字化形式规定了扶贫资源的分配。如《扶贫项目资金绩效管理办法》明确要求市县级财政部门应当会同有关部门依照职责，对扶贫项目相关资金预算的编制、执行、决算实施全过程绩效管理。《中央财政专项扶贫资金管理办法》规定各省可根据扶贫资金项目管理工作需要，从中央财政专项扶贫资金中，按最高不超过 1% 的比例据实列支项目管理费，并由县级安排使用，不足部分由地方财政解决。《水利发展资金管理办法》规定中央对各省（自治区、直辖市、计划单列市）分配水利发展资金时，采取因素法分配。因素法的分配因素及权重如下：目标任务（权重 50%）、政策倾斜（权重 20%）、绩效因素（权重 30%）。

3. 扶贫方式数字化

扶贫方式数字包括项目建设数、扶贫巡查数、贫困户培训数等内容，扶贫方式数字化通过数字化规定的方式开展扶贫工作。《国务院扶贫办关于切实解决扶贫领域形

---

① 孙宗锋，孙悦. 精准扶贫何以深陷"表海"——组织分析视角下基层政策执行多重逻辑探析 [J/OL]. 公共管理学报：1-21 [2019-12-08]. https://doi.org/10.16149/j.cnki.23-1523.20190520.003.

② 王刚，白浩然. 脱贫锦标赛：地方贫困治理的一个分析框架 [J]. 公共管理学报，2018，15（01）：108-121，158-159.

式主义突出问题为基层减负的公告》指出，规范督查巡查，每年集中组织1次对中西部22个省区市的脱贫攻坚督查巡查。中办、国办印发《关于创新机制扎实推进农村扶贫开发工作的意见》指出，健全干部驻村帮扶机制，确保每个贫困村都有驻村工作队（组），每个贫困户都有帮扶责任人。各省制定了具体的扶贫项目、工程指标，如A省相关规定：乡村教师支持计划，基本实现全省村小、教学点每校有1名全科型教师；利用现有公共服务设施开辟儿童活动场所，90%以上的农村社区建设1所儿童之家；为贫困人口每人建立1份电子健康档案、1张健康卡，为每个贫困户确定1名乡村医生签约等①。

4. 扶贫效果数量化

扶贫效果是对扶贫机制、扶贫模式、扶贫项目效果的衡量。扶贫效果的数量化是扶贫成效的表现方式，数字化内容十分丰富。扶贫效果考核方式主要包括自评总结、交叉评估、第三方评估等，政策落实精准性、教育扶贫完成度、基础设施建设完成度、大扶贫格局建构度、脱贫攻坚责任制建立等是扶贫成效评价指标②。贫困县摘帽、贫困村退出、贫困户脱贫退出数量，三率一度（漏评率1%、错退率2%、综合贫困发生率2%和群众满意度90%）是扶贫绩效的重要考核指标。各地制定了具体的扶贫效果指标，《A省"十三五"脱贫攻坚规划》确定指标如下：总体效果方面，实现贫困地区农民人均可支配收入比2010年翻一番以上，增长幅度高于全省平均水平，基本公共服务主要领域指标接近全省平均水平。扶贫项目方面，易地扶贫搬迁，完成全省8.3万贫困人口搬迁任务；教育扶贫结对帮扶行动计划，使贫困地区农村学前3年入园率达到75%以上；生态保护脱贫工程，贫困地区实施营造林230万亩，森林覆盖率达到35%以上等。

5. 退出标准数字化

中办、国办的《关于建立贫困退出机制的意见》规定了退出标准：原则上贫困村贫困发生率降至2%以下（西部地区降至3%以下），原则上贫困县贫困发生率降至2%以下（西部地区降至3%以下）。A省出台《关于建立扶贫对象退出机制的实施意见》，首次明确贫困人口脱贫、贫困村出列、贫困县摘帽标准：贫困村出列标准：贫困发生率降至2%以下；有1项以上特色产业；村集体有稳定经济收入来源，年收入在5万元以上；村内基础设施和基本公共服务明显改善。贫困县摘帽标准：贫困发生率降至2%以下；贫困村全部出列；农村居民人均可支配收入增长幅度高于全省平均

---

① 资料来源：A省《"十三五"脱贫攻坚规划》。
② 石晶，李思琪. 建立科学成效评估体系 助力各方资源精准扶贫——精准扶贫成效评价指标体系的构建[J]. 人民论坛，2018（3）：36-38.

水平，基本公共服务主要领域指标接近全省平均水平。

（二）基层自主性政策执行的限制

农村扶贫工作暗含政策执行和基层治理两套逻辑，实践中存在治理消解行政的现象[①]。精准扶贫政策在具体执行过程中并非完全按照科层制的工具理性自上而下严格地执行，而是会受到基层治理机制的影响，甚至会陷入基层自主性受挫的困境。我们选取 A 省两县的精准扶贫政策执行作为案例，两个县都属于深度贫困县，截止到调研开始时，其中 S 县已经脱贫摘帽，W 县计划于 2019 年下半年摘帽。案例分析材料来自作者于 2019 年 4—7 月间的多次访谈、实地调查以及政府部门的相关文件与资料。访谈对象包括省扶贫开发领导小组成员单位（财政厅）负责人、县扶贫开发办公室主任、县扶贫开发领导小组成员单位（财政局）负责人、驻村第一书记、驻村包保班班长。

1. 基层对政策文件的理解存在困惑

信息的完备性是政策执行的必要条件，沟通是提高政策执行信息完备性的主要途径[②]。政策制定者与基层执行者之间的沟通主要通过文件上传下达，但在政策实际传导过程中由于层级沟通不到位，下级对上级的政策初衷和要求把握不准，因此在避责逻辑驱动下只能按照文件规定，以机械式执行的方式开展工作。S 县财政局局长对文件中关于涉农财政资金"因需而整"的理解模棱两可。《中央财政专项扶贫资金管理办法》《财政扶贫资金使用"负面清单"》规定了专项扶贫资金的支出范围必须是贫困村，然而随着精准扶贫政策的深入推进，贫困村基础设施建设已基本完善，很多非贫困村的状况比享受扶贫政策支持后的贫困村还落后，因此对 S 县来说就出现了关于涉农财政资金能否用于非贫困村建设的问题。

"去年以前我们都是按照上级文件规定的标准编制涉农资金整合方案，今年我们订立因需而整的规则，实际需要整合多少就整合多少。中央专项扶贫资金下来后，我们请示审计厅专项资金能否用于非贫困村的基础设施建设，他们的答复是只有把非贫困村调整为贫困村才可以用，也就是说变相的不能使用。我们问刘主任，现在贫困村资金太多了，基础设施建设都已经完成了，专项资金应该如何使用，他说要综合地使用。因为扶贫资金使用要经过申报、上级评估、国家抽检、省里公示等环节，上级要求没有摘帽的县不得将扶贫资金用于人居环境整治。但是现在可以了，我们将 1656 万

[①] 陈辉，陈讯. 扶贫工作中的政策执行与基层治理 [J]. 领导科学，2018（36）：21.
[②] 钱再见. 论公共政策执行中的偏差行为 [J]. 探索，2001（4）：63-65.

元用于非贫困村人居环境整治和基础设施建设，基础设施建设主要是修路、水库、路灯等，这个大概是1200多万元。"（访谈记录：S县财政局局长，2019-07-25）

2. 上级给予基层政策执行的容错空间有限

扶贫考核中问责尺度把握不精准，板子层层往下打，一有错就问责，一问责就动纪，一遇到问题就加大干预，干预越多，越使得下面无所侍从、战战兢兢、生怕再犯错误，只好按照文件做法对照推进。扶贫考核重问责、轻激励挫伤了基层干部干事创业的积极性、自主性，也极易导致形式主义、官僚主义。在精准扶贫政策的上级督导和检查中偏重于站在寻找问题的立场而不是与基层共同寻找解决方法的立场。"审计局到来我们这里调研时，把有些非明显问题写入报告，出现了一个问题反复在做。就像人得了病一样，治好了又在治，这是个困惑。把问题整改好是主要目的，老是搞回头不仅占用了大量的人力物力，而且也降低了工作效率。我们现在整改，已经整怕了。我们按照领导在会上讲的去做，但是最后如果错了，领导不会承认，领导说是我们理解错了，结果还是要我们来埋单，我们现在是按文件上写的落实。"（访谈记录：S县财政局局长，2019-07-25）

"比如巡视组查出来三年前有资金违规现象，现在查还有资金违规现象就给我反馈说存在边改边犯的问题。而实际情况是这是两个完全不同的项目，面临的实际情况和困难也是完全不同，怎么叫边改边犯呢。如果他们计算一下我们每年一共投入了多少钱，今年违规资金多少，前些年多少，一算这个比例肯定是下降了。但他们不看这个，他就看前年有问题，今年还有问题，说明你们边改边犯。"（访谈记录：A省扶贫开发领导小组成员单位（财政厅）负责人，2019-07-25）

3. 基层政策执行工作时常陷入各种"表海"

填表、整改工作繁杂，材料、填报数据工作没有标准，填写规范换了又换，基层无所适从。检查单位对政策要求"半生不熟"，对基层情况缺乏了解，缺乏工作专业性，通过纵向科层链条不切实际地将任务目标层层加码，完成时限层层压缩。

"准备材料、数据的很多工作占用了我们大部分时间。我们按照要求填好后，省里来指导检查说我们这样做不对，我们按照省里的要求重新填。但是国家来检查时说我们这样做不符合规范，又让我们改回原来的方式。我们在做扶贫手册时就遇到这个问题，当时填写没有统一规范，由谁填、多长时间填一次、怎么填是规范的，这些都没有标准，来了个领导说这样填，来了个领导说那样填。"（访谈记录，W县扶贫办主任，2019-07-26）

"检查复查也存在类似问题，对底下基层一线人员的要求很严苛。填表过程中有错别字，原来要求改下就行，现在认为错误改写会有造假嫌疑，需要全部重新填写，增加了不少工作量,改来改去。检查人员组成有时并非都是专业人员,检查的问题最后把我们专业的人都搞晕了。检查组班子也是乱七八糟的,什么人都有。来了只说问题,别的不会说,有些叫你整改,根本没办法整改。比如说有些项目招标可能业务不精出现了一些招标程序上的失误,只是日期填写错误或者写错了一点,但项目已经实施了,写的过程中人员失误造成的,套用格式有的改了有的没改。要求不用整改的问题必须整改,一整改说造假,不整改被批评。整改工作占了我们三分之二的时间。"(访谈记录,W县农业股股长,2019-07-26)

4. 基层横向部门之间的协作问题

一般而言,如果县级党政负责人将扶贫工作作为重点任务来抓,那么下面部门间的协调就比较顺畅,如果党政一把手的认识还没有到位,下面就很容易存在讨价还价的问题。涉农资金的统筹整合打通了部门之间的沟通,但如果是实质性整合可能就会导致有的部门利益受损。《中央财政专项扶贫资金管理办法》规定各地应当加强资金和项目管理,做到资金、管理、核算、责任到项目,并落实绩效管理各项要求,财政局面临项目与资金进度把控的问题。但是实际执行中财政局负责推进资金进度,扶贫办负责推进项目进度,如果项目实施进度慢,则会影响资金实施进度,因此财政局与扶贫办如何协作就成为一个问题。

"财政局容易被追责,因为资金是财政局批准的,如果没花到点子上,出了问题就找财政局的责任。但实际情况是项目的实施进度在前,资金配套扶持和引导在后,而不是相反。但是财政部门又无法监督项目进度,要求资金实施进度倒逼项目实施进度,这是不合规的,到检查的时候报真数的被约谈,而报假数的则受表扬,所以平时上报进度的数据更多的是应付检查。但是到年终上报的数据我们还是填真实的,因为要存档。"(访谈记录:S县财政局局长,2019-07-25)

5. 政策目标团体对基层执行绩效的考核影响

政策目标团体即政策客体,是公共政策直接作用的对象,公共政策通常是以一定的目标团体作为政策诉求对象的。公共政策执行能否达到预期的目标,在很大程度上取决于目标团体的态度。脱贫考核的调查对象是贫困户和非贫困户,指标为三率一度,指漏评率、错退率、综合贫困发生率和群众满意度,错退率高于调查样本的2%,漏评率高于调查样本的1%,满意度低于90%,贫困区县就不能摘帽。干部作风、扶贫是否精准、领导的考虑、农村安全饮水等具体扶持措施都会影响满意度。扶贫开发中有三个主要的行动者:帮扶单位及其驻村干部、各级扶贫办和村干部。受限于工具理性的脱贫考核标准,在实际的满意度调查中,有时会遇到基层出现的满意度调查走样问题。

"为了让贫困户满意,帮扶人每个月看望贫困户一次,有些一周一次,形成了帮扶人与贫困户的某种形式的绑架关系,致使有的贫困户过于依赖帮扶人。对帮扶人的考核做了简单化处理,按照一天入户数量进行考核,不会看实际帮扶效果。"(访谈记录,W县帮扶村干部,2019-07-26)

"当上级询问调查户对脱贫攻坚的政策落实、认知度等各方面是否认可时,也会遇到极个别不讲理的,当面对着帮扶人是都讲得很好,但是背后对检查组则抱怨问题。尤其是非贫困户有不公正感,心理不平衡,调查时就会乱说。由此巡视组下来调查了解情况,有次调查,村里混混无赖说有人找来说,'你好长时间没有来,我不来搞点事情你还把我忘了'。"(访谈记录,W县扶贫办主任,2019-07-26)

五、结语

精准扶贫属于国家主导、高位推动的三大攻坚战之一的政策,要求地方短时间内贯彻落实国家层面的政治性战略部署,具有时间紧、任务重的特点。精准扶贫战略从顶级设计到层级传导,呈现出高支持、高强度、高压推进的执行状态。精准扶贫政策自上而下的贯彻执行在短时间内取得了高效成绩,但同时也存在一些现实困境,矛盾集中体现在时间压力机制下高效率执行的工具理性管理方法与地方因地制宜执行的悖反。公共政策执行是理论界与实践界长期关注的热点问题,政策执行具有层级性,层级距离带来一定程度上政策目标、政策手段的模糊性,政策主体客体等利益相关者进行互动博弈使政策执行陷入梗阻困境。国内外学者运用模糊冲突模型、史密斯过程模型、政策网络、政策工具、"路径—激励"等理论模型探讨政策执行中的问题成因,为我们理解本案例存在的问题提供了理论依据。但同时在新的时代背景下,中国基层政策执行也有一些新的现象和问题有待创新性的理论观点进行解释,尤其是基于上下级互动的关系视角,如何既使高效率层级控制的工具理性发挥作用,又给予基层恰当的政策执行自主性,是需要进一步探索的议题。

 案例使用说明

一、教学目的与用途

1. 适用课程。主要适用于公共部门战略管理、公共政策、公共组织行为学等课程。

2. 适用对象。公共管理硕士研究生。

3. 教学目标。本案例通过对精准扶贫政策制定的背景、顶层设计的政策体系以及政策执行的层级间关系和实践困境的描述，引导学生运用组织理论与政策执行理论对案例进行分析，启发学生思考在压力型体制下如何提高基层官僚政策执行的效果，加深学生对政策执行理论的理解。

二、启发思考题

1. 精准扶贫政策是在什么背景下提出的？
2. 精准扶贫政策的"精准"体现在哪些方面？
3. 以数据为基础的管理和考核给政策执行带来哪些问题？
4. 基层政府在精准扶贫政策执行的过程中存在哪些困境？
5. 基层政策执行困境产生的原因有哪些？
6. 从上下级互动关系来看，解决基层执行困境的路径有哪些？
7. 在政策执行中如何增进横向部门间的协调与合作？

三、分析思路

首先分析精准扶贫战略提出的背景，然后了解自上而下推进这一战略的顶层设计、政策体系、组织结构、管理考核运行体系等内容。在此基础上，分析基层在执行政策的过程中存在哪些现实问题和困境，并运用公共政策执行、组织行为学等理论分析存在这些问题和困境的原因是什么。

四、理论依据及分析

1. 运用政策网络理论分析作为三大攻坚战之一的精准扶贫政策面临的政治压力。
2. 运用政策执行的组织理论分析统一规范的数字化管理及考核方式带来的有利和不利之处。
3. 运用政策执行的变通理论分析基层在政策执行中的变通行为是否应该全部杜绝，这些变通行为在什么情况应该被允许。
4. 运用组织行为理论分析解决政策执行困境的途径和方法。

五、关键点

1. 基层政策执行的困境。
2. 基层政策执行困境的原因。
3. 解决基层政策执行困境的路径方法。

六、建议课堂计划

1. 引入案例（10分钟）

教师通过多媒体方式向学生展示精准扶贫政策提出的背景、政策文件、组织执行体系以及执行情况内容。

2. 情景呈现（10分钟）

设定现实情境，让学生分组进行角色模拟和讨论。

3. 分组讨论（20分钟）

各组经过讨论，将基层政策执行的困境及理论写在黑板上。

4. 分组辩论（30分钟）

各组结合自己和其他组观点进行公开辩论。

5. 案例点评

针对学生分组辩论的情况予以点评，并对案例的关键点进行重点分析。

6. 案例总结

总结案例，启发学生对基层政策执行更深入的思考。

案例 15

安徽省金寨县大湾村乡村振兴的长效机制[①]

[①] 本案例由中央财经大学政府管理学院副教授、MPA教育中心副主任宋魏巍,中央财经大学政府管理学院行政管理专业硕士研究生柳欣悦,安徽省金寨县斑竹园镇人民政府副镇长史奋奇共同编写。本案例来自安徽省金寨县大湾村乡村振兴实践,主要取材为实地调研和相关媒体报道。

 **案例正文**

在脱贫攻坚的历程中，老区的脱贫尤其受到关注。2016年，习近平总书记在安徽省金寨县花石乡大湾村进行考察，给予当地村民和村干部深切关怀与殷殷嘱托。现在，大湾村已成为摘穷帽、奔小康的"先行军"，为全省的脱贫攻坚提供经验。正如总书记考察时所强调的，大湾村的发展要搞成风景，不能搞成盆景。梳理大湾村脱贫攻坚的过程和措施，展望其不足和未来发展路径，总结出一套普遍适用的长效发展机制，对于其他乡村的脱贫和振兴具有重要意义。

一、引言

大湾村位于安徽省金寨县化石乡，是大别山腹地景色宜人的山村。但是，"大湾好风景，出门就是岭，不是石头绊了脚，就是茅草割了颈"，大湾人长期困囿于一个"穷"字。2014年，全村有建档立卡的贫困户242户707人，贫困发生率超过20%。

大湾村是习近平总书记时常惦记的重点贫困"老区"之一。2016年4月24日，习近平总书记来到大湾村考察走访。在村民陈泽申的小院里，习近平总书记强调打好扶贫攻坚战，要采取稳定脱贫措施，建立长效扶贫机制，把扶贫工作锲而不舍抓下去①。

4年过去了，曾经基础薄弱、环境堪忧的村庄，现在变成了基础设施良好的"美丽新乡村重点示范村"。在精准扶贫政策的指引下，全村茶产业、旅游业和种植业不断壮大、兴旺。村民住进了干净、便利的新房，享受到了优惠的医疗保障，实现了就业脱贫致富。

如今，村里到处是一派崭新气象。大湾村正在逐步探索具有老区特色，长效可持续发展的脱贫攻坚和乡村振兴之路。

二、案例背景

（一）大别山里的贫困村

金寨县是中国革命的重要策源地、人民军队的重要发源地，集老区、库区、山区

---

① 士别三日大湾村：精准扶贫下"绣花"功夫 着眼长效机制 [EB/OL]. 央视网, 2017-04-27/2020-05-11.

"三区合一"的国家级重点贫困县。新中国成立后,为根治淮河水患修建水库,金寨的麻埠、流波、金家寨三大经济重镇沉入水底,10万亩良田、14万亩经济林被淹,金寨10多万群众搬离家园、移居深山。2011年,金寨县被确定为大别山片区扶贫攻坚重点县,全县有71个重点贫困村,花石乡大湾村就曾是其中最贫困的山村之一。

大湾村地处金寨县花石乡西南部,总面积25.6平方公里,共有37个居民组,1032户,3778人。2015年前,全村基础设施建设薄弱,交通不便利,社会经济发展十分缓慢。全村建档立卡贫困户242户707人,农民人均纯收入4800元,集体经济主要靠政府转移支付。与金寨县大部分山村一样,战争年代的英勇牺牲、和平时期的无私奉献、生态建设的巨大付出、生存环境的多方制约,使得大湾村群众长期以来一直在贫困线上徘徊不前。贫穷曾经是压在大湾村群众心头上的灰色记忆,摆脱贫困、奔向小康成了大湾村人民的迫切心愿和美好期盼。

"2015年我刚到大湾村的时候,发现这里的村民跟人打交道的时候,目光是呆滞的,交流时不怎么说话,也没什么想法,给人的感觉就像是过一天算一天。"2015年,在金寨县中医医院工作的余静被选派到大湾村任第一书记,她说她当时就下定决心,要带领群众脱贫致富,真正改变这里的面貌。那一年,脱贫攻坚战全面打响后,大湾村抓住新的历史机遇,干部群众齐心协力,撸起袖子加油干,脱贫攻坚一年上一个新台阶①。

(二) 总书记走访大湾村

"全面建成小康社会,一个不能少,特别是不能忘了老区。"2016年4月24日,习近平总书记来到安徽省金寨县花石乡大湾村考察,亲切地同干部群众一起,共商脱贫攻坚大计。他不辞辛苦,接连走访了五户农户,嘘寒问暖、关心备至,从最细微处了解百姓的衣食住行、医疗保障、饮水安全及生产生活情况。

走进村民陈泽平家两间简陋的房子,总书记仔细察看,询问他的身体情况、贫困程度。看到床边堆着几包稻谷,总书记说到"这里又住人又是仓库啊",随后又指着屋顶说:"这里拉的电线可有点乱啊。"总书记一边念着村干部递上的《建档立卡贫困户基本情况调查表》中的项目,一边向陈泽平了解贫困户搬迁等支出和补贴情况,问他愿不愿意搬迁到山下去。陈泽平回答说:"党的这个政策好,我欢迎。"②

---

① "贫困大湾焕发勃勃生机——安徽金寨县大湾村脱贫调查" [EB/OL]. 新华网, http://www.xinhuanet.com/local/2019-09/21/c_1125022124.html, 2019-09-21/2020-05-11.
② 习近平走进大别山区:全面建成小康社会不能忘了老区 [EB/OL]. 澎湃新闻, https://www.thepaper.cn/newsDetail_forward_1460643, 2016-04-25/2020-05-11.

在68岁贫困户汪能保的家门前，总书记说："老汪你好，来看望你们。"听到汪能保的爱人患有高血压，一年药费要花两三千块钱，习近平总书记说，因病致贫、因残致贫问题时有发生，扶贫机制要进一步完善兜底措施，在医疗保险、新农合方面给予更多扶持。

习近平总书记和乡亲们在陈泽申家的小院围坐交谈，听乡亲们说脱贫措施，如建立光伏发电站、种植茶叶、发展养殖业等，习近平总书记表示，要脱贫也要致富，产业扶贫至关重要，产业要适应发展需要，因地制宜、创新完善。总书记还关切地问起陈泽申的全年收入以及陈泽申孙子的学习情况，强调要做好教育扶贫，不能让孩子们输在起跑线上，教育跟不上世世代代落后，学一技之长才能有更好保障①。

在座谈会上，余静向总书记讲述了扶贫经历，汇报了扶贫工作队干部配备和工作措施。习近平总书记说："做好精准扶贫，建档立卡制度要坚持，依靠群众精准找到和帮助贫困户。"

这一次视察，就像一阵春风吹暖了大湾村。总书记的叮嘱和指示让大湾村的干部斗志满满，也让大湾村的村民信心十足。4年来，各级干部统筹脱贫规划，摸清贫困根源，挨家挨户解释政策，因户因人加强帮扶，多措并举高效脱贫。至2018年，大湾村人均可支配收入达到14032元，实现整村脱贫出列。2019年9月27日，大湾村入选安徽省"2019年第一批美丽乡村重点示范村"名单。截至2019年年底，贫困人口仅剩4户8人，贫困发生率降至0.23%。

三、大湾村的脱贫攻坚之道

（一）党建引领——筑牢精准脱贫主心骨

大湾村以前很穷，有地理条件原因，也有党组织没能当好脱贫攻坚主心骨的原因。"过去村党组织软弱涣散，什么事都干不成。"一位村民说。

巨变发生在党的十八大之后。为整顿贫困村软弱涣散的党组织，安徽省委组织部出台了《关于建立健全软弱涣散基层党组织整顿工作长效机制的意见》，指导各地按照每年不低于5%至10%的比例，倒排软弱涣散村党组织开展整顿，采取领导包联、挂点联系、选派第一书记等措施，增强村党组织的凝聚力、战斗力。

2015年7月，余静到村后，将增强村党组织的凝聚力、战斗力作为首要任务。通

---

① 习近平考察安徽金寨：扶贫机制要进一步完善兜底措施［EB/OL］．新华网，http://www.xinhuanet.com/politics/2016-04/24/c_1118719708.html，2016-04-24/2020-05-11．

过深入了解，她发现大湾村姚湾组党员何家枝过去曾担任过村干部，又在乡里干过综治协管员，群众基础比较好，就向乡里建议，请她担任村党支部书记，担起了"领头羊"的重任，并将两名后备干部选进村"两委"。

以前，大湾村党组织活动不正常，党员一年到头参加不了几次会。新调整的村党组织通过深入开展"两学一做"学习教育，坚持"三会一课""党员活动日"等制度，开展"五星党员"争创活动，激发了全体党员的责任感和荣誉感。

按照"精准扶贫、精准脱贫"的要求，余静和几位村干部逐一走访贫困户，宣传扶贫政策，查看每家每户的住房条件、劳动能力、教育医疗、收入状况，摸清致贫原因，先后5次召开党员大会、村民代表大会征求意见建议，组织党员群众去安徽利辛、河南洛阳、江苏华西村培训，开阔眼界，学习人家的先进经验。在此基础上，大湾村确立了就业、产业"两业"并进和"山上种茶、家中迎客、红绿结合"的发展思路。在村党支部的积极推动下，大湾村成立了旅游发展公司，依托马鬃岭国家级自然保护区绿色资源，深入挖掘红11军32师驻地旧址红色资源，带动群众发展民宿和农家乐①。

（二）搬迁安置——打下脱贫致富硬基础

2016年前，全村有207户住在阴暗潮湿的危房中。危房居住环境差，存在很大的安全隐患。金寨县政府实地考察大湾村情况，经过多方讨论，最大限度利用各方面、各层级扶助政策，叠加使用易地扶贫搬迁、宅基地改革、移民避险解困、美丽乡村建设等政策，统筹解决重点贫困户搬迁费用，努力"将一片肉变成一盘肉"。

2017年1月，贫困户陈泽平一家率先搬进大湾村扶贫安置点，住进了一套二层楼房。随后，大湾组、方湾组、基湾组、中心村庄4个集中安置点都建设完成，村民们没有花一分钱，便搬进了舒适的新家。安置点按照美丽乡村建设要求，规范了猪舍、鸡舍养殖场地，实行污水统一处理，环境卫生干净，生产生活用具摆放规范。更重要的是，住进新居的村民，完全改变了生活面貌和精神状态。

为了引导贫困群众显化宅基地的资产性收益。金寨县坚持"一户一宅"原则，完善差别化的宅基地面积标准，将宅基地面积标准单一按户改为按户和人口综合确定。对于任何自愿退出合法拥有的农村宅基地或符合宅基地申请条件自愿放弃申请的，除可获得宅基地退出补偿和地上房屋拆除补偿外，还可享受到不同的优惠奖励政策，其

---

① 向春华. 金寨：绿色扶贫路越走越宽［J］. 中国社会保障，2019（02）：22-25.

中，建档立卡贫困户可享受 2 万元/人的补助①。

(三) 医疗保障——解除脱贫攻坚后顾忧

大湾村医疗保障水平总体偏低，大病负担较重；贫困群众健康状况较差，缺乏健康意识。2014 年，村里贫困户中因病因残致贫的高达 71%，好些家庭"辛辛苦苦奔小康，一场大病全泡汤"。这几年，在上级党委和政府帮助下，村里充分利用各方面政策资源，逐步建立了多层次的医疗帮扶机制。

村里建起两处卫生室，各配备两名医生，给每个贫困户明确家庭签约医生，防止"小病不治成大病""小病没发现，大病花大钱"。县中医医院安排医务人员，定期到村组开展义诊和健康咨询，并对贫困户特别是因病因残致贫的贫困户实行一对一医疗帮扶。

"现在医药费至少能报销 80%，而且村里就有卫生所，取药很方便。"汪能保夫妇笑着，他们再也不要因看病而犯难了。大湾村实行"三保障一兜底一补充"的综合医疗保障全覆盖。贫困户在县域内、市级、省级医疗机构就诊，个人年度累计自付费用分别不超过 3000 元、5000 元、1 万元；贫困慢性病患者一个年度内门诊医药费用，经基本医疗保险等报销后，剩余合规费用由补充医疗保险再报销 80%。

2019 年 7 月 29 日，大湾村卫生室出现了新鲜事。六安电信开通的首个 5G 远程医疗在那里试点成功，标志着山村卫生院与市人民医院远程会诊联网。此后，大湾村能够在卫生室与三甲医院医生进行高清的视频互动，进行远程检查、远程医学影像诊断分析、远程会诊、远程门诊、远程病例讨论、远程医学带教等。

(四) 授人以渔——按下高效脱贫快进键

贫困的根源在于收入不稳定，帮助村内劳动力和非劳动力找到合适的收入渠道成为扶贫的重要任务。对于不能外出的劳动力来说，创业是最主要的。创业就需要资金和技术，大湾村开始实行扶贫干部结对帮扶的方式，为发展产业的贫困户提供贷款、技术培训和销售等全方位服务。

村里的老党员、养羊大户老汪想要扩大养殖规模，帮扶干部帮助他申请到 30 万元贷款，村集体新建 4 幢羊舍，免费提供给老汪使用。贫困户陈泽申说，"想挣个五六千元便知足"。然而在汪淤常的支持下，仅养羊一项，陈泽申就挣了 12000 元。老汪给陈泽申提供种羊，免费做防疫，还帮着他销售。2017 年年初，陈泽申还与余静签订了一

---

① 郑子敬. 宅基地制度改革下的脱贫经——安徽省金寨县易地扶贫搬迁经验谈 [J]. 中国扶贫, 2016 (22): 4.

份农产品销售协议,自家养的20多只黑山羊再也不用发愁销路问题。在养殖山羊上,受益的不只陈泽申,村里40户无劳动能力的贫困户在老汪这儿寄养400只羊,2018年年底每户分红5000元。看哥哥挣了钱,陈泽平不甘落后,2018年起他兼职搞副业,养了头大别山黑毛猪,地里种上天麻、茯苓、黄精,还常到村子周边的山上采摘野生猕猴桃、山核桃。

2018年,旅游带火了大湾村,村里现有旅游栈道、休闲漂流、游客接待中心等多个项目在同时建设。王新云刚嫁到大湾村时家境窘迫,是建档立卡贫困户。2017年,她在村干部的帮助下办起了"新云农家院",积极参加各种培训,学旅游学管理。2018年,她净赚3万元,还获得了"徽姑娘农家乐"创业项目扶持①。

(五)"联帮工程"——激发干群齐心强动力

不仅是提供贷款和技术培训,大湾村干群结对体现在脱贫致富的方方面面。通过"生产联手,帮扶产业发展;就业联动,帮带劳力务工;经常联系,帮解生活难题;思想联络,帮提精神状态"措施。至2019年年底,大湾村村干部带领群众实施了4个易地扶贫搬迁项目,全村61名有帮扶能力的党员与73户贫困户"结穷亲",通过党员带动群众,让群众更有信心脱贫致富。

村干部斗志十足,成为帮扶户家中的常客。通过挨家挨户走访了解情况,解释扶贫政策,村干部逐渐赢得了村民的信赖和跟随。余静介绍,"为了落实精准扶贫,我们采取因人因户施策的办法。根据每个贫困户家庭的实际情况,有针对性地帮扶"。在促进村民和干部结对方面她也有妙招,她先从干群关系入手,走下去跟老百姓"打成一片",了解他们的想法。"在不断地深入老百姓,与他们沟通、交流中,他们逐渐从大小事从不和村干部商量,转变成有事儿就来找党组织,找我商量"。

村党总支建起脱贫攻坚"联帮"平台,村里党员户、入党积极分子本着就近就亲、量力而行原则,选择贫困户进行帮扶。贫困户杨习伦,在党员俞绍奇帮扶下成了养殖大户,今年还准备办农家乐。他拆掉家中新房临街的那堵墙,改成落地窗,用他自己的话说,"好日子就是要晒出来"。易地扶贫搬迁、环境整治、拆危房改厕所……每个项目、每项帮扶措施,都有一名村"两委"成员牵头。他们挨家挨户化解村民心结,推动工作开展②。

---

① 春风吹别大山里的贫困[EB/OL]. 农民日报, https://szb.farmer.com.cn/2019/20190822/20190822_003/20190822_003_7.html, 2019-08-22/2020-05-11.
② "'政策好,干部好,日子才越过越好'——安徽省金寨县花石乡大湾村以党建促脱贫纪实"[EB/OL]. 中国经济网, http://mini.eastday.com/a/171011072149421-3.html, 2017-10-11/2020-05-11.

有了党员和村干部的帮扶，村民脱贫致富的信心十足。村民们也不拘泥于固有观念里的职业和收入来源，不断尝试新鲜事物。陈泽申虽已年过七旬，但他的生活一年一个样。从养羊、种天麻、采板栗，到茶厂工人，他的收入以每年1万元速度增长。他说："咱可向总书记拍着胸脯保证过，不怕年纪大，就怕志气短，躺着等帮扶，这事我不干！"2017年，他便主动申请脱了贫困帽，成为村里脱贫致富的模范之一。

（六）"红绿结合"——探索产业扶贫新思路

过去，大湾村人单靠种点粮食、蔬菜维持温饱。这几年，村里努力寻找和挖掘自身优势，不断在发展生产、增收致富上动脑筋想办法。花石乡党委副书记司玮介绍，大湾村利用自身优势，实施产业扶贫。村"两委"找准发力点，探索提出"山上种茶、家中迎客、红绿结合"的特色发展思路，脱贫攻坚有力有序推进。

高山出好茶，这里产的高山茶芽叶肥壮，香气馥郁，经久耐泡。但因为产业链不完整，压价现象严重，从前茶产业并不能给大湾村村民带来收益。近年来，在上级有关部门支持下，大湾村积极改造提升1000多亩老茶园，新建1000多亩标准化茶叶基地，形成近3000亩种植规模。同时，在中央定点扶贫单位帮助下，合作发展小规模精品有机茶园50多亩。村里还引进茶产业龙头企业，采取"企业+农户"模式，企业经销，农户务工，打造大湾茶叶产业链。大湾产的"六安瓜片"名气越来越大，村民卖茶都要带着身份证，向客户证明原产地就是大湾村。作为大湾村最早一批种植茶叶的人，汪达海不失时机办起茶叶加工厂，带动村民种茶、采茶。在他的带动下，身体残疾的贫困户汪能西仅靠采茶一项，去年就赚了1万多元。

司玮说，"在绿水青山和金山银山的转化中，大湾村的产业发展之路逐渐清晰，茶产业和旅游业成为支撑未来产业发展方向的两个重要引擎，做到了'凭本事吃饭'"。

搞旺旅游业是大湾村发展的另一个引擎。大湾村在国家级自然保护区马鬃岭脚下，紧邻国家5A级景区天堂寨，春有山花烂漫，夏有林海碧波，秋有松竹含香，冬有雪压青松，加上革命老区的红色资源，发展旅游很有条件。近年来，大湾村不断挖掘红色旅游资源，充分利用自然绿色资源，修缮建立了大别山农耕民俗文化展览馆、大湾十里漂流、十二檀茶旅体验中心等多个旅游景点。村民也在村干部和党员干部的帮助下，搞起农家乐，吃上了"旅游饭"。

2018年国庆长假，大湾村游客络绎不绝。陈泽申还支起小摊卖苦菜、笋干、茶叶等农特产品，没想到短短7天就卖了5000多元钱。在陈泽申的新居不远处，一幢幢有着上百年历史的土坯房被整体保留，修旧如旧，开发旅游。陈泽申偶尔还会客串给旅游团讲解，讲讲这里的红色历史，说说总书记小院座谈的情景。严金昌一家于2008年开设的金昌食府，是小岗村有名的农家乐。起初店里只有三四张桌子，自2016年乡村旅游火了起来，如今已扩充到20多桌可容纳近200人用餐。严金昌说，"一到节假日，店里游客爆满，忙得不可开交"。

四、总结与展望

（一）何处还需加强改善？

基础建设有待完善。当下，大湾村已经实现了搬迁安置，拆除无功能性住房，清理乱搭乱建。同时，大湾村开展"五清一改"农村人居环境整治，实施农村垃圾污水厕所整治"三大革命"，逐步补齐水、路、电、通信等方面的短板。但基础建设远远达不到宜居条件。一是村内河堤田埂存在隐患，二是卫生保健设施不完善，三是信息化基础建设差，四是供电不够稳定，五是文化活动设施不完善。

茶产业优势未能凸显。受自然资源影响，大湾村以往的传统种植业经济效益低下。近几年，探索出茶旅融合的发展道路，逐步建立起"大湾村六安瓜片"的名牌。虽然通过招商引资和龙头企业带动，大湾村茶农的销售难题得到了解决，但其产业优势并未很好凸显，无法实现较大规模化效益，销售渠道并不广。

旅游项目特色不足。由于前期缺乏统一规划，大湾村旅游项目未能很好发挥村内红色文化、自然环境和人文底蕴的优势。目前的旅游发展仅停留在食宿、农业观光和座谈会址层面，缺乏较强的红色文化特色，缺乏乡村旅游的精髓。再加之周边旅游景区较多，而自身起步较晚，旅游景点分散，大湾村的旅游项目不具备较强的竞争力。

专业技能素养不足。在养殖种植业上，村民的专业知识和技能不足；在食宿业上，食宿经营者的卫生和服务观念不足，服务标准未统一；在旅游业上，村领导谋划和决策的能力不足，同时讲解员和导游较少，未形成统一的讲解词和服务标准。

（二）脱贫和振兴的长效机制何以可能？

统筹规划，制定科学发展目标。统筹规划协调，促进各类建设和旅游业、生态农业产业同步发展。做好各产业发展规划，实现产业间良性互动。培育壮大特色主导产业，提高产业化水平。坚持生态优先和环境保护，重视招商引资、技术引进和人才培训，建立大湾村特色发展的长效机制。

加快建设，打造生态宜居环境。逐步排查村内安全隐患，加强信息化设施建设。卫生保健设施方面，进一步完善大湾村卫生室、站，配齐配强村医。文娱体设施方面，新建村民健身活动广场，完善体育设施，设置村内文化活动场所，定期开展有主题、有趣味的文化娱乐交流。

扩大宣传，完善产业供销链条。积极争取项目资金，加大产业发展扶持力度。依靠科技，加快产业高质量发展。今后，扩大大湾村产品的对外宣传，利用互联网自媒体投放广告，争取"直播"等新形式销售。逐步建立产销对接，形成供应、销售和物流齐备的产业链条。

深入挖掘，开发"红绿结合"资源。结合大湾村自身条件以及乡村振兴热点，进一步挖掘村内三处红色遗址的旅游价值，进一步凸显"山上种茶，家中迎客"的绿色优势。开发独具特色的旅游项目，形成具有竞争力的旅游品牌。同时，针对特色旅游项目，规划相应的旅游周边农副产品和特色文创产品。

强化培训，促进提升素质能力。通过加强宣传，提高村民和村干部学习和进步的意识。通过举办培训班和同业人员交流会等活动，提高从业者在经营服务、食品卫生、旅游文化、接待礼仪、旅游安全、诚实守信等方面的素质和技能。通过外出考察交流和系统专题培训，提升村干部管理和发展产业的能力和水平。

 案例使用说明

一、教学目的与用途

1. 适用课程。本案例主要适用于 MPA 及行政管理专业研究生公共政策分析课程中关于政策制定、政策执行、政策调整以及公共政策评估等相关内容的教学与讨论。

2. 教学目标：一方面让学员了解当前中国脱贫攻坚和乡村振兴进程以及存在的问题；另一方面通过对安徽省金寨县花石乡大湾村脱贫攻坚的举措进行梳理，分析其不足和改进方向，探讨出普遍适用于我国乡村脱贫和振兴的长效发展机制。

二、启发思考题

1. 你认为安徽省金寨县花石乡大湾村脱贫攻坚之路有何值得参考之处？
2. 除了案例中提到的，你认为安徽省金寨县花石乡大湾村脱贫攻坚之路还有什么问题？如何改进？
3. 你认为脱贫攻坚和乡村振兴两项战略有什么联系和区别？

4. 你认为我国脱贫攻坚和乡村振兴的长效发展机制应包含哪些要素？

三、分析思路

在分析一项战略或政策在某地具体实行情况时，既要结合实际情况，又要找到可普遍借鉴的经验。本案例中的大湾村在脱贫攻坚中成效显著，在乡村振兴中不断探索。因此，对本案例的分析应该重点放在两项战略的衔接以及长效机制的建立上。学员通过案例材料的阅读理解，对大湾村的发展情况会有自己的判断和分析思路，教师在讨论过程中，不必强加此分析思路，但是可以进行适当的逻辑引导。

四、理论依据与分析

两大战略的不同点在于：脱贫攻坚具有紧迫性、突击性、局部性和特殊性等特点，乡村振兴则具有渐进性、持久性、整体性、综合性等特点；脱贫攻坚主要解决发展中的不平衡问题，乡村振兴主要是通过解决不充分来解决不平衡问题。在组织和推进这两项战略实施的过程中，要充分把握这两者的特性和不同，在宏观上要做到不能因为脱贫攻坚为乡村振兴留下隐患，也不能因乡村振兴影响脱贫目标如期实现。脱贫攻坚是乡村振兴的基础，乡村振兴是脱贫攻坚的动力，二者相辅相成，互为因果，互补互助，不能各行其是，顾此失彼。

五、关键要点

本案例分析的关键在于透彻理解安徽省金寨县花石乡大湾村脱贫攻坚措施、实施情况，深入总结其问题和经验，并在实践中进行有针对性的借鉴。在分析乡村发展的长效机制时，要考虑脱贫攻坚和乡村振兴的结合，从产业兴旺、生态宜居、乡风文明、治理有效、生活富裕五方面的目标入手提出政策建议。同时，乡村发展的长效机制也需要从顶层设计、制度安排、基础设施建设、产业结构、人才培养、可持续发展等进行考虑。

六、建议课堂计划

1. 课前把案例材料发给学员，要求学员用20分钟左右的时间认真阅读，并思考相关问题。

2. 课堂教学计划分为三个步骤：

第一步：案例导入。在学员上课前通读阅读案例的基础上，利用5—8分钟时间，请2—3位学员在案例讨论前总结大湾村脱贫攻坚的情况。

第二步：分组研讨。根据对案例的阅读和理解，针对思考题，利用15分钟左右的时间进行讨论，并汇总组内成员的观点。

第三步：形成思维导图。在分组研讨结束之后，进入第三步，每个小组用一张A3白纸写下本组讨论重点和拟建的长效机制。每组的发言人首先上台向全班报告本组的主要研讨观点，每组时间控制在5分钟。如果发言人未用完规定的时间，其所在组的其他成员还可以对发言人的观点进行补充。各组发言结束后，学员可以自由发言，就某一组提出的问题、改进路径以及长效发展机制进行交流探讨，时间为20分钟。最后，由教师进行10分钟左右的小结和点评。总结案例研讨的主要特点、主要观点以及有待进一步关注和研究的问题，提示分析问题的不同角度和方法。

参考文献

1. 士别三日大湾村：精准扶贫下"绣花"功夫 着眼长效机制［EB/OL］. 央视网，2017－04－27/2020－05－11.

2. "贫困大湾焕发勃勃生机——安徽金寨县大湾村脱贫调查"［EB/OL］. 新华网，http://www.xinhuanet.com/local/2019－09/21/c_1125022124.html, 2019－09－21/2020－05－11.

3. 习近平走进大别山区：全面建成小康社会不能忘了老区［EB/OL］. 澎湃新闻，https://www.thepaper.cn/newsDetail_forward_1460643, 2016－04－25/2020－05－11.

4. 习近平考察安徽金寨：扶贫机制要进一步完善兜底措施［EB/OL］. 新华网，http://www.xinhuanet.com/politics/2016－04/24/c_1118719708.html, 2016－04－24/2020－05－11.

5. "'政策好，干部好，日子才越过越好'——安徽省金寨县花石乡大湾村以党建促脱贫纪实"［EB/OL］. 中国经济网，http://mini.eastday.com/a/171011072149421－3.html, 2017－10－11/2020－05－11.

6. 向春华. 金寨：绿色扶贫路越走越宽［J］. 中国社会保障，2019（02）：22－25.

7. 郑子敬. 宅基地制度改革下的脱贫经——安徽省金寨县易地扶贫搬迁经验谈［J］. 中国扶贫，2016（22）：4.

8. 春风吹别大山里的贫困 [EB/OL]. 农民日报, https://szb.farmer.com.cn/2019/20190822/20190822_003/20190822_003_7.html, 2019-08-22/2020-05-11.

9. "习近平考察安徽金寨" [EB/OL]. 新华网, http://www.xinhuanet.com/politics/2016-04-25/c_1118719711.html, 2016-04-25/2020-05-11.

10. 花石乡大湾村发展情况简介.

11. 安徽省金寨县花石乡政府调研报告.

12. 胡遵远, 余静. "大湾村精准脱贫攻坚记事" [EB/OL]. 学习时报, http://www.ccps.gov.cn/zl/zl70n/201906/t20190626_132589.html, 2019-06-26/2020-05-11.

案例 16

我国基层政府精准扶贫政策创新动因分析[①]

——以甘肃省宕昌县为例

[①] 本案例由中央财经大学政府管理学院博士生亓靖编写。本案例的政策文件主要来自中国政府网、甘肃省政府网、陇南市政府网、宕昌县政府网以及实地调研资料。相关案例内容主要取材于媒体新闻报道以及学术文献。本案例仅供中央财经大学 MPA 教学之用,版权归属中央财经大学政府管理学院。

案例正文

宕昌县隶属于甘肃省陇南市，是原国定贫困县之一，在精准扶贫事业中，宕昌县政府通过政策创新的方式为精准脱贫目标的实现提供了本土化的政策保障。本案例认为，精准扶贫政策创新包含5个重要动因，即以国家精准扶贫政策为基本价值导向；立足于地方政府发展战略与定位；适应地方政府内部组织环境；县域间政策学习与模式创新；回应公众脱贫诉求。这一动因系统为进一步探索基层政府政策创新的实现机制、影响因素、合法性等问题提供了案例依据。

2013年11月，习近平总书记到湖南湘西考察时首次作出"实事求是、因地制宜、分类指导、精准扶贫"的重要指示。自此，中央至地方各级政府陆续出台并实行了一系列精准扶贫政策。本案例以公共政策创新为理论视角，探索基层政府的政策创新环境与动因问题。所谓政策创新，是指地方政府首次对政策或项目进行采纳，无论该政策或项目是否已经出现或已被其他政府采纳[1]。在精准扶贫战略中，甘肃省是全国脱贫攻坚的主战场之一，是全国唯一地处青藏、黄土和内蒙古三大高原交会处的省份，是典型的"十年九旱"省份，为打赢脱贫攻坚战，甘肃省政府深入推进了联村联户为民富民、"1236"扶贫攻坚、"1+17"精准脱贫"三大行动"，全面实行了"853"精准脱贫管理办法和"4342"脱贫验收责任体系，开展了"大走访、回头看"专项行动。陇南市宕昌县在贯彻落实上述系列扶贫政策和行动的基础上，还因地制宜地进行了精准扶贫政策创新。

一、宕昌县精准扶贫政策创新背景

2013年2月，习近平总书记前往甘肃省视察时，对甘肃省扶贫开发工作作出重要指示，要求甘肃省加快脱贫致富步伐，努力同全国一道进入全面小康社会。数年间，甘肃省脱贫工作取得显著成效，但仍面临"贫困面大、贫困人口多、贫困程度深的状况尚未根本改变；基础条件历史欠账大；扶贫资金投入整体不足，资金整合使用精准

---

[1] Baumgartner, Frank R. The Diffusion of Innovations among the American States [J]. American Political Science Review, 2006, 100 (4): 672-672.

度还需提高；政策落地不够通畅，政策效应释放缓慢；精准扶贫的思想认识和工作方式还不够到位"等困境。2019年8月，习近平总书记再一次考察甘肃省脱贫攻坚情况，并强调指出，要深化脱贫攻坚，坚持靶心不偏、焦点不散、标准不变，在普遍实现"两不愁"的基础上，重点攻克"三保障"方面的突出问题，把脱贫攻坚重心向深度贫困地区聚焦，以"两州一县"和18个省定深度贫困县为重点，逐村逐户、逐人逐项去解决问题，坚决攻克最后的贫困堡垒。

为打赢脱贫攻坚战，全面实现小康社会目标，宕昌县全面贯彻落实甘肃省委重大决策部署和陇南市委"433"发展战略，深化实施县"1355"总体工作思路，聚焦脱贫攻坚"一号工程"，集中发展旅游、中药材和劳务三大产业，加快民生改善、城乡发展、非公经济、电子商务和哈达铺小城镇建设与开发，继续强化基础设施、生态建设、社会治理、金融支撑，争取把宕昌基本建成我国西部旅游名县、中药材产业强县和全省劳务经济大县①。

二、宕昌县精准扶贫政策创新动因分析

精准扶贫政策创新为基层政府实现精准脱贫战略目标提供了本土化的政策保障。本案例认为，宕昌县精准扶贫政策创新动因主要包括5个方面：一是以国家精准扶贫元政策为基本价值导向；二是立足于地方政府发展战略与定位；三是适应地方政府内部组织环境；四是进行县域间政策学习与模式创新；五是回应公众脱贫诉求。

（一）基本价值导向：国家精准扶贫战略及政策

1. 精准扶贫战略形成阶段

2014年1月，中共中央办公厅、国务院办公厅印发了《关于创新机制扎实推进农村扶贫开发工作的意见》，提出了精准扶贫工作机制，要求"各省（自治区、直辖市）深入分析致贫原因，逐村逐户制定帮扶措施，集中力量予以扶持，切实做到扶真贫、真扶贫，确保在规定时间内达到稳定脱贫目标"。2015年11月，《中共中央 国务院关于打赢脱贫攻坚战的决定》（以下简称《决定》）正式出台，提出"到2020年，稳定实现农村贫困人口不愁吃、不愁穿，义务教育、基本医疗和住房安全有保障。实现贫困地区农民人均可支配收入增长幅度高于全国平均水平，基本公共服务主要领域指标接近全国平均水平。确保我国现行标准下农村贫困人口实现脱贫，贫困县全部摘帽，

---

① 摘自《2016年宕昌县人民政府工作报告》。

解决区域性整体贫困"的总体目标，并从"实施精准扶贫方略、加强贫困地区基础设施建设、强化政策保障、广泛动员全社会力量、大力营造良好氛围、切实加强党的领导"等方面提出精准扶贫的措施和要点。

2016年11月，国务院正式出台《"十三五"脱贫攻坚规划》（以下简称《规划》），此项政策阐明了"十三五"时期国家脱贫攻坚的总体思路、基本目标、主要任务和重大举措。其中，《规划》共提出10项主要脱贫任务（见附件1），以确保到2020年，稳定实现现行标准下农村贫困人口不愁吃、不愁穿，义务教育、基本医疗和住房安全有保障（以下简称"两不愁、三保障"）；贫困地区农民人均可支配收入比2010年翻一番以上，增长幅度高于全国平均水平，基本公共服务主要领域指标接近全国平均水平；我国现行标准下农村贫困人口实现脱贫，贫困县全部摘帽，解决区域性整体贫困。

为贯彻落实党中央、国务院关于打赢脱贫攻坚战的决策部署，中共中央办公厅、国务院办公厅陆续出台相应的配套政策。2016年2月，中共中央办公厅、国务院办公厅发布了《关于加大脱贫攻坚力度支持革命老区开发建设的指导意见》，强调"以贫困老区为重点，实施精准扶贫和精准脱贫，着力破解区域发展瓶颈制约"。《关于进一步加强东西部扶贫协作工作的指导意见》随后出台，其旨在"确保西部地区现行国家扶贫标准下的农村贫困人口到2020年实现脱贫，贫困县全部摘帽，解决区域性整体贫困"。在此期间，中共中央办公厅、国务院办公厅先后还颁布了《关于建立贫困退出机制的意见》《省级党委和政府扶贫开发工作成效考核办法》等政策。

2. 精准扶贫战略与乡村振兴战略衔接阶段

2018年中央一号文件《中共中央 国务院关于实施乡村振兴战略的意见》中指出，乡村振兴必须坚持精准扶贫，要"瞄准贫困人口精准帮扶、聚焦深度贫困地区集中发力、激发贫困人口内生动力、强化脱贫攻坚责任和监督"。随后，中共中央 国务院印发了《乡村振兴战略规划（2018—2022年）》，提出通过"深入实施精准扶贫精准脱贫、重点攻克深度贫困、巩固脱贫攻坚成果"三方面坚决打好精准扶贫攻坚战。

同年6月，《中共中央 国务院关于打赢脱贫攻坚战三年行动的指导意见》正式出台，提出要"确保到2020年贫困地区和贫困群众同全国一道进入全面小康社会，为实施乡村振兴战略打好基础"，并从"集中力量支持深度贫困地区脱贫攻坚、强化到村到户到人精准帮扶举措、加快补齐贫困地区基础设施短板、加强精准脱贫攻坚行动支撑保障、动员全社会力量参与脱贫攻坚、夯实精准扶贫精准脱贫基础性工作、加强和改善党对脱贫攻坚工作的领导"等七个方面进行详细部署。

2020年12月，《中共中央 国务院关于实现巩固拓展脱贫攻坚成果同乡村振兴有效衔接的意见》正式出台，该文件提出两项重要目标：到2025年，脱贫攻坚成果巩固拓展、乡村振兴全面推进,到2035年,在促进全体人民共同富裕上取得更为明显的实质性进展。可以看出,精准扶贫战略形成以及与乡村振兴战略有效衔接为基层政府精准扶贫政策创新提供基本价值指引。

(二)重要战略定位:地方政府精准扶贫战略及政策

1. 甘肃省政府精准扶贫战略

2013年9月,为认真贯彻落实习近平总书记的指示精神,甘肃省各级党委政府和各级领导干部把扶贫开发作为全面建成小康社会的重中之重、作为民生工程的重中之重、作为检验和考核干部政绩的重中之重,出台了《中共甘肃省委、甘肃省人民政府关于深入实施"1236"扶贫攻坚行动的意见》,该政策明确指出,甘肃省把58个片区县作为主战场,统筹17个插花县区,瞄准最贫困的乡村、最困难的群体、最迫切需要解决的问题,实现"持续增加贫困人口收入"这一核心任务,保证农村贫困人口"不愁吃、不愁穿",落实"义务教育、基本医疗、住房"三个保障,并在"基础设施建设、富民产业培育、易地扶贫搬迁、金融资金支撑、公共服务保障、能力素质提升"六方面实现突破。同时,该政策明确指出,此项扶贫攻坚行动"坚持省里统一领导、部门密切配合、市州协调推进、县为责任主体、党政一把手负总责的领导体制"。2014年3月,甘肃省出台《关于创新机制扎实推进农村扶贫开发工作的实施方案》(甘办发〔2014〕39号),提出建立精准扶贫工作机制。随后,甘肃省政府印发《深入实施"1236"扶贫攻坚行动六大突破工作方案》,进一步细化"六大突破"的明确工作职责、建设内容和工作要求。

2015年6月,甘肃省扶贫办出台《中共甘肃省委、甘肃省人民政府关于扎实推进精准扶贫工作的意见》,明确提出,要"把扶贫开发作为最大任务,把精准扶贫、精准脱贫作为主攻方向,深化拓展"1236"扶贫攻坚行动,坚持城乡一体化与精准扶贫相融合、区域开发与到村到户扶持相结合,因地制宜、改革创新,以更加明确的目标、更加有力的措施、更加有效的行动,推动扶贫政策向特困片带聚集、扶贫资金向贫困村贫困户聚焦、帮扶力量向贫困对象聚合,做到对象、目标、内容、方式、考评、保障"六个精准"。

此时,甘肃省委、省政府组织实施了"联村联户、为民富民"行动、"1236"扶贫攻坚行动,围绕"六个精准"谋划实施了"1+17"精准扶贫精准脱贫方案,形成了一套具有甘肃特色的精准扶贫精准脱贫政策体系,取得了显著的阶段性成效。但甘肃仍然是全国脱贫攻坚的主战场之一,贫困面大、贫困人口多、贫困程度深的状况尚未根本改变,剩余贫困人口减贫成本更高、脱贫难度更大,扶贫开发已进入啃硬骨头、攻坚拔寨的冲刺期。在此背景下,甘肃省政府正式出台《中共甘肃省委、甘肃省人民政府关于打赢脱贫攻坚战的实施意见》(以下简称《意见》)。《意见》明确了实现"两个确保""两不愁、三保障、两高于、一接近""六有五通"的总体目标。2017年4月,甘肃省出台《甘肃省"十三五"脱贫攻坚规划》,明确了甘肃省"十三五"时期脱贫攻坚的指导思想、目标任务、分类脱贫举措及各项保障措施。该规划提出"坚持以'六个精准''七个一批'统领贫困地区脱贫攻坚工作",并创造性提出"脱贫攻坚'853'挂图作业""'4342'脱贫验收责任体系"。随后,甘肃省于同年12月出台《甘肃省深度贫困地区脱贫攻坚实施方案》,明确甘肃省的"一区一州"、23个深度贫困县区、40个深度贫困乡镇、3720个深度贫困村为深度贫困地区,并提出"到2020年,深度贫困地区稳定实现农村贫困人口'两不愁、三保障',农民人均可支配收入增长幅度高于全省平均水平,基本公共服务主要领域指标接近全省平均水平,确保现行标准下全省农村贫困人口实现脱贫,贫困县全部摘帽,解决区域性整体贫困"的目标。

与此同时,省政府各部门和各直属机构也相继出台了精准扶贫配套措施(见表16-1),以助力完成脱贫攻坚工作。

表16-1　　　　　甘肃省政府各部门和各直属机构制定的配套措施

发文机构/牵头单位	政策名称	发文时间
省政府办公厅	《甘肃省人民政府办公厅关于进一步强化扶贫审计促进脱贫攻坚"一号工程"政策落实的通知》	2016.8
	《甘肃省"十三五"易地扶贫搬迁规划》	2016.8
	《甘肃省人民政府办公厅关于进一步加强脱贫攻坚兜底保障工作的通知》	2018.6
	《甘肃省人民政府办公厅关于加快实施交通扶贫行动的意见》	2018.7
	《甘肃省脱贫攻坚就业扶贫三年行动计划(2018—2020年)》	2018.7
	《甘肃省2018—2020年农业保险助推脱贫攻坚实施方案》	2018.7
	《甘肃省人民政府办公厅关于深入开展消费扶贫助力打赢脱贫攻坚战的实施意见》	2019.4
	《甘肃省人民政府关于推进健康甘肃行动的实施意见》	2020.1
省扶贫攻坚行动协调推进领导小组	《甘肃省精准扶贫大数据平台信息采集工作方案》	2015.8
	《甘肃省扶贫攻坚行动协调推进领导小组关于加快贫困地区农民合作社发展的通知》	2015.9
	《甘肃省脱贫攻坚领导小组办公室关于扎实做好脱贫攻坚"853"挂图作业相关工作的通知》	2016.1
	《甘肃省建立贫困人口和贫困县退出机制实施细则〈试行〉的通知》	2016.1
	《甘肃省脱贫攻坚领导小组办公室关于组织开展脱贫验收工作的通知》	2016.1
	《关于落实建档立卡贫困户脱贫帮扶计划"一票否决"有关事项的通知》	2017.12
	《甘肃省扶贫攻坚行动协调推进领导小组办公室关于进一步规范"一户一策"精准脱贫计划的通知》	2018.2
	《甘肃省脱贫攻坚挂牌督战实施方案》	2020.1
	《甘肃省脱贫攻坚领导小组关于疫情防控期间统筹加强脱贫攻坚的若干意见》	2020.2

2018年4月,甘肃省出台《中共甘肃省委、甘肃省人民政府关于实施乡村振兴战略的若干意见》,该文件强调,为打牢乡村振兴基础,甘肃省精准扶贫工作要抓住"两州一县"和省定18个深度贫困县、40个深度贫困乡镇、3720个深度贫困村,大力发展牛、羊、菜、果、薯、药等六大特色扶贫产业体系,坚持因村因户精准施策,全力激发贫困人口内生动力,强化贫困劳动力培训和转移就业,切实提高脱贫质量。2020年1月,甘肃省出台《甘肃省人民政府关于促进乡村产业振兴的实施意见》,其中指出,在脱贫攻坚工作方面,强调"支持贫困地区产业发展"以及"强化乡村产业发展制度保障"。

在中央精准扶贫战略与乡村振兴战略的指引下,甘肃省政府结合省情将脱贫攻坚作为全省"一号工程",提出了一系列重要决策部署和发展战略,为全省地方政府明确了精准扶贫战略目标与实现路径。

2. 陇南市政府精准扶贫政策

陇南是甘肃省乃至全国扶贫攻坚的主战场,陇南市政府将脱贫攻坚作为政府"一号工程",在推进双联行动、"1236"扶贫攻坚行动、"1+17"精准扶贫行动、"433"发展战略的基础上,不断创新脱贫攻坚思路办法。2017年9月,陇南市扶贫办发布了《中共陇南市委、陇南市人民政府关于打赢脱贫攻坚战的实施意见》,指出"陇南贫困面大、贫困人口多、贫困程度深、扶贫成本高,是全国全省脱贫攻坚的主战场",明确"着力加强贫困乡村基础设施建设、全面落实精准脱贫重点措施、积极培育陇南脱贫攻坚品牌、不断完善政策保障机制、广泛凝聚脱贫攻坚强大合力"五方面的重点工作任务,以在2020年完成"两个确保""两不愁、三保障、两高于、一接近""七有五通"为脱贫目标,实现"贫困村有特色富民主导产业、有专业合作组织、有互助资金协会、有集体经济收入、有标准化卫生室、有综合性文化服务中心、有新村新貌,通沥青或水泥路、通安全饮水、通动力电、通广播电视、通宽带网络"。随后,陇南市出台《陇南市"十三五"脱贫攻坚规划》,制定了"853"精准管理工作机制、扶贫投入增长及向贫困人口倾斜机制、大扶贫工作机制、扶贫攻坚与生态环境建设共赢机制等创新性机制。同时,陇南市政府及各部门出台了相应的配套措施(见表16-2)。

表16-2　　　　　陇南市政府及各部门出台的精准扶贫配套措施

发文机构/牵头单位	政策名称	发文日期
市政府办公室	《陇南市人民政府关于认真落实易地扶贫搬迁相关政策的通知》	2014.10
	《关于全市开展乡村旅游富民工程推进旅游扶贫工作的实施意见》	2016.7
	《陇南市人民政府办公室关于进一步强化扶贫审计促进脱贫攻坚"一号工程"政策落实的通知》	2016.9

续表

发文机构/牵头单位	政策名称	发文日期
市脱贫攻坚领导小组	《陇南市 2020 年东西部扶贫协作和中央单位定点扶贫专项行动方案》	2020.5
	《陇南市 2020 年脱贫攻坚挂牌督战实施方案》	2020.5

2018 年，陇南市出台《中共陇南市委、陇南市人民政府关于推进乡村振兴战略的实施意见》，对脱贫攻坚和乡村治理工作提出相应的工作要求。2020 年 3 月，陇南市出台《关于抓好"三农"领域重点工作确保与全国全省一道实现全面小康的实施意见》，指出要从六个方面实现精准扶贫目标，即"攻克最后贫困堡垒、巩固脱贫成果、提升脱贫质量、强化兜底保障推动问题整改、落实攻坚措施"。陇南市政府出台的一系列战略规划与政策文件又为该地区县级政府的精准扶贫政策创新指明方向。

（三）组织体系保障：脱贫攻坚组织领导与责任体系

地方政府的组织领导结构与责任体系为政策创新提供基础性组织保障和内在动力。甘肃省政府坚持"党委领导，分级负责"——各级党委总揽全局、协调各方的领导核心作用，严格执行脱贫攻坚一把手负责制，省市县乡村五级书记一起抓，一级抓一级，层层抓落实。

1. 脱贫攻坚组织领导情况

在精准扶贫工作中，甘肃省政府实行"党政一把手扶贫责任制"，并成立省脱贫攻坚领导小组，由省委省政府主要领导担任组长，省政府分管领导兼任办公室主任；成立省脱贫攻坚成效考核领导小组、省精准脱贫大数据管理平台建设协调领导小组，由省委分管领导担任组长；实行省委常委联系市州、省级领导包抓县（市、区）制度，加强工作指导和协调，推动脱贫攻坚任务落实。县级政府拥有主体责任，贫困县（市、区）党委书记担任扶贫攻坚领导小组组长，实行责任、权力、资金、任务"四到县"制度。

2. 脱贫攻坚责任体系情况

甘肃省政府实行省负总责、市县抓落实的工作机制，坚持片区为重点、精准到村到户。省委省政府的主要职责是"目标确定、项目下达、资金投放、组织动员、监督考核"等。市（州）党委和政府要做好"上下衔接、域内协调、督促检查"工作，把精力集中在贫困县如期摘帽上。县级党委和政府承担主体责任，县委书记和县长是第一责任人，负责制定脱贫攻坚实施规划，优化配置各类资源要素，组织落实各项政策措施，为贫困群众培育可持续发展的产业、可持续致富的动力，拓展多元有效脱贫路径，推动全县脱贫攻坚任务落实。陇南市政府提出，要按照"市上统筹、县负总责、乡抓落实、工作到村、扶贫到户、精准到人"的总体原则，依阶段按层级细分工作目标和任务，务求工作目标和任务"精准到乡镇、到部门、到干部"，实行层级落实，签订目标责任书，严格责任考核；坚持市、县区四大班子领导包抓特困片区，县区副县级以上领导包抓乡镇精准扶贫工作制度，统筹乡镇精准扶贫指挥和驻村扶贫工作队力量，着力解决精准扶贫"最后一公里"问题。

3. 脱贫攻坚考核督查体系

在甘肃省脱贫攻坚考核督查办法中，甘肃省政府强调"大幅度提高减贫指标在贫困县经济社会发展实绩考核指标中的权重，建立扶贫工作责任清单，考准考实贫困县党政领导班子、党政正职经济社会发展和精准扶贫精准脱贫工作实绩，建立以考评结果为导向的激励约束机制"；改进县级干部选拔任用机制，统筹省内优秀干部，选好配强扶贫任务重的县（市、区）党政主要领导，把扶贫开发工作实绩作为选拔使用干部的重要依据。脱贫攻坚任务期内，县级领导班子保持相对稳定，贫困县党政正职领导干部实行不脱贫不调整、不摘帽不调离。与此同时，甘肃省政府制定了年度扶贫开发工作逐级督查制度、贫困户脱贫认定机制、"4342"脱贫验收责任体系实施办法、"3342"脱贫验收责任体系（见表16-3）、干部"逢提必下""减贫摘帽"激励政策等机制，一系列举措驱动基层政府结合本地实情进行精准扶贫政策创新，运用切实有效的政策与方法有效开展精准扶贫工作，并落实基层政府部门与工作人员的责任。

表16-3　　　　　具体扶贫事务中的乡级脱贫责任体系

具体事务举例	领导责任体系	具体内容
异地扶贫搬迁	"4342"脱贫责任体系	1. 农户和村级"4"方责任，即易地扶贫搬迁农户按照自愿的原则，承诺搬迁 2. 贫困村党支部书记、村委会主任、驻村帮扶工作队队长（有贫困人口的非贫困村由包村干部签字）"3"方在村级易地扶贫搬迁承诺书上共同签字，对本村易地扶贫搬迁的真实性和成效负责 3. 乡级"3"方责任，即乡镇党委书记、乡镇长、乡镇扶贫工作站站长（扶贫专干）3人在本乡镇易地扶贫搬迁承诺书上共同签字，对本乡镇易地扶贫搬迁的真实性和成效负责
脱贫验收工作	"3342"脱贫验收责任体系	1. 建立村级脱贫验收"3"方责任，村党支部书记、村主任、驻村工作队队长、贫困户"4"方要对贫困户脱贫验收结果签字确认 2. 建立乡级脱贫验收"3"方责任，乡（镇）党委书记、乡（镇）长、乡（镇）扶贫工作站站长要对贫困户、贫困村脱贫验收结果签字确认①

---

① 摘自《甘肃省脱贫攻坚领导小组办公室关于组织开展脱贫验收工作的通知》。

(四) 县域间竞争：政策学习与模式创新

在全国范围内，全国各地已相继出台了"1+N"精准扶贫系列文件，多个省、市、县级地区结合地方实情已展开多类型、多形式、多层次的扶贫实践，各地区在扶贫实践中形成了极具代表性的扶贫工作模式。如贵州省创建了扶贫开发攻坚示范区模式，打造出脱贫攻坚的"贵州样板"；湖南省怀化市成功实施了"四跟四走"精准扶贫模式；集中连片特困地区形成了独具特色的旅游、金融、异地搬迁精准扶贫实践模式；福建省建立大数据"精准网底"机制及精准扶贫互益共赢帮扶模式；广西东兰县形成了"一核多维"扶贫模式，鼓励政府、市场、社会、农户间共同协作。在全国各地打造系列扶贫样板的环境下，陇南市政府及宕昌县政府也积极进行政策学习、探索本地扶贫模式，如陇南市打造了农产品电子商务"陇南模式"，并被确定为全国唯一电商扶贫示范市、第三批创建"国家电子商务示范城市"，获得了"2015中国消除贫困创新奖"，全国"十佳精准扶贫创新城市"称号；合作社控股富民公司带贫的"宕昌模式"得到省政府充分肯定并在全省推广。

结合宕昌县实情，县政府重点开展"基础设施、产业发展、公共服务和社会事业、雨露计划、扶贫小额信贷"六方面的扶贫工作，助推脱贫攻坚任务完成。以产业扶贫为例，2018年10月12日至13日，甘肃省省长唐仁健在宕昌县调研时发现，宕昌县有几家自发组成联社的合作社，产业发展规模、抵御市场风险能力和带贫能力突出。按照这一思路，宕昌县学习"庄浪经验"，于11月19日组建了由合作社联合控股的羌源富民农业发展股份有限公司，探索"党委政府主导+公司化运作+合作社生产+贫困户入社入股分红"的经营思路，带动村"两委"班子牵头组建起了337个合作社，组建扶贫车间174家，实现了每个贫困村至少有村办合作社为主导的两个以上专业合作社，涌现出了宕昌县合作社控股富民公司带贫新模式。2018年，这一产业扶贫"宕昌模式"得到省政府充分肯定并在全省推广。随后，陇南市全面推广"宕昌模式"，选派436名带头人创办合作社，创建示范合作社444个，发展扶贫车间308家，集体经济收入上万元的贫困村达到96%。陇南市也在逐步推广"宕昌模式"，加强合作社的扶持管理，提高合作社带贫能力。再如，在教育扶贫方面，宕昌县政府出台《关于开展贫困户"两后生"及"一村一名农村大学生"培训招生工作的通知》，该政策主要通过切实措施动员农村贫困户"两后生"接受中等职业教育以实现"培训后转移输出、培训后稳定就业"，通过"一村一名农村大学生"培训适当推荐村后备干部、产业扶贫、创业致富带头人，为扶贫开发和新农村建设提供人才保证。在法律服务方面，宕昌县印发《中共宕昌县委政法委员会宕昌县"双联办"宕昌县司法局宕昌县依法治县办关于在全县深入开展"联村联户为民富民法律服务直通车"活动的通知》,通过为农村基层干部群众提供法便捷高效的法律服务,提供涉及精准扶贫的相关法律支持,推动法治宕昌、平安宕昌建设。同时,宕昌县还积极探索并实施乡村振兴战略,聚焦打赢打好精准扶贫攻坚战,为乡村振兴战略实施创造坚实基础。

(五) 回应公众诉求:解决宕昌县扶贫困境

多年来,宕昌县政府已在精准扶贫工作中取得显著成绩,但仍面临多重困难和问题,如剩余贫困人口贫困程度深,富民产业效益显现还不充分,农村基础设施还有短板,视觉贫困问题较为明显;重大项目融资渠道单一,农业产业规模化、标准化、市场化程度不高,旅游商贸等服务业层次较低;就业、教育、医疗等民生保障水平与广大群众的期望仍有差距,安全生产、环境保护方面还存在薄弱环节;个别干部担当意识不够,抓落实力度不大,工作质量效率不高的问题仍然存在①。而政策创新则可以通过打破观念、制度和程序上的陈规,规定、执行与完善有创意、有价值的公共政策,有效地促进公共问题的解决②。因此,面对上述扶贫困境,精准扶贫政策创新便为宕昌县政府提供了政策改进空间,以有效回应上述多重诉求。

三、宕昌县精准扶贫政策创新的启示

"试点—推广"或"实验型执行"是我国政策创新的显著特征和模式③,在扶贫开发试点地区,地方政府的政策创新坚持以中央政策为元政策话语,兼顾"扶贫开发的现实情境、基层政权的资源情境、主体利益关系整合情境",以"政策的价值导向、政策实施中对绩效追求、风险规避"为政策创新的基本导向④。本案例以宕昌县精准扶贫政策创新为例,分析了政策创新动因系统,为进一步探索基层政府政策创新的实现机制、影响因素、合法性等问题的研究提供了案例基础。

---

① 摘自《2019 年宕昌县人民政府工作报告》。
② 卞苏徽. 入世背景下的公共政策创新 [J]. 中国行政管理,2002 (11):32 - 33.
③ 张腾,蓝志勇,秦强. 中国改革四十年的扶贫成就与未来的新挑战 [J]. 公共管理学报,2018,15 (4):101 - 112.
④ 田丰韶. 地方政府政策创新的合法性问题——基于对四个试点县区连片扶贫开发政策创新的调查 [J]. 社会主义研究,2018 (5):96 - 104.

附件：

《"十三五"脱贫攻坚规划》中的脱贫攻坚主要任务要点

	内容	具体方法
产业发展脱贫	农林产业扶贫	优化发展种植业
		积极发展养殖业
		大力发展林产业
		促进产业融合发展
		扶持培育新型经营主体
		加大农林技术推广和培训力度
	旅游扶贫	因地制宜发展乡村旅游
		大力发展休闲农业
		积极发展特色文化旅游
	电商扶贫	培育电子商务市场主体
		改善农村电子商务发展环境
	资产收益扶贫	
	科技扶贫	促进科技成果向贫困地区转移转化
		提高贫困人口创新创业能力
		加强贫困地区创新平台载体建设
转移就业脱贫	大力开展职业培训	完善劳动者终身职业技能培训制度
		提高贫困家庭农民工职业技能培训精准度
	促进稳定就业和转移就业	加强对转移就业贫困人口的公共服务
		开展地区间劳务协作
		推进就地就近转移就业
异地搬迁脱贫	精准识别搬迁对象	合理确定搬迁范围和对象
		确保建档立卡贫困人口应搬尽搬
	稳妥实施搬迁安置	因地制宜选择搬迁安置方式
		合理确定住房建设标准
		配套建设基础设施和公共服务设施
		拓展资金筹措渠道
	促进搬迁群众稳定脱贫	大力发展安置区（点）优势产业
		多措并举促进建档立卡搬迁户就业增收
		促进搬迁人口融入当地社会

续表

	内容	具体方法
教育扶贫	提升基础教育水平	改善办学条件
		强化教师队伍建设
	降低贫困家庭就学负担	完善困难学生资助救助政策
	加快发展职业教育	强化职业教育资源建设
		加大职业教育力度
		加大贫困家庭子女职业教育资助力度
	提高高等教育服务能力	提高贫困地区高等教育质量
		继续实施高校招生倾斜政策
健康扶贫	提升医疗卫生服务能力	加强医疗卫生服务体系建设
		深化医药卫生体制改革
		强化人才培养培训
		支持中医药和民族医药事业发展
	提高医疗保障水平	降低贫困人口大病、慢性病费用支出
		实行贫困人口分类救治
	加强疾病预防控制和公共卫生	加大传染病、地方病、慢性病防控力度
		全面提升妇幼健康服务水平
		深入开展爱国卫生运动
生态保护扶贫	加大生态保护修复力度	加强生态保护与建设
		开展水土资源保护
	建立健全生态保护补偿机制	建立稳定生态投入机制
		探索多元化生态保护补偿方式
		设立生态公益岗位
兜底保障	健全社会救助体系	完善农村最低生活保障制度
		统筹社会救助资源
	逐步提高贫困地区基本养老保障水平	
	健全"三留守"人员和残疾人关爱服务体系	完善"三留守"人员服务体系
		完善贫困残疾人关爱服务体系
社会扶贫	东西部扶贫协作	开展多层次扶贫协作
		拓展扶贫协作有效途径
	定点帮扶	明确定点扶贫目标任务
	企业帮扶	强化国有企业帮扶责任
		引导民营企业参与扶贫开发
	军队帮扶	构建整体帮扶体系
		发挥部队帮扶优势
	社会组织和志愿者帮扶	广泛动员社会力量帮扶
		进一步发挥社会工作专业人才和志愿者扶贫作用
		办好扶贫日系列活动
	国际交流合作	坚持"引进来"和"走出去"相结合,加强国际交流合作

续表

	内容	具体方法
提升贫困地区区域发展能力	继续实施集中连片特困地区规划	统筹推进集中连片特困地区规划实施
		完善片区联系协调机制
	着力解决区域性整体贫困问题	大力推进革命老区、民族地区、边疆地区脱贫攻坚
		推动脱贫攻坚与新型城镇化发展相融合
	加强贫困地区重大基础设施建设	推进贫困地区区域合作与对外开放
		构建外通内联交通骨干通道
		着力提升重大水利设施保障能力
	加快改善贫困村生产生活条件	优先布局建设能源工程
		全面推进村级道路建设
		巩固提升农村饮水安全水平
		多渠道解决生活用能
		加强贫困村信息和物流设施建设
		继续实施农村危房改造
		加强贫困村人居环境整治
		健全贫困村社区服务体系
		加强公共文化服务体系建设
		着力改善生产条件
保障措施	创新体制机制	精准扶贫脱贫机制
		扶贫资源动员机制
		贫困人口参与机制
		资金项目管理机制
		考核问责激励机制
	加大政策支持	财政政策
		投资政策
		金融政策
		土地政策
	强化组织实施	干部人才政策
		加强组织领导
		明确责任分工
		加强监测评估

案例使用说明

一、教学目的与用途

1. 适用课程。主要适用于公共政策导论、公共政策创新课程，也适用于公共管理学、公共政策分析等相关课程。

2. 适用对象。主要适用于公共管理硕士（MPA）。

3. 教学目标。本案例通过梳理"中央政府—甘肃省政府—陇南市政府—宕昌县政府"四个层级的精准扶贫政策，描述宕昌县政府精准扶贫政策创新过程，引导学生运用公共政策创新理论方法，分析基层政府在精准扶贫政策创新中面临的内外部环境、政策创新动因及政策创新模式，促使学生深化对公共政策创新的理解。

二、启发思考题

1. 在本案例中，基层政府精准扶贫政策创新的内外部环境是什么？
2. 在本案例中，基层政府精准扶贫政策创新的动因是什么？
3. 影响我国基层政府实现政策创新的关键因素包括哪些？
4. 基层政府如何实现政策创新的合法性？

三、分析思路

首先分析基层政府在何种环境下进行精准扶贫政策创新，哪些因素对政策创新产生影响，进而分析基层政府展开政策创新的动因系统，并在此基础上探索基层政府政策创新的实现机制、影响因素、合法性等问题。

四、理论依据与分析

1. 熟悉 Walker 在政策创新研究中的主要观点，运用公共政策创新理论分析基层政府政策创新过程。

2. 熟悉政策创新理论中的"内部决定因素模型""区域扩散模型""国家互动模型"，分析我国基层政府精准扶贫政策创新过程。

3. 运用 Mohr 提出的政策创新要素理论——组织自身特征和外部环境要素，探讨影响我国基层政府精准扶贫政策创新的关键因素和动力系统。

五、关键点

1. 基层政府精准扶贫政策创新的内外部环境。
2. 基层政府精准扶贫政策创新的影响因素。
3. 基层政府进行精准扶贫政策创新的动力系统。
4. 基层政府精准扶贫政策创新的合法性。

六、课堂计划

1. 案例描述

教师向学生介绍我国精准扶贫战略实施的背景、相关政策文件，以及甘肃省政府、陇南市政府、宕昌县政府的精准扶贫政策创新过程。

2. 理论方法介绍

教师引入公共政策创新理论，介绍该领域中的重要代表人物和重要理论。

3. 案例探讨

一是教师和学生共同探讨案例。分析本案例中基层政府进行精准扶贫政策创新的环境特征、影响因素以及政策创新动力系统，探讨基层政府政策创新的实现机制、影响因素、合法性等问题。

二是学生分组讨论并汇报。讨论内容是：结合实际案例分析我国基层政府在公共政策创新的重要动因和影响因素是什么？

4. 课堂总结

对公共政策创新理论、案例分析与课堂讨论观点进行总结，提出启发性问题或进一步探讨的问题。

8. 社区治理

案例 17

商品房配建限价房的烦恼：
小区"隔离墙"该不该拆除？①

---

① 本案例由中央财经大学政府管理学院 MPA 学生林峰、蔡永磊、黄莹、闫宗璇，学术硕士邢江波编写。本案例内容主要取材于媒体相关报道及现场实际调研，经作者整理改编，案例中涉及的人物及单位均为真实名称。本案例仅供中央财经大学 MPA 教学之用，版权属于中央财经大学政府管理学院。

案例17：商品房配建限价房的烦恼：小区"隔离墙"该不该拆除？

 **案例正文**

北京混合的土地出让模式，导致开发商将商品房和限价房搭配建设，而不同的物业管理费用，引发各自代表不同利益的业主群体之间的争论。北京市已经出台相关政策，规定实施统一物业管理的，建设单位不得通过增设围栏、绿植等方式，将同一个物业管理区域内的保障性住房与商品住房分割。但是，一纸文件并不能解决真实存在的利益纠葛。限价房和商品房采取不同的土地供应方式，政府舍得掏出真金白银解决住房这个最大的民生问题，才是处理不同阶层群众之间矛盾最重要的一个环节。

一、事件相关背景

针对近些年北京市房价过快上涨、中低收入居民住房困难的问题，政府提出的保障性住房制度是解决百姓住房困难的一项可行、有效的政策，特别成为解决中低收入家庭住房困难的重要途径。保障性住房是指政府在对中低收入家庭实行分类保障过程中所提供的限定供应对象、建设标准、销售价格或租金标准，具有社会保障性质的住房。

2007年开始的"两限房"（限房价、限套型普通商品住房）制度——针对中等收入家庭，以竞地价、竞房价的方式，招标确定住宅项目开发建设单位，由中标单位按照约定标准建设，按照约定价位面向符合条件的居民销售的中低价位、中小套型普通商品住房[①]。

北京市政府于2008年4月发布《北京市限价商品住房管理办法（试行）》《北京市限价商品住房购买资格申请审核及配售管理办法》（以下简称《管理办法》）等文件，对北京市限价房的管理和申请配售等作了规范。规定限价商品住房的供应对象为北京市中等收入住房困难的城镇居民家庭、征地拆迁过程中涉及的农民家庭及北京市政府规定的其他家庭。由此看出，限价房的配售对象主体还是具有北京市城镇户口和农村户口的中等及以下收入水平的家庭。

《管理办法》还明确了退出方式，已购限价商品住房家庭取得契税完税凭证或房

---

① 引自《北京市"十一五"保障性住房及"两限"商品住房用地布局规划》（2006—2010年）。

屋所有权证未满5年的不得转让，确需转让的由政府回购；取得契税完税凭证或房屋所有权证满5年，转让所购住房的，按照届时同地段普通商品住房和限价商品住房差价的一定比例交纳土地收益等价款。具体实施中，这个比例确定为35%。由此可见，通过政策限定，对限价房的取得和退出作出较为严格的规范和约束，避免保障性住房成为获利的手段，损害社会公平。根据《管理办法》，限价商品房由北京市建设、国土等部门共同编制年度建设计划，建设用地在年度土地利用计划及土地供应计划中优先安排。北京市各区县可自行安排建设用地组织建设，建设用地不足的区县，可由北京市政府规划专项建设用地。

经济学家易宪容赞美深圳时曾说："社会作为一个整体不应该将民众划分为各种等级，如若将不同收入的人分散居住，等社会发展到一定程度，人们将相互隔离，这样就会出现一个个贫民窟，而且这些贫民窟就是一个个炸弹，一个个问题。深圳市政府就比别人想得全面一点，每个楼盘都要包含高档、中档、低档产品，居民会在大家影响下一起富起来，社区一起来改变，比如说30%给政策性住房，低收入民众进来，他也会通过高收入人的影响带动向前。"而经济学家茅以轼曾在接受采访时表示"廉租房应该是没有厕所的，只有公共厕所，这样的房子有钱人才不喜欢。"

公开资料显示，2010年北京共推出含居住用地81宗，含政策性住房成交的地块为19宗，其中仅2宗是单独以限价房方式供地，其余17宗均采用了商品房搭建保障房的方式。2011年成交的249宗土地，配建保障房（包括公租房和限价房）的土地达到20宗左右。

2012年2月1日，北京市住建委发布《关于贯彻国务院办公厅保障性安居工程建设和管理指导意见的实施意见》，要求普通商品住宅用地中配建保障性住房比例一般不低于30%；轨道交通沿线、站点周边以及商业、产业聚集区周边商品住房用地中配建保障性住房比例还应适当提高，配建的保障性住房以公共租赁住房为主。北京市以政府文件的形式将商品房配建保障房的经验进行了法定。

为控制土地拍卖价格，逐渐采用"限地价、竞配建"的方式，设置土地上限价格，但是对于配建的面积进行竞价投报，确定竞得人。本案例即采用此种竞标方式。

2017年北京市政府推出共有产权住房，成为配售型保障性住房的主要方式，运行10年的限价房政策退出历史。

二、事件始末

2014年2月，北京市西三环六里桥到丽泽桥段以西300米的地块，吸引了10家房企竞拍。15轮之后，地块报价达到了合理报价上限35.7亿元后，开始竞报限价房面积，最终龙湖地产和葛洲坝联合体以配建5.4万平方米限价房的条件胜出，扣除限价房建设面积后，可见商品房住宅建筑面积仅为5.2万平方米，这个住宅楼面价高达6万元/平方米，当时周边二手房均价约为4万元/平方米，而限价房的价格为每平方米2.1万元，这个明显低于楼面价的价格，注定会产生矛盾和矛盾的迁移。如果开发商还想获得利润，提高商品房部分的售价是可选择不多的途径。

开发商不愿意接受竞拍土地没有完全榨出效益的这个结果，从上述分析来看，本案的保障房项目对于开发商来说是亏钱的，本质上这是开发商拼惨的游戏模式。所以开发商最后还是会转移，从开发项目入手，可赚钱的商品房用地开发成豪宅，卖高价赚取高收益；保障房部分的户型设计就不管户型品质如何，只把空间利用到极致，而且从公共用地隔出大块土地用于保证商品房的整体品质，为了销售顺利也是为了最终的利益。最终给保障房留了很小的一块公共用地。

实际结果是，最终开发商将商品房规划为单价16万元左右，总价不低于2000万元的别墅，并精心建出了中式江南风的园林美景；同时将旁边的限价房建成了板楼，并为了增加户数，设计成了类似"筒子楼"的结构：进楼就是狭长的过道，只容两人并行。过道的一侧是房间，一个门紧挨一个门，大多为一室户；另一侧是墙和窗户，面向户外。站在过道里，附近人家的讲话声响和炒菜味道都清晰可辨。粗略数一数，一个楼层有房间二三十间。

每一户都是住户比较讨厌的"刀把式"户型。并且将两个楼盘分别命名，商品房小区命名为"西宸原著"，限价房小区命名为"玉璞家园"，但是这两个价格相差巨大的楼盘，归属于同一块土地，在法律层面属于同一个小区。甚至"玉璞家园"与"西宸原著"的门牌号也是相同的：西局后街8号。

一道围墙将小区南北两侧人为分隔开来的，南侧是高端商品房，北侧是保障房。从交房的那天起，关于围墙是否应当打通，两侧业主的争论从未停歇。口水战试过、网络战试过、维权试过、法院也试过。几年了，围墙依旧高耸，铁门依旧紧锁。只是，铁门背后，又增加了另一道更高的铁门。

三、三方视角

（一）限价房业主眼中的"隔离墙"

2017年3月，限价房"玉璞家园"小区交房后，业主陆续入住，除了容积率、绿化率不达标，房屋质量差，走廊最初没有安装窗户，下雨楼道就会淋得一片狼藉之外，在小区南边和"西宸原著"之间竟然还有一道铁栏杆做成的"隔离墙"。"隔离墙"位于"西宸原著"和"玉璞家园"之间,全长200米左右,从东西方向把整个地块一分为二,底部是一米半左右水泥的地基,上半部分是高两米左右间距十公分带有箭头的铁栅栏,最上面横拉了三道铁丝网,虽然不是全实墙,但是比全实墙还难以逾越,可以说是根本过不去的。

保障房一、二号楼被隔出来平均不到两米多宽的小马路和一米宽的草地,就是保障房的全部公用空间。而商品房那一侧的绿地面积广阔很多,从商品房的北山墙到隔离墙有40米以上的空间和绿地。在大部分限价房业主和社会媒体眼中,把一边亭台楼榭的高端盘和一边极高密度的保障房隔开,形成一道人为的贫富分割线,分了两个不同的阶层,买保障性住房的"穷人"被隔离,自己感觉受到歧视,居住品质无法保障。

之所以保障房容积率、绿化率、公共空间、基本配套等不达标,就在于开发商压缩保障房空间,满足商品房业主的需求。保障性住房的绿化面积在隔开以后非常小,和商品房对比来说,几乎可以说是没有,整个小区的公共场地就只有一小块儿童乐园。

小区业主表示"房子的质量只能认了,买之前也知道,法律上也不能追,但是这堵"隔离墙"在法律上是可追的"。2015年6月23日,由当时北京市住房和城乡建设委员会发布的《关于进一步加强保障性住房等住房物业服务管理工作的通知》第十一条明确规定:"新建商品住房配建项目,商品住房与保障性住房分区域实施物业管理的,建设单位应按照本市规划设计指标,分区域建设公共建筑和共用设施,分别配套设备设施;实施统一物业管理的,建设单位不得通过增设围栏、绿植等方式,将同一个物业管理区域内的保障性住房与商品住房分割。"①

(二)商品房业主眼中的"隔离墙"

商品房业主在动用巨额资金购买"西宸原著"之前,从来没有在沙盘上看到过这道隔离墙,但是据业主描述,当时的售楼处工作人员信誓旦旦地表示,"两个小区嘛,建好以后肯定会隔开",所以在商品房业主支付上千万的巨额房款时,没有太特意坚持将两个"小区"隔开。只是业主们普遍认为应该隔开,因为房价不一样,物业费也不一样,不隔开就像在一个小区。商品房业主并不认为隔离墙是对于贫富的隔离,也不存在对于穷人的歧视,尤其是看到奔驰、宝马、保时捷等豪车进入"玉璞家园"小区,收房后有将近一半的房子被出租出去的时候,他们更加认为"以平等的名义继续

---

① 引自北京市《关于进一步加强保障性住房等住房物业服务管理工作的通知》(京建法〔2015〕8号)。

侵占商品房业主的权益"。商品房业主认为，自己花 5 至 8 倍于保障房的高价购买商品房，且承担保障房建设成本、土地"招拍挂"成本，还缴纳 3 倍于保障房的物管费，理应享有商品房小区更优质的公共资源，商品房与保障房应"分区管理"，如果拆掉隔离墙，小区品质和价格必大打折扣。"隔离墙"的存在反而是商品房业主争取自身公平权益的一个显现的象征。

（三）"和稀泥"的开发商

开发商认为"配建的保障房，售价都是限死的，甚至售价地价倒挂，根本没什么利润可言；只有增加商品房组团的溢价，才有可能达到项目利润要求"。因此，出于项目整体利润的考虑，开发商一般会不均衡地使用容积率，既通过规划做低商品房组团的容积率，以打造溢价更高的商品房或别墅产品。同时，用围墙、绿植或栅栏将商品房、保障房进行区隔管理，并在绿化、园林景观、公共设施等配套上加大对商品房组团的资源倾斜，以保障商品房组团的居住舒适度及所谓客户圈层的纯粹性。通过这些"差异化的品质服务"，增加商品房溢价，获取利润。

龙湖西局地块开发商就将商品房部分规划成双拼别墅和叠加别墅的"西宸原著"，户型分布在 300—400 平方米。仅仅一"墙"之隔，"玉璞家园"的户型则为 50—60 平方米。两类住宅均由龙湖旗下的物业公司管理，但由两个团队提供服务。"西宸原著"的物业费为每月 9.9 元/平方米，"玉璞家园"的物业费为每月 3.3 元/平方米。

开发商认为，龙湖西局地块在拿地时，政府并未规定，两种类型的商品房不允许设置隔离。最后，开发商采取了一定的策略，在售前向商品房买家表示，一定会和限价房有区别和隔离；在项目验收时拆除围挡，通过消防监管部门的工程验收；在验收后，以商品房施工为借口建起围挡，建成铁栏杆式的隔离墙。事实上，通过设置"隔离墙"分区而治，已经成为行业的"潜规则"。

开发商认为，保障性住房与商品房之间，所有的开发商操作都是这么做的。只是形式不一样，有的用实体围墙，有的是栅栏，有的用绿植。这个原因比较简单，确实两边的购房价格、物业费、以后的管理成本，包括内容不太一样。而且《关于进一步加强保障性住房等住房物业服务管理工作的通知》（京建法〔2015〕8 号）第十一条规定比较原则化，按照条文理解，开发商可以打擦边球，如果商品房与保障性住房施行分区域物业管理，就可以分区域建设公共建筑和共用设施，分别配套设备设施。这也正是龙湖地产为"玉璞家园"和"天宸原著"配备了两个物业的直接原因。

四、利益拉锯

（一）拆墙的诉求

"玉璞家园"小区业主拆墙的理由很具体，同一个地块，规划里并没有隔离，而且存在很大的消防隐患，虽然限价房小区物业费低，但是物业提供的服务内容和服务品质也和商品房小区有很大区别，商品房小区有小区管家、庭院美化等物业服务，而限价房小区只有基本的物业入住管理服务。商品房业主在购买之前也应该了解商品房有配套建设保障房的义务，不能签署购买商品房合同，收房以后提出隔离保障房的要求。隔开以后，限价房的容积率上升明显，绿化率下降明显，都已经不能达标，这个错误不该由限价房业主买单，所以为了保障限价房小区业主的权益，隔离墙必须拆掉。玉璞家园业主要求拆除铁门铁栅栏，这样不仅可以节省绕道所花费的时间，还可以争取到消防和公共领域的平等使用。

（二）政府的初次"裁判"

2017年3月27日，北京市丰台区规划委员会就"玉璞家园"业主信访反映小区被开发商铁门铁栅栏隔离问题，明确表示横亘中间的铁门铁栅栏没有获得建设工作许可证，属于城镇违法建设，并将此事移交给丰台区城管部门。4月10日，丰台区城管部门实地考察，而后在6月给开发商下达强拆通知书，同时还预留了6个月的上诉期给开发商。

（三）转机

随着时间的推移，6个月的缓冲让"玉璞家园"的限价房业主颇为焦灼，8月初，他们再次打出"反对隔离、共建和谐、积极执法、立即拆除"的横幅。期间已经有大量媒体关注此事，就隔离墙引发的社会贫富阶层分隔问题展开了探讨，形成了很大影响。其实，2017年6月中旬至7月底，北京市政府已经多次约谈了相关房企。8月23日，北京市住保办组织召开《北京市商品房配建保障房小区分隔治理工作部署会》，明确指出商品房和限价房分隔问题是政府重点督办问题，要求存在分隔措施的项目于8月31日前自行拆除；9月1日起各部门将组织专项检查，如未拆除的进行强制拆除；对不予拆除的单位列入黑名单，不排除采用资质、网签等方式处罚。8月25日，北京市住建委在官方微博"安居北京"发布"安居声明"：开发企业在住宅项目违法设置隔离障碍将暂停网签。关于在同一建设项目区域能否设置隔离障碍的问题，北京市住建委强调：北京市住建委目前已采取严厉措施，要求开发企业在办理预售许可前，必须严格按照规划许可内容和规划总平面图确定的平面布局进行住宅项目建设，并承诺未经许可不得自行设置任何形式的区域隔离，确保同一建设项目区域内道路通畅、绿地共享、附属配套设施公用[①]。对此事，新华社发文评论称，"基于房产交易的不同属性，人为将小区内部分隔管理，使住在同一社区的居民不能享受同等待遇，既破坏了公平公正的社会认知，也不利于营造社区和谐氛围。小区商品房与保障房之间的隔离墙必须拆"。开发商也回应，"一定会积极配合政府，妥善处理现在的问题"。"玉璞家园"业主终于感受到了政府的强力背书和有力举措，看到了这道隔离墙马上倒掉的巨大转机。

（四）商品房业主的"反抗"

"装弱势，搞特权，欺负邻居巧豪夺，贪得无厌定遭报！西宸原著全体业主誓为守护围栏抗争到底！"一位商品房业主将横幅挂在小区楼梯上向对面的限价房小区业主抗议。

"如果撤除围栏，两个小区业主作为剥夺者和被剥夺者势如水火，必定发生严重冲突，小区将变成战场，政府永无宁日"。一位商品房业主写给同是商品房业主邻居的《接受媒体采访和网络自媒体与政府发声时建议参考观点》。

"此先例一开，北京乃至全国将会有更多的两限房、经济适用房、公租房等保障房业主在××××两限房业主一夜暴富的示范作用下，群起效仿、纷纷闹事，要求撤除与邻居社区围墙，把原本和谐共处的北京社区和全国各地社区变成一个又一个街坊战场"。

首先，"西宸原著"业主向北京市丰台区政府提出了行政复议，并通过多种渠道向北京市长递交了联合请愿书，成功地延迟了围栏的拆除。在人民网，领导留言板 > 地方领导 > 北京市 > 北京市市长陈吉宁栏目，还有记录"西宸原著与配建两限房之间围栏问题的情况反映"，提出三点诉求：（1）实行差异化管理是遵循市场规律、推动城市发展的需要。两限房建设的时候就已经享受了商品房带来的便利条件和社区环境，特别是其购房价格只有商品房的20%，5年后上市，它的价格起码是购房价的5倍。因此，两限房业主并非舆论定义的弱势群体，实际上是政府政策的巨大利益获得者；而商品房业主在围栏拆除后，居住环境条件和房屋价值将大打折扣，实体权益受到严重侵害，其创造社会财富的积极性严重受损，对北京城市发展极为不利。（2）实

---

① 微博安居北京 2017 年 8 月 25 日发布。

行差异化管理是体现公平正义、诚实守信的社会要求。保障房业主在付出较小成本的前提下拥有住宅所有权，也实现了财富升值的目标，这也是政府建设保障房的初衷。而且，差异化管理是龙湖公司在销售和交房过程明确告知商品房与保障房的，这是双方信守的利益信赖。看似公平正义的拆除围栏，实质上是认可投机主义，与社会主义价值观相悖。（3）妥善解决商品房与保障房管理事关社会稳定大局。简单拆除围栏，表面上看只是商品房业主的居住环境、安全遭到严重威胁，实际上，由于商品房业主的激烈维权，势必引起大规模社区冲突，导致阶层对立甚至撕裂，保障房业主也将成为受害者，并使得政府的惠民政策广受诟病、怨声四起。

同时，"西宸原著"业主开始对"玉璞家园"小区居民的限价房购买资格提出质疑，有宝马 X5 停在限价房小区的车位上；有个限价房业主出入小区全身上下穿着奢侈品牌的衣服，除了把照片上传网络之外，"西宸原著"业主还通过公开检举信、拉横幅的方式，直接要求主管部门对限价房业主的购买资格重新严格审查。按照北京市的规定，购买限价房的业主必须满足三人家庭年收入不得高于 8.8 万元、四人家庭年收入不得高于 11.6 万元的条件。如经核实，玉璞家园业主有属于超标购买的话，不但限价房会被收回，更会被列入黑名单，将再无购房资格。

五、尾声

（一）制度的变迁

关于现阶段的城市发展规划，2016 年 2 月印发的《中共中央 国务院关于进一步加强城市规划建设管理工作的若干意见》（以下简称《意见》）就提出，原则上不再建封闭式小区，这也是时隔 37 年重启的中央城市工作会议的配套文件，勾勒出了"十三五"乃至更长时间的中国城市发展线路图。住建部发言人阐述《意见》时称："要逐步推进，要有计划，要有轻重缓急，并不是'一刀切'，也不是'一哄而起'，更不能简单地理解为拆围墙。要实施逐步打开封闭小区和单位大院的城市。要考虑到各种实际情况，考虑到各种利益关系，依法依规处理好各种利益关系和居民的诉求，切实保障居民的合法权益。"这显然对城市规划部门、开发商和设计单位、城市管理部门、国民传统文化都提出了更高的变革要求[①]。

2017 年 9 月 20 日，北京市住房和城乡建设委员会发布了关于印发《北京市共有

---

① 《北京全国首次拆墙 平权主义能让居住更"平"》2017 年 09 月 04 日 19：35 中国房地产报，中房报记者 李燕星。

产权住房管理暂行办法》的通知,指出"本办法所称的共有产权住房,是指政府提供政策支持,由建设单位开发建设,销售价格低于同地段、同品质商品住房价格水平,并限定使用和处分权利,实行政府与购房人按份共有产权的政策性商品住房"。并提出自 9 月 30 日该办法施行以后,未销售的自住型商品住房、限价商品住房、经济适用住房,以及政府收购的各类政策性住房再次销售的,均按本办法执行。一种新的保障性住房模式登上了舞台。

在第五条也明确规定"市规划国土委、市住房城乡建设委应当根据本市共有产权住房需求、城乡规划实施和土地利用现状、经济社会发展水平等情况合理安排共有产权住房建设用地,并在年度土地利用计划及土地供应计划中单独列出、优先供应"。

在具体实践中,共有产权作为保障性住房施行单独地块出让,不再与商品房混建,从根源上避免了隔离之争。紧随着 2019 年 8 月 26 日《土地管理法》的修改,9 月份,位于大兴区瀛海镇的一宗集体建设用地区级统筹地块顺利成交,将建设共有产权住房,销售均价 2.9 万元/平方米[①]。北京市这块集体土地的成交,是对新法的及时呼应,对全国集体土地使用权改革将产生深远的影响,在集体土地使用权改革试点中具有划时代的象征意义。集体土地共有产权住房的供应,可以有效增加市场供应,有利于保障贯彻落实"房住不炒"的定位,实现房地产市场健康平稳运行,也为中低收入群体实现住有所居的梦想,免于住进只有公共卫生间的保障性住房,维护中低收入人群的人格尊严带来巨大的促进作用。

(二) 没有结果的结果

截至目前,使用同一门牌号的"玉璞家园"与"西宸原著"两个小区的业主依然针对小区间的隔离墙问题进行僵持。现在的结果就是暂无结果。

政策发布之初,支持的声音占了上风。土地捆绑出让及"混居",一方面可使社会保障性住房不被过度集中在城市特定区域,避免出现成规模的城市"贫民窟";另一方面也能够平抑房价,且保障了部分中低收入者的居住需求。

在商品房业主看来,2 万元的限价房能和 10 万元的商品房共享小区位置已经是商品房替国家补贴限价房。如果二者再共享相同的小区权益,同权不同价不能体现市场经济的公平正义。更令商品房业主担忧的是,共享小区资源后限价房将会摊薄商品房的升值空间。两限房业主及其违规出租的租客涌入,势必造成小区混乱、房价贬

[①]《集体土地建共有产权房地块成交》2019 年 09 月 17 日 08:26 北京日报陈雪柠。

值。保障房业主已经获得国家给予的受益部分，即房价地价倒挂，买到保障房了其实就已经是赚到了。不能再要求商品房业主再牺牲自己利益，成全保障房业主更多的权益。

但是在保障房业主看来，自己争取的不过是合同上规定的绿化、容积率、路权以及消防安全，是在维护规划的尊严和政策尊严。开发商剥夺保障房的容积率和绿化率来满足高价商品房的优质体验，不是一个两全其美的办法。国家既然有了相关政策文件，就必须按照相关政策文件执行，否则制定这些文件没有用处。

政府出台的政策目的是好的，但是通过实施结果来看，政策还是有未考虑周全的部分，首先没有平衡好各方的利益，既要保障中低收入者的住房条件，也不应该简单的直接损坏高收入者的切身利益，否则会影响这些高收入者的工作积极性。其次，这是行政和市场的博弈，表面上，市场让步给了行政，但是暗地里，市场的主导方将损失转移，而保障房一些业主因为自身理亏，比如收入超标，没有参与维权，也不是非常团结，最后按标准排队的真实的保障房群体吃了哑巴亏，所以在保障房项目的各个流程还需要加强透明度。

 案例使用说明

一、教学目的与用途

1. 适用课程。本案例主要适用于中央财经大学公共管理硕士（MPA）必修课公共管理学的课堂教学讨论。

2. 教学目标：一方面是让学员了解当前中国住房的政策问题；二是通过对商品房配建限价房的案例，对当事人双方各自合理性、合法性、必要性及可行性的要求进行分析，探讨当前中国住房的主要政策走向。

二、讨论问题

1. 你支持案例中的商品房业主，还是限价房业主？为什么？
2. 你认为中国的住房存在哪些政策问题，原因是什么？

3. 如果你是最后的裁决者，你会如何裁决这件事情？

三、分析思路

本案例涉及中国住房政策的这个重要的课题。但凡问题，都回避不了"合理性、合法性、必要性、可行性和矛盾性"这几个关键问题。因此，对该案例的分析，也可以考虑从这五个角度入手。学员通过案例材料的阅读理解，对该事件会有自己的判断和分析思路，教师在讨论过程中，不必强加此分析思路，但是可以进行适当的逻辑引导。

四、理论依据与分析

本案例中涉及的理论依据主要集中在公共管理学四个方面：政府职能、政府权力、公共政策、政府监督。本案例涉及的主要是中国住房的政策问题，这与政府职能、政府权力、公共政策、政府监督这四个方面的理论有直接直接联系，可以分别从这四个角度进行理论分析与探讨。

五、关键要点

1. 案例中商品房业主和限价房业主维权的合理性和合法性基础是什么？
2. 商品房业主和限价房业主在维权过程中该如何合理合法维权？商品房业主和限价房业主在维权过程中的主要挑战是什么？公共管理学的四个方面，政府职能、政府权力、公共政策、政府监督可以为商品房业主和限价房业主维权提供什么理论支持？
3. 解决中国现阶段的住房政策问题关键点是什么？

六、课堂教学计划

1. 课前把案例材料发给学员，要求学员用 30 分钟左右的时间认真阅读，并思考相关问题。
2. 课堂教学计划分为三个步骤：
第一步：全班集中，案例导入。在学员上课前通读案例的基础上，利用 5—8 分钟时间，请 2—3 位学员在案例讨论前用几句话高度概括案例的主要内容，目的是帮助学员迅速集中注意力,进入讨论状态。

第二步:分组研讨,案例展开。根据对案例的阅读和理解,按照支持商品房业主还是限价房业主这两种意见对学员进行分组,两组学员汇集后,选出 1 名成员作为小组负责人及发言代表,利用 15 分钟左右的时间组织分组研讨,汇总组内成员的观点。研讨时,可以参考以下几个问题来总结各组的讨论意见。

(1)在本案例中,两类业主面对的主要问题是什么?原因有哪些?

(2)针对这些问题,两类业主各自采取了哪些主要方法?效果如何?

(3)你认为两类业主在没有政府的强力干预下,会达成和解吗?

(4)如果你是两类业主其中之一的代表,你会如何号召你所代表的业主来解决这个问题?

第三步:公开辩论,案例分析。在两组集体研讨结束之后,进入第三步,以公开辩论的方式进行案例分析。每组的发言人首先上台向全班报告本组的主要研讨观点,每组时间控制在 8 分钟。如果发言人未用完规定的时间,其所在组的其他成员还可以对发言人的观点进行补充。各组发言结束后,学员可以自由发言,就其所支持的一方进行观点交锋和辩论,时间为 20 分钟。最后,由教师进行 10 分钟左右的小结和点评。总结案例研讨的主要特点、主要观点以及有待进一步关注和研究的问题,提示分析问题的不同角度和方法。